Danielle
Lafaurie
etc. 2013

D1488617

Les Éditions du Boréal
4447, rue Saint-Denis
Montréal (Québec) H2J 2L2
www.editionsboreal.qc.ca

DEPUIS TOUJOURS

ŒUVRES DE MADELEINE GAGNON

POÉSIE

Pour les femmes et tous les autres, Montréal, L'Aurore, 1974.

Poélitique, Montréal, Les Herbes rouges, 1975.

Antre, Montréal, Les Herbes rouges, 1978.

Au cœur de la lettre, avec des encres de Chine de l'auteure, Montréal, VLB éditeur, 1981.

Autographie 1. Fictions, Montréal, VLB éditeur, 1982.

Pensées du poème, Montréal, VLB éditeur, 1983.

Au pays des gouttes, avec des illustrations de Mireille Lanctôt, Montréal, Paulines, 1986.

Les Fleurs du Catalpa, Montréal, VLB éditeur, 1986.

L'Infante immémoriale, Trois-Rivières et Cesson (France), Écrits des Forges et La Table rase, 1986.

Femmeros, avec des dessins de Lucie Laporte, Saint-Lambert, Le Noroît, collection « Écritures/Ratures », 1988.

Chant pour un Québec lointain, Montréal et Clapiers (France), VLB éditeur et La Table rase, 1990.

L'Instance orpheline, petite lecture de *Mille plateaux* de Gilles Deleuze et Félix Guattari, avec des encres de Chine de l'auteure, Laval, Trois, 1991.

La terre est remplie de langage, Montréal, VLB éditeur, 1993.

Là où les eaux s'amusent, avec des dessins de Colette Rousseau, Rimouski, Éditeq, 1994.

Juste un instant, préface de Jacques Brault, avec huit planches en taille-douce de Janine Leroux-Guillaume, composition et impression de Pierre Guillaume, boîtier de Pierre Ouvrard, Montréal, Les Imagiers, 1998.

Rêve de pierre, Montréal, VLB éditeur, 1999.

Le Chant de la terre. Poèmes choisis 1978-2002, choix et préface de Paul Chanel Malenfant, Montréal, Typo, 2002.

À l'ombre des mots, Montréal, L'Hexagone, collection « Rétrospectives », 2007.

Sans titre, livre d'artiste, avec des œuvres d'Irene Whittome, conception, impression et boîtier de Jacques Fournier, Éditions Roselin, 2008.

OLT, livre d'artiste, avec des gravures de Gérard Truilhé, imprimeur et éditeur, Barriac (France), Trames, 2009.

PROSE

Les Morts-vivants, nouvelles, LaSalle, HMH, collection « L'Arbre », 1969.

Portraits du voyage, récits, en collaboration avec Jean-Marc Piotte et Patrick Straram, Montréal, L'Aurore, 1975.

Retailles, complaintes politiques, en collaboration avec Denise Boucher, Montréal, L'Étincelle, 1977 ; nouvelle édition revue et corrigée, Montréal, L'Hexagone, collection « Typo », 1988.

(suite à la fin du volume)

Madeleine Gagnon

DEPUIS TOUJOURS

récit autobiographique

Boréal

© Les Éditions du Boréal 2013
Dépôt légal : 1ᵉʳ trimestre 2013
Bibliothèque et Archives nationales du Québec

Diffusion au Canada : Dimedia
Diffusion et distribution en Europe : Volumen

Catalogage avant publication de Bibliothèque et Archives nationales
du Québec et Bibliothèque et Archives Canada

Gagnon, Madeleine, 1938-

    Depuis toujours

    Autobiographie

    ISBN 978-2-7646-2228-5

    1. Gagnon, Madeleine, 1938- . 2. Québec (Province) – Conditions sociales – 20ᵉ siècle.
3. Écrivains québécois – 20ᵉ siècle – Biographies. 4. Féministes – Québec (Province) –
Biographies. I. Titre.

PS8576.A46Z47   2013   C848'.5403   C2012-942865-5

PS9576.A46Z47   2013

ISBN PAPIER 978-2-7646-2228-5

ISBN PDF 978-2-7646-3228-4

ISBN ePUB 978-2-7646-4228-3

Patience, patience,
Patience dans l'azur!
Chaque atome de silence
Est la chance d'un fruit mûr!

PAUL VALÉRY

UN

Village

Étoiles de pierre tombées dans la forêt, protégez
ceux qu'on aime.

CHRISTIAN HUBIN, *Le Sens des perdants*

De cet amour-là on ne fait jamais que se
dépouiller encore un peu plus.

MONIQUE DURAND, *Eaux*

Le champ de carottes

À mes yeux d'enfant, oncle Auguste était le meilleur homme sur terre. Quand je tentais d'imaginer le ciel, sa maison et ses dépendances prenaient toujours le devant de la scène. La grange, ses animaux et son foin, mais aussi le bosquet où l'on pique-niquait l'été et où la température était clémente, fraîche sous la canicule et chaude par grands froids d'hiver ; les champs qui s'étendaient loin jusqu'au lac à truites et jusqu'à la forêt d'orignaux ; tout cela constituait pour moi le décor céleste, comme une prière en soi, énoncée jusqu'à la voûte dans le grand silence entrecoupé du vol des anges en forme d'oiseaux.

Avec les céréales et les fruits de sa terre, la viande des animaux qu'il élevait ou qu'il chassait, avec la chair des poissons, les œufs des poules ou des autres habitants de la basse-cour, avec le lait de ses vaches et la crème et le beurre que tante Adéla savait fabriquer dans la crémerie attenante à la maison, ils pouvaient à eux deux nourrir toute une famille qui alla grandissant jusqu'à la vingtaine d'enfants.

Quand j'y montais parfois en carriole à cheval en toutes saisons, invitée, avec quelques-uns, par l'un ou l'autre adulte de ma famille élargie, grands-parents, père ou mère, tantes ou oncles, j'éprouvais toujours cet état d'allégresse précédant l'arrivée de mon ciel sur terre. Mon ciel à moi que je tenais secret comme si j'avais su d'une antique sagesse ce qui, devenue adulte, se confirmera : pour toutes sortes de raisons que je pressens et que je ne saurais expliquer avec les mots courants de la logique, il est souvent risqué de claironner son état de bonheur.

Avant même de savoir que le mot *bonheur* existe et d'en figurer la géographie et les contours, mais après avoir connu les représailles à le clamer, on a appris la prudence. On le dit peut-être, soufflé, murmuré à l'oreille des aimants.

Je montais donc aux Étangs, déjà en état d'émerveillement. Adéla et Auguste habitaient au faîte d'un mont, nommé Saint-Alexandre, sur un plateau où baignait un lac du même nom.

Adéla, Auguste et Alexandre, voilà trois prénoms aux initiales bénies, genèse de l'alphabet, clés qui m'ouvraient la porte du ciel.

Pour conserver tout à moi mon ciel, mon exultation se déversait sur tout objet en mouvement, cri d'oiseau déchirant la pénombre des sous-bois, feuilles bruissantes agitées par la brise ou bien, l'hiver, éboulis sourd des miettes de roches glacées sur la neige. Il y avait aussi ces frôlements d'ailes de perdrix sur les branches ou encore les traces de pattes d'animaux, petits ou grands, sur le tapis lisse qui venaient alimenter mon émoi. Je chantais.

Arrivée dans la maisonnée grouillante, plus rien ne me rappelait soudain mon village d'en bas. J'étais infidèle, et ne m'en sentais pas coupable, à ma grande maison d'origine, à son église, à sa rivière et son lit, j'étais dans mon paradis, tout entière donnée à la symphonie humaine, à ses cris et rires et à ses chamailles, aux pleurs de bébés et ronflements de poêle, au bouillonnement de soupes et effluves de fumets multiples, aux odeurs de pétrins gonflés à fendre dans la crémerie où, l'été, caillait le lait.

Mon paradis était généreux. Alors qu'en d'autres demeures les mouches et les guêpes me semblaient intolérables, ici, leurs sifflements et chuintements ne me faisaient pas peur, pas plus que les manières rustres du gros chien dehors. Ils étaient tous au ciel. Tous comme de petits anges du bon Dieu. Autant de témoins du grand créateur de toutes choses animées ou inanimées. Tous, des miracles ambulants, me disais-je, avant même de connaître ce mot. Et de toute façon, quand je le sus, on me dit qu'il n'y avait rien à y comprendre, c'était même sa définition.

Dans la grande maison des Étangs, il y avait, les samedis soir, des veillées. Tout le canton s'en venait pour la soirée, jeunes ou moins jeunes couples, garçons et filles en âge d'être amoureux. Comme il n'y avait ni salon ni salle à manger, la fête se passait dans la seule vaste pièce, la cuisine dont on tassait meubles et chaises contre les murs, le centre servant de piste de danse, pour les *slows* et pour les valses, pour les sets carrés et les danses à câler. Il y avait toujours un câleux, de même qu'un violoneux et un accordéoniste, un joueur d'harmonica et un autre de bombarde ou guimbarde et, parfois, un chanteur. De façon générale, ces rôles étaient tenus par des hommes. Les femmes, elles, voyaient à la boustifaille et au café, pour elles et pour les Lacordaire. Les autres hommes apportaient avec eux leur boisson, c'est ainsi qu'on disait, de la bière, des alambics ou bien du gros gin blanc.

En bas, dans la vallée, je connaissais la musique classique, le vieux folklore français et canadien ainsi que les chants religieux de l'église, en latin ou en français. Là-haut, en ces samedis festifs, j'appris les chansons populaires et le country, dit *western* à l'époque. En ces soirées naquit mon amour de toutes les musiques du monde.

Un matin que je me trouvais là, j'avais dormi dans un grand lit avec deux cousines de mon âge, j'assistai, dans la cuisine, à une scène que jamais je n'oublierai. J'étais seule avec tante Adéla, nous prenions le café en jasant, les grands étaient dehors et les petits dans leurs lits, à roucouler. Avant de sortir à la grange et aux champs, oncle Auguste avait accompli son rituel matinal : faire sa prière à genoux, au pied du crucifix, préparer le café et l'immense marmite de gruau pour toute la famille, changer la couche du bébé et le remettre dans les langes blancs et, enfin, apporter le « petit paquet » ou la « petite catin » à tante Adéla, on l'entendait d'ailleurs, de la cuisine, goulûment téter.

Ce matin-là, comme tous les autres, le bébé endormi, tante Adéla s'était levée, avait fait ses ablutions, puis était venue s'asseoir à sa place pour manger avec moi gruau et gros pain grillé sur le poêle avec du beurre salé et de la confiture aux fraises ou aux framboises ou aux bleuets, petits fruits cueillis par les enfants au fil de l'été. Soudain la porte s'ouvrit et c'est un oncle Auguste catastrophé que nous vîmes entrer. Il pleurait. À travers ses sanglots, il raconta que son champ de carottes était fini, c'est ce qu'il disait. Finies les carottes ! Il avait gelé pendant la nuit. Plus de carottes pour l'hiver. Toutes ces semences pour rien. Le beau champ, encore admiré hier, était mort de froid. Plus de réserves pour l'automne, l'hiver et l'été prochains. Auguste vint s'asseoir à sa place à table. La tête dans ses mains, il pleurait à verse, se condamnant en plus de ne pas avoir ramassé les carottes la veille.

Je ne comprenais guère son chagrin. Ni qu'un champ de carottes gelées puisse avoir valeur, disons, d'une mine d'or, me disais-je dans ma tête de quatorze ans.

Et puis je n'avais encore jamais vu un homme pleurer.

Tante Adéla le consola. Elle lui apporta un bon café chaud, le caressa derrière la tête et sur la nuque. Lui dit de ne plus pleurer. Qu'ils avaient tant d'autres légumes en réserve. Elle nomma les patates, le navet, le panais et les choux. Elle lui parla de Dieu qui avait tout enlevé à Job et qui, voyant sa grande foi, lui avait tout redonné.

Auguste fut consolé. Il repartit au travail. Adéla entra dans sa journée.

Et moi, pour un champ de carottes, j'avais vu un homme pleurer. J'avais assisté aux sanglots et aux pleurs de celui que je considérais comme un saint.

Depuis ce matin-là, les larmes furent pour moi bénies, gouttes de sacré venues de là-haut.

Des années plus tard, Auguste et Adéla se firent vieux. Quand Auguste mourut, en guise de vêtements de deuil, Adéla porta, pour les grandes occasions et pendant une année complète comme ça se faisait naguère, la chemise blanche la plus chic et la cravate noire d'Auguste.

Le jumeau d'Adèle

J'eus deux tantes Adèle. Adéla, la sœur de mon père, épouse d'Auguste, et Adèle, la sœur de ma mère qui, elle, n'était pas mariée. D'abord institutrice, puis, dans la cinquantaine, ménagère du curé, son frère et mon oncle, l'abbé Léopold Beaulieu.

Ces deux-là vécurent ensemble des années comme un vieux couple qui s'aimait. De paroisse en paroisse, Adèle fut de tous les déménagements. Ils s'entendaient comme larrons en foire. Ils voyagèrent beaucoup, prirent du bon temps, comme elle disait, firent plusieurs pèlerinages en Europe, là où la Vierge était apparue, Lourdes, Garabandal et quelques autres lieux, rapportèrent de chacun des chapelets, statuettes ou médailles qu'ils nous donnaient avec joie comme autant de bons d'indulgence — cela nous toucha, nous les enfants, jusqu'à ce que, devenus grands et ayant perdu la foi en ces choses, nous recevions plus froidement ces reliques. Sans leur signifier toutefois notre détachement. Ils étaient bons et nous les aimions.

L'un de leurs talismans, bénit par « le pape en personne » et qu'ils avaient rapporté de Rome, une énorme statue de la Vierge qu'ils étaient parvenus à passer dans la soute à bagages, déclaraient-ils fièrement, se retrouve maintenant au cimetière, près de la pierre tombale familiale. Elle sera lumineuse la nuit, m'avaient-ils dit. Je n'ai jamais vérifié.

Durant leurs dernières années d'existence, le hasard a voulu que j'habite la même ville qu'eux, Rimouski, où tous deux s'étaient retirés. « La ville de l'archevêché, c'est pas n'importe quoi », disaient-ils, heureux, comme si les palmes ecclésiastiques retombaient sur eux et offraient à leur vie terrestre un dénouement en forme d'apothéose.

La dernière fois que j'ai vu Adèle, elle était sur son lit d'hôpital où l'agonie dura quelques semaines. En fait, elle passa quarante journées et quarante nuits à souffrir le martyre. Elle avait des maux de tête à faire frémir les murs blancs de sa chambre, ayant refusé tout analgésique « pour faire son purgatoire sur la terre », disait son frère curé, et s'épargner l'épreuve de la purgation post mortem. Léopold ajouta après coup : « Elle a fait ses quarante jours, c'est long l'accouchement de toute une vie. Et quelle vie ! Ta tante ? Une sainte, je te dis. Il faut beaucoup souffrir pour mériter là-haut le voisinage de Notre-Seigneur. »

Cette dernière fois, donc, contrairement aux autres jours, elle souriait, avait le regard allumé et pouvait énoncer de vrais mots. Elle prit ma main, puis mes deux mains, caressa mes ongles, mes doigts, mes ongles qu'elle sembla admirer, ravie. Puis me fit comprendre, à travers mots et murmures, me montrant ses propres mains toutes blanc ivoire et belles mais aux ongles trop longs, sales et raboteux, qu'elle aimerait un manucure comme le mien. À son visage, je vis que sa demande, si simple pour moi, revêtait pour elle une importance vitale, démesurée. N'habitant pas très loin, je lui dis que je reviendrais dans l'heure et que, de son côté, elle pouvait faire une petite sieste en attendant.

Quand elle me vit revenir avec ma trousse à manucure, c'est une extase qui s'inscrivit sur son visage.

Comme dans les meilleurs salons d'esthétique, j'installai une serviette sur ses draps, me munis d'un petit bol d'eau tiède dans lequel, l'une après l'autre, ses mains trempèrent. Je m'exécutai, délicatement, au meilleur de mes connaissances en la matière. Le résultat fut fabuleux. Adèle avait des mains parfaites! Elle les examinait et les admirait. Et elle souriait.

C'est alors qu'elle me raconta, ayant retrouvé tous ses mots d'avant l'agonie. Elle allait revoir Gérard au ciel! Gérard, c'était son jumeau qu'elle avait perdu à l'âge de dix mois. Elle ne l'avait pas revu depuis tout ce temps. Il était mort à dix mois, était monté direct au ciel, vu son âge d'ange, et elle, Adèle, avait vécu. Toute sa vie, elle avait désiré le retrouver. Maintenant, comme elle, il avait quatre-vingt-six ans. Et il l'attendait. Depuis si longtemps, il l'attendait!

« J'ai vraiment hâte de le voir, disait-elle. Tu sais, il doit être plus beau et plus jeune que moi. Il n'a pas souffert, lui, il était au ciel. Tu t'imagines? Il a grandi au ciel! Il ne doit pas avoir de rides », et elle poursuivait le rêve de l'ultime rencontre de sa vie après ce qui fut l'initiale séparation.

Elle me disait combien elle désirait se faire belle pour l'événement. Elle se ferait coiffer, je demanderais à l'infirmière, lui ai-je promis. Elle porterait son plus beau costume, le superbe ensemble vert forêt que Léopold lui avait offert pour son dernier anniversaire. Ses bijoux en or qu'il lui avait achetés lors du voyage à Jérusalem quand, après Bethléem et Nazareth, ils avaient enfin vu le tombeau de « Notre-Seigneur ». Elle précisa : « Tu comprends, il faut que je sois aussi chic que Gérard. » Lui, imaginait-elle, il aurait des souliers de cuir verni noirs. Une chemise blanche impeccablement repassée. Un habit avec cravate, comme elle n'en avait jamais vu ici-bas. « Il sera mieux habillé que tous les évêques du monde », ajouta-t-elle, avec cet air charmeur et espiègle que je lui connaissais bien.

Dans la pénombre de cette fin d'après-midi d'hiver, à

travers les allers-retours du personnel, je la vis tourner légèrement la tête vers la fenêtre où les reflets du couchant sur les glaciels dessinaient sur son visage un doux maquillage rosé, elle avait encore un léger sourire déclinant avec le jour, et elle s'endormit, seule comme on meurt.

Je partis.

Le lendemain matin, le téléphone sonna. C'était Léopold qui m'annonçait ce qu'au fond je savais déjà. « Elle a trépassé pendant la nuit, me dit-il. À l'heure où je te parle, elle a déjà rencontré son Créateur. »

Et son jumeau Gérard, me dis-je par-devers moi.

La vitrine de Noël

L'année précédant l'événement de la vitrine de Noël, j'avais perdu une bonne part de ma foi en Dieu, quand était venu dans notre maison le père Noël, avec son habit rouge, sa barbe blanche, son gros ventre, son rire tonitruant et sa poche de cadeaux. J'avais quatre ans. Il m'avait assise sur ses genoux et, pendant qu'il parlait aux grands sans que j'y comprenne la moindre phrase, je sentais sa respiration comme celle d'un énorme taureau qui dévale le pacage pentu et j'observais son accoutrement. Soudain ma main impulsive se porta à sa barbe. J'eus l'idée de tirer sur un poil — était-ce bien une idée, il me semble que le mouvement est parti très vite et tout seul. C'est alors que le collier se détacha d'une seule venue. Voyant son vrai visage, j'ai reconnu cet homme du village qui passait parfois sur notre trottoir. Il n'y avait pas de père Noël, c'était ce monsieur-là !

Je hurlai comme pleurent les enfants fâchés de cet âge.

Non seulement la fête était gâchée, mais je vivais ma première expérience métaphysique dans le désarroi et la solitude la plus totale, ce qui est, à bien y penser, le lot de tout ébranlement de la foi amoureuse.

L'année suivante, donc, j'avais cinq ans et j'admirais, bien emmitouflée dans mon costume de neige, la vitrine de Noël, qu'avaient installée les propriétaires d'un petit magasin de cadeaux. Une première au village ! À part les sapins décorés de nos maisons et l'immense crèche de l'église, je n'avais jamais vu un tel déploiement. La vitrine était remplie de cadeaux. Des jouets et rien d'autre. Il faut dire que la mode n'était pas à la profusion d'aujourd'hui, chaque enfant, à Noël, recevant un seul cadeau, parfois deux dans le cas des familles plus aisées.

Devant ce débordement, je rêvais et ne voyais plus le temps ni ne sentais le froid vif d'une fin d'après-midi gelée. Il y avait de tout et je voulais tout avoir : des poupées comme je n'en avais encore jamais vu, habillées en princesses ou comme des paysannes aux côtés de leurs petites vaches ; il y avait une fermette, ses habitants, des champs ou de la basse-cour, il y avait tous les animaux du monde, de l'ours en peluche au lion et à la girafe d'Afrique, en passant par le paon à la queue scintillante ouverte en éventail ; puis des chiens de race qu'on n'avait jamais aperçus dans la vallée, des chats de tous poils et de toutes les couleurs, dont l'un blanc immaculé qui me regardait de ses yeux vert-gris et qui voulait venir dans mes bras, il miaulait, je l'aurais juré ; et des voitures, des petits garages, des bonshommes déguisés en garagistes, des camions, des tracteurs grimpant sur des buttes ; de faux oiseaux dans une volière violette rutilante ; des calèches, des carrioles aux chevaux attelés, des noirs, des bruns, des beiges avec leurs cavaliers habillés comme nos pères, une pipe à la bouche, un fouet prêt à cingler dans la main droite. Toutes sortes de maisons aussi, avec des lumières dedans : de l'église au château, au manoir et aux maisons qui ressemblaient aux nôtres, jusqu'à la maisonnette perdue à l'orée d'une forêt d'hiver sur son tapis blanc. Il y avait même des brindilles d'épinette et de pin au sol. Trônant tout au centre de la vitrine, il y avait un train ! Comme en vrai, un train sur ses rails qui circulait dans le paysage et dont la locomotive dessinait dans son sillage une légère traînée de fumée grise, c'était beau, c'était trop, je me perdais dans mon éblouissement.

Soudain, j'entendis une voix juste à mes côtés, je me retournai, c'était un homme que je n'avais jamais vu. Il dit : « Tu veux tous ces jouets pour toi ? » Je répondis « Oui » comme en un rêve. Il ajouta : « Tu veux que je te les donne tout de suite ? » Bien sûr que je voulais. C'est alors que je vis son sourire se transformer en un rictus sardonique et il dit méchamment que je n'aurais rien, rien de rien, puis il disparut en courant sur le trottoir vers la gare, j'entendis le train siffler et je ne le vis plus.

Par la passerelle, j'ai retraversé la rivière et suis revenue chez moi. Je ne pus dire à personne ce que je venais de vivre. Il n'y avait pas de mots pour raconter cette horreur. Comme si la méchanceté du monde m'avait vidé le cœur. J'étais froide dedans comme il faisait froid dehors. Cet homme inconnu était venu lancer des semences de méchanceté dans un champ de bontés et de beautés offertes à mon ravissement.

Je ne vivais plus une crise de foi en Dieu, dont le père Noël était pour moi le représentant, mais en l'humanité, ce qui me semblait, parce que plus proche, plus terrible encore. Dans ma tête de cinq ans, je me disais seulement que peut-être le diable m'était-il apparu.

Comme dans les viols de corps, j'avais perdu mon innocence. Quelqu'un était venu profaner mon esprit. Beaucoup plus tard, je compris pourquoi les mots de la confidence s'estompent à la suite du viol. Quand le mal touche le lieu de la fête du corps — plaisir, jouissance, ravissement —, le plus intime et le plus secret devenant terreau de la blessure, le mal appartient désormais au corps jusque dans ses derniers retranchements. Le mal a pris racine au lieu même des délices, s'est exilé là. Le corps devient propriétaire, engendreur de son propre mal. De son propre malheur. Comment dire cela, et quand on est enfant ?

J'ai connu des violés, petites filles ou petits garçons, qui mirent des années à sortir du labyrinthe du mutisme. Et d'autres qui sont demeurés dedans.

Contrairement à l'année précédente avec le père Noël, je n'avais ni cris ni larmes. Et pour me consoler avant de m'endormir, je recréai la vitrine de Noël. Je la vis et la revis comme plus tard on écrit.

La demande en mariage

Mon père Jean-Baptiste avait vingt ans. Il était grand, fort, et il était beau. Il travaillait pour son père Joseph-Auguste, qui avait un moulin de sciage de bois. Celui-ci avait fait instruire ses fils pour l'aider au moulin, mais aussi pour fonder un jour avec eux une compagnie qui posséderait des moulins, essaimerait tout autour de la péninsule gaspésienne, roulerait grand train — une « industrie florissante », disait J.-A. qui voyait loin, qui voyait immense et qui, contrairement aux modestes curés brandissant en chaire le sempiternel « Bienheureux les pauvres, le Royaume des cieux leur appartiendra », croyait, lui, que le Seigneur et Maître d'en haut bénirait la richesse d'ici-bas, la reconnaissant telle une image insigne des splendeurs éternelles.

Jean-Baptiste, après avoir étudié à l'académie commerciale de Québec puis de Chatham, fut comptable pour son père J.-A. À vingt ans, beau, fort et grand et instruit, on le voyait au village comme un bon parti. Dans le secret des cœurs, il faisait rêver bien des filles. Il était prêt au mariage, pensait-on tout autour. Encore fallait-il qu'il fixât son choix et qu'il en fît la demande au père de l'élue — mais qui ? se disaient les curieux, les curieuses surtout.

Jean-Baptiste sortait peu. Il était timide. Plutôt renfermé. Il n'allait ni dans les veillées ni dans les bals. Il ne comptait pas ses heures au travail, partait souvent marcher dans les champs ou les bois ou bien attelait le cheval Jos et s'en allait sur les hauteurs, passé la seigneurie, loin vers Saint-Tharcisius ou Saint-Vianney, s'arrêtant pour rêver, contempler ces immenses terres pas encore défrichées, imaginer parfois que sur l'une d'elles, il prendrait racine, en y établissant soit une ferme, soit un moulin bien à lui, et là, il aurait une femme entrevue en rêve, vue même les dimanches à l'église, et tous deux, s'aimant toute la vie, fonderaient une nombreuse famille.

Quand il n'était pas au travail ou dans ses randonnées, Jean-Baptiste lisait. Beaucoup. La Bible, bien sûr, il en savait de grands passages par cœur, mais aussi, et surtout, les livres d'histoire et de géographie. Et il songeait. Il aurait aimé connaître toute la planète. Tous les peuples de la Terre, tous les pays et de tous les temps. Il pensait aussi à ceux-là qu'il connaissait, ses proches de la famille ou du village ou du moulin. Il les considérait un à un, une à une et se demandait bien pourquoi le Créateur, son Créateur, avait semé ici-bas tant d'imperfections, d'étroitesses d'esprit, d'avidités, de mesquineries et d'actes de barbarie. Il pensait que la méchanceté s'était emparée davantage des hommes que des femmes. Il trouvait les femmes meilleures que les hommes. Ne le disait pas à la cantonade. Gardait pour lui ses réflexions. Trouvait que la majorité de ses contemporains n'étaient pas à la hauteur de tels épanchements.

Pour ne pas sombrer dans un état désespérant, et comme on ne peut pas vivre toujours sans parler des fois, il se confiait à son cheval Jos. Ou encore imaginait converser un jour avec sa bien-aimée dont il demanderait bientôt la main, il le pressentait.

Sa bien-aimée rêvée, il l'avait vue à l'église, le dimanche, et quelques fois à la poste, qu'on appelait la *malle* dans son pays. Ou alors sur le quai de la gare, la *station* comme on disait, où il s'en allait marcher certains soirs, à l'heure de l'Océan limité, train du Canadien National appelé *Ocean Limited,* nom francisé par les habitants et qui faisait quotidiennement le voyage Montréal-Halifax, quand la jeunesse se rendait en bande (et quelques vieux aussi, assis sur des bancs face aux rails) voir les voyageurs qui partaient et ceux qui étaient déjà en route, pour la plupart étrangers, habillés autrement, parlant souvent une autre langue — c'était l'anglais que peu au village comprenaient, mais qu'on aimait bien entendre à la volée. Certains passagers descendaient se dégourdir les jambes sur le quai, prenaient de grandes respirations pour humer l'air de la campagne et s'allumaient, comme rassasiés, une cigarette ou bourraient leur pipe en l'ayant d'abord fait claquer sur leur talon.

Un soir, Jean-Baptiste avait vu sa bien-aimée se promener sur le quai avec un groupe de jeunes filles, ses amies. Il savait qu'elle s'appelait Jeanne, connaissait la famille, modeste mais bien vue, et la petite maison du bout du village, où elle vivait. C'était un soir d'été. Dans sa robe de coton léger ajustée à la taille par un grand cordon de mousseline qui voletait sous la brise, elle était si charmante, elle avait de grands yeux un peu rêveurs et souriants, une douce bouche qui semblait aimer parler et une fleur dans les cheveux, comme en portaient les jeunes filles, cet été-là. Jeanne était belle et il semblait à Jean-Baptiste qu'elle lui avait souri en passant. Elle devait avoir pas loin de seize ans et elle serait encore plus belle dans cinq ans.

« Elle n'a pas l'âge d'être ma fiancée, mais elle a celui d'être ma promise. Il faut que j'aille bientôt demander sa main au père Napoléon. » La démarche s'annonçait difficile. Comment formuler les mots de la demande ? Quoi dire exactement ? Il réfléchirait.

Cette nuit-là de l'Océan limité, Jean-Baptiste avait eu

peine à s'endormir tant le hantait le rêve suave de l'alliance avec sa promise.

Sa décision fut prise. Il s'en irait voir le père Napoléon dès le samedi suivant.

Le père Napoléon, qui était colleur de bois de métier, travaillait le samedi sur les hauteurs du village dans un immense champ converti en dépôt de billots où venaient s'approvisionner les divers propriétaires des moulins de la région proche. C'était une époque où l'on ne rasait pas les forêts, les coupes à blanc viendraient plus tard avec l'industrialisation de la profession. Les arbres étaient abattus un à un, à la hache, par les bûcherons. Pour chaque arbre coupé, il en pousserait deux, disait-on. C'était une époque où la forêt était profonde et infinie, on n'en faisait jamais le tour sinon on s'y perdait. Une époque où l'on coupait, sciait et planait les arbres pour construire : des maisons, des granges, des bâtiments de toutes sortes, de la forge à la cordonnerie, de la meunerie à la beurrerie — et des églises, sans églises, pas d'avenir! « Et sans arbres pour bâtir le pays, pas de Canada », disait le père Thomas, dit Tomesse, un homme du moulin de Joseph-Auguste, « un homme de confiance », comme on disait toujours de lui.

Jean-Baptiste se rendit donc ce samedi-là chez le père Napoléon qu'il voyait déjà comme son futur beau-père. Il expliqua qu'il aimerait bien « réserver » l'une de ses filles — il y en avait quatre dans la famille, dont l'aînée, religieuse, et les deux autres, institutrices et déjà vieilles filles, à vingt et vingt-deux ans, disait-on.

— Tu me demandes laquelle? s'était enquis Napoléon.

— Votre plus jeune, répondit Jean-Baptiste. Elle a autour de seize ans. Elle s'appelle Jeanne.

— Tu choisis la plus belle et ma plus fine. Les trois autres, sœur et vieilles filles, sont perdues pour les hommes. J'en parlerai à la mère Ernestine puis à Jeanne en personne.

Si elles sont d'accord, je te la garde pendant les années que tu veux.

— Pendant quatre ou cinq ans, ça irait. Faites-la instruire en attendant. Je veux une femme qui sait lire et parler, ce sera important pour nos enfants. Quand elle sera maîtresse d'école, je viendrai lui faire la grande demande, j'aurai un diamant et je la fiancerai.

— Tu seras mon premier gendre, avait ajouté Napoléon. Mon Jean-Baptiste, je te sais un bon parti, tu feras un bon mari, je sais que tu ne battras jamais ma petite Jeanne. Mais en retour peux-tu demander à ton père de m'envoyer pendant la semaine un voyage de bois ?

— Marché conclu, monsieur Beaulieu, dit Jean-Baptiste qui, solennellement, avait donné la main à son futur beau-père.

Ainsi fut fait.

Jeanne et Jean-Baptiste se fréquentèrent d'abord par les regards échangés à l'église, puis à la gare et parfois sur le trottoir du village. Quatre années plus tard, Jean-Baptiste s'en alla faire sa grande demande à Jeanne, un samedi soir au salon de sa future belle-famille. Il lui passa alors la bague de fiançailles au doigt. En son for intérieur, Jeanne exultait et se disait qu'elle aurait le plus beau des maris et le meilleur parti du pays. Durant l'année des fiançailles, ils se fréquentèrent, toujours accompagnés des deux chaperons de grandes sœurs vieilles filles, et tentèrent quelques fois avec succès des baisers volés.

Jeanne avait vingt et un ans et Jean-Baptiste, vingt-cinq quand ils se marièrent. Elle était devenue institutrice et avait enseigné trois ans dans des écoles de rang. Désormais, elle travaillerait à élever sa nombreuse famille de dix enfants, dont moi. Ils vécurent, on peut dire, heureux, jusqu'à quatre-vingt-six et quatre-vingt-onze ans respectivement.

Ernestine la sage

Ernestine était l'épouse de Napoléon et la mère de Jeanne, ma mère. Plusieurs enfants naquirent de cette union. Quelques-uns moururent en bas âge comme il était fréquent à la fin du XIXe siècle, dont Gérard, le jumeau d'Adèle. En 1910 naquit la petite dernière, Jeanne, qui fut de ce fait choyée, gâtée même, disaient ses aînés.

Autant Napoléon était bon vivant, aimant boire un coup, fumer énormément et s'amuser avec ses amis gais lurons, autant Ernestine était sérieuse, rêvant pour sa progéniture d'un avenir de perfection, de sainteté, si bien que l'un d'entre eux se fit prêtre et une autre, religieuse. Quant au reste des enfants, ils se promenèrent leur vie durant entre débordements festifs et esprit de repentance et de contrition, sauf Jeanne qui, vu son statut de privilégiée, échappa à ces excès.

On m'a dit qu'Ernestine était une femme robuste et sévère. Nous, ses petits-enfants, l'avons connue gentille et douce, toute petite et fatiguée et finalement malade jusqu'à sa mort, triste comme toute mort d'êtres aimés pour les enfants que nous étions.

Dans son âge de jeunesse, puis de maturité, elle garda, souvent seule, le fort familial et tint le cap d'une rigoureuse éducation pour sa marmaille. Elle fut instruite, comme son père instituteur qui mourut jeune, à trente-deux ans, et dut laisser de ce fait à Ernestine un héritage dans lequel le sens démesuré des responsabilités compensa le vide du deuil, comme un coffre qui se serait désempli tout seul de son trésor dont on ne peut river le regard à ses rebords sans sombrer dans le vertige de la mélancolie. On peut se demander comment se débrouille dans la vie une jeune femme qui, tôt, devient plus vieille que son propre père, puis, pas si tard, serait en âge d'être sa grand-mère.

Ernestine garda le fort, fut une femme de devoir et ne manqua jamais à ses obligations.

Elle fut sage-femme et assista sa vie durant tant aux accouchements qu'aux agonies. L'intelligence de la vie et de la mort furent ses grands atouts.

Avant aussi que fût connu le métier d'écrivain public, c'est ce qu'Ernestine pratiqua au village pour tous ceux qui ne savaient pas écrire. Combien de lettres n'écrivit-elle pas pour des garçons énamourés qui ne savaient pas déclarer leur passion avec des mots? Combien ne furent-ils pas troublés, émus et ravis, quand Ernestine leur lisait à voix haute ce qu'elle croyait une traduction fidèle de leurs sentiments? Plusieurs lui auraient donné une fortune s'ils avaient pu, tant ils étaient reconnaissants. Mais de leur poche élimée ils sortaient quelques sous, c'est ce qu'elle leur demandait. Ernestine n'était pas riche, mais bien souvent ils étaient, eux, vraiment pauvres. Sa récompense à elle était de les voir esquisser un sourire de contentement à travers leur moustache de sueur et de tabac.

Elle écrivit aussi les lettres de condoléances. Comme me le dit un jour Albertine, l'une de ses filles institutrices : « Ta grand-mère a été une faiseuse d'amour et de sympathies. »

Je garderai d'elle le souvenir d'une maison modeste et impeccable faite de blancheur aux murs, de planchers astiqués et de silence où, les après-midi, on entendait le tic-tac de l'horloge un peu triste chargé d'éternité, entrecoupé du cliquetis des aiguilles à tricoter, du grincement de la chaise berçante quand ce n'était pas le léger roulement du chapelet sur son grand tablier blanc amidonné.

Mais aussi, les jours chauds d'été, le souvenir de grand-mère qui revenait de son potager de légumes, de fruits et d'herbes médicinales — elle était aussi guérisseuse —, les bras chargés d'une collation qu'elle allait nous préparer : une grosse tranche de son pain frais cuit sur laquelle elle étalerait des fraises de son jardin, enduites de la crème épaisse de sa vache ; elle y saupoudrerait, généreux, son sucre d'érable du printemps.

Peu de temps avant sa mort, à quatre-vingt-quatre ans, je la vis un jour endormie dans sa grande berçante, un châle entourant ses épaules, les mains retombées sur son ventre tenant un cadre qu'elle semblait tout juste avoir contemplé, c'était la photo daguerréotype d'un superbe jeune homme aux mains étendues et toutes fines, comme celles que l'on imaginerait d'un pianiste romantique. Une beauté de garçon au regard doux, au sourire mélancolique : son père et mon arrière-grand-père maternel, Louis Desrosiers, qu'Ernestine avait pleuré si longtemps et qu'elle allait enfin revoir au paradis.

Le salon de Rose

Rose, ma grand-mère paternelle, était une maîtresse femme, comme on disait en ces temps-là. Elle était belle et grosse, et fière de ses rondeurs — la minceur et la maigreur, fort heureusement pour elle, n'avaient pas encore imposé leur loi. Jusqu'à la toute fin de sa vie, Joseph-Auguste, son mari, l'appelait « ma belle petite Rose » et, malgré leurs nombreuses disputes d'amoureux passionnés, il ne lui survécut qu'un seul mois, pleurant sa perte à chaudes larmes chaque jour de son jeune veuvage, l'implorant par son petit nom de revenir à ses côtés, dans la maison où « le feu était allumé ». Il fut cloué à son oreiller pendant tout ce long mois.

Fille de pêcheurs gaspésiens, élevée à la dure et peu instruite, elle conduisit sa barque familiale d'une main ferme. Elle avait rencontré son homme à quinze ans, sur une ferme des hauteurs de Sainte-Luce où, à titre d'arrière-petite-cousine, on l'avait engagée un été pour le ramassage des foins et autres tâches de l'ordinaire d'une ferme. Ces semaines-là furent pour Rose des vacances et une idylle. Joseph-Auguste, fils de la famille qui la recevait, et elle s'aimèrent pour la première fois dans la grange sur une vailloche de foin. Rose, qui n'avait jamais fait l'amour, aima tant l'aventure qu'elle ne se gêna pas pour recommencer jusqu'à la presque fin de sa vie. Jusqu'à la maladie mortelle qui allait l'emporter, à soixante-dix-sept ans. C'était en 1964. J'allai aux funérailles dans notre village comme on s'en va, un peu à reculons, pleurer ceux qu'on aime.

Joseph-Auguste et Rose eurent dix-neuf enfants. Certains, là, comme dans tant d'autres familles à l'époque, moururent en bas âge. J'en connus quatorze. Et j'eus de ce côté-là de la famille, si je compte bien, quatre-vingt-quatre cousins germains. Du côté d'Ernestine et de Napoléon, j'en eus une bonne quarantaine. Une tribu. Un clan. Une avouable communauté!

Leur maison était grande et grouillante de vie. Mon père, Jean-Baptiste, faisant partie des aînés, je connus les cadets, oncles et tantes à la jeunesse trépidante, leurs jeux, leurs chants, leurs cris, leurs sorties avec filles et garçons, leurs « couraillages », comme disait Rose — leurs chahuts, leurs épreuves et leurs bonheurs tonitruants. Puis, ils se marièrent chacun son tour et quittèrent un à un la grande maison. Certains moururent dans des accidents et ne revinrent pas. Ce furent chaque fois des catastrophes, cris et larmes aux accents de tragédies d'opéra. Ceux qui revenaient le faisaient aux grandes fêtes, à Noël ou au jour de l'An, ou encore quelques tantes, quand elles avaient quitté leur mari et qu'elles s'en venaient trouver refuge là.

Ma grand-mère Rose, elle, à chaque mort ou à chaque séparation, se retrouvait seule, le soir, sur sa chaise en bout de table, au centre de la vaste cuisine, et elle pleurait. Quand il m'arrivait de dormir là, à l'adolescence, elle essuyait ses larmes de son grand mouchoir de coton blanc, et elle me parlait. De ses morts surtout, qu'elle appelait « mes petits garçons », et de ses filles, qui n'avaient pas eu sa chance à elle et qui étaient tombées, « les malheureuses, sur de mauvais partis ».

Puis, quand elle en avait assez de ses peines, elle me

disait : « Faisons-nous un bon thé. Sors le sucre à la crème. On va jouer aux cartes. » Elle aimait jouer à la politaine. On jouait toutes les deux et on parlait. Ou bien toutes les trois quand ma cousine Carmen venait là et que nous allions, elle et moi, passer la nuit dans une chambre d'en haut, dans un grand lit dont craquait le vieux sommier et où l'une ou l'autre des tantes avait dormi. Mais avant de monter, on jouait aux cartes, buvant du thé et dégustant le sucre à la crème. Et on parlait. Grand-mère surtout. Jusqu'à ce qu'elle déclare, d'un ton qui ne souffrait pas la réplique : « Bon, les p'tites-filles, on va se coucher. Oubliez pas votre prière à genoux. Et de confesser vos péchés. » Rose n'était pas bigote. Elle était de son époque. En ce pays-là, Dieu était partout, tout le temps.

Rose avait un jardin rempli de fleurs, des pivoines surtout. C'était sa plante préférée, qui lui ressemblait d'ailleurs quand je la voyais sortir du buisson les bras chargés de pivoines, comme elle, roses et blanches, mariant à la perfection son teint de rousse à la carnation tendre, visage resplendissant au soleil sous un riche chignon auburn qu'elle protégeait parfois d'un large chapeau de paille. Jeune fille, je lui demandai un jour comment elle s'y prenait pour conserver son teint de pivoine si éclatant de santé, quelle crème elle utilisait. Elle me répondit ce qui pour elle semblait aller de soi : « D'abord tu te laves matin et soir au savon du pays ; ensuite tu rinces trois fois à l'eau chaude et quatre fois à l'eau froide. » Je n'ai jamais oublié sa recette. Disons que j'ai laissé tomber le savon. Mais le nombre de rinçages, jamais je n'oublie. Et chaque fois, c'est à elle que je pense.

Je ne crois pas qu'elle ait jamais porté de parfum. Sa peau, toute seule, sentait bon. Avec l'odeur du savon du pays, quelque chose comme la pivoine et le pain chaud et une fine neige sur laquelle elle aurait coulé un peu d'oignon sucré.

Car elle était souvent à la cuisine, son royaume au centre duquel trônait le grand poêle de fonte chauffé au bois, à plusieurs ronds, deux réchauds et deux énormes fours. Rose était maîtresse cuisinière, chef qui aura appris à ses filles et même à l'excellent cordon-bleu, Jeanne, ma mère, qui a aimé autant sa belle-mère que sa propre mère, c'est ce qu'elle disait et je la crois sur parole.

Aux fêtes, quand toute la famille était là, ceux du village, et aussi ceux qui montaient de Gaspésie ou qui descendaient de Montréal, je me souviens du rucher de la cuisine et de ses quatre tablées quand Rose avait vu à la cuisson d'un gigantesque cipâte, d'une dinde et d'une oie, farcies toutes deux, sans compter tout le reste des victuailles qui précédait et qui suivait ces plats de résistance.

Dans son salon, aux meubles magnifiques, aux vases de porcelaine et au piano dont il nous fallait chaque fois jouer pour « montrer nos progrès », Rose avait fait installer par un électricien, de chaque côté du long divan, deux prises de courant. Elle avait tout bien mesuré, et depuis longtemps. C'était, nous disait-elle sans émoi apparent, pour les deux candélabres, placés de chaque côté de son futur cercueil. Elle voulait, et nous prenait tous à témoin, mourir dans sa maison. Dans son « lit conjugal », selon ses mots. Et être exposée dans son salon (c'était l'époque où s'implantaient un peu partout les premiers salons funéraires publics).

Quand elle mourut, des années plus tard, ce fut à l'hôpital du village devenu ville. Et elle fut exposée au salon funéraire. Rose Boutin, fille de pêcheurs gaspésiens modestes mais volontaires et mère de dix-neuf enfants qu'elle avait aimés, n'avait pu convaincre personne de ses ultimes desseins.

C'est la tante Marguerite qui accompagna les dernières années de ses parents Rose et Joseph-Auguste dans la grande maison, qui les veilla et les soigna jusqu'à la fin.

Elle était avec sa mère Rose, à l'hôpital, quand celle-ci s'éteignit. Se croyant chez elle, Rose dit à Marguerite, qu'elle appelait Magritte, avec son accent du sud de la Gaspésie, et ce furent ses dernières paroles : « Magritte, ferme les rideaux, barre la porte. On va se reposer. »

DEUX

Là-bas

Ma foi, je ne puis continuer, le sujet dépasse le disant.

STENDHAL, *Vie de Henry Brulard*

Québec et les Ursulines

J'avais quinze ans. C'était là mon premier voyage, seule. En train. Les parents étaient retenus par le travail, la maisonnée, pour ma mère — il y avait cinq enfants après moi —, et le moulin, pour mon père. Les quatre aînés, partis vers leur pensionnat respectif.

Je m'en allais pour ma part chez les Ursulines de Québec. En ces temps d'avant la Révolution tranquille et la démocratisation de l'enseignement collégial, les filles et les garçons qui habitaient loin des centres et qui voulaient — et pouvaient — se faire instruire devaient s'exiler dans les pensionnats dirigés par les seuls religieuses ou religieux regroupés en autant de communautés, séculières ou régulières, qu'il y avait de collèges dits classiques.

Je m'en allais le cœur serré, l'esprit éteint et le corps déjà engoncé dans un uniforme qui ne le quitterait plus jusqu'aux vacances : tunique bleu marine mi-longue et à plis, chemisier bleu poudre à manches longues et à collet rond fermé au cou par un bouton, longs bas de fil épais et souliers bruns (les dimanches, la tunique, la chemise, les bas et les chaussures seraient blancs).

M'accompagnait, dans le wagon des marchandises, seul témoin inanimé de ma vie antérieure, une malle bien rangée que j'avais eu plaisir à faire tellement tout était neuf, et propre, tout sentait bon et tout était à moi seule. Elle contenait les vêtements, objets de lingerie et de toilette, bien entendu un missel à tranche dorée et un chapelet en cristal de roche, cadeaux reçus à ma communion solennelle, et d'autres effets personnels, le tout bien compartimenté, selon une liste établie au préalable par les autorités du couvent. Le contenu serait examiné à l'arrivée — comme à la douane — et devait correspondre exactement à la liste préétablie. Tous les vêtements, les serviettes et couvertures étaient marqués à nos noms. J'avais vu ma mère, l'été, coudre patiemment les étiquettes. J'avais été ravie de voir mes premières possessions, si humbles fussent-elles, identifiées à mon propre nom.

Dans le train qui filait, toute donnée au paysage pour oublier mon effroi d'avoir quitté la maisonnée grouillante de vie, mes deux rivières, celle du village et celle du moulin, je pensais à ma petite maison, à ma valise du wagon à bagages, contemplant à travers des paysages inconnus un destin qui, déjà, m'échappait. Comme les contrées franchies qui s'effaçaient à mesure, ce qui nous attendait là-bas n'offrait aucune image qui nous eût permis l'apprivoisement. J'étais larguée dans un lieu fait d'absences et d'inquiétudes.

Sachant bien que ma cantine, ma seule compagne de voyage, était un objet inanimé ne pouvant ressentir ce que je vivais si intensément, j'entrai dans une incommensurable solitude. Je me dis même, et m'en souviens encore, qu'elle serait toujours là, et toujours présente. Et que, vieille, je pourrais dire : elle est si vaste, cette solitude, et là depuis si longtemps que je n'aurai pas assez d'une vie pour en mesurer les contours.

Que les gens rencontrés au fil du temps pleurent à verse ou bien rient à fendre l'horizon, elle serait toujours là.

Après le voyage dans le train du Canadien National qui nous descendait à Lévis et après la traversée en ferry, de Lévis à Québec, m'attendait un taxi affrété par le monastère — ainsi appelait-on les lieux qui regroupaient le couvent des religieuses, la chapelle et le pensionnat — qui se chargea de nous conduire, ma valise et moi, sans un seul mot échangé, et j'arrivai finalement au pensionnat. Je n'ai aucun souvenir de cet homme de somme, sinon qu'il avait l'air épuisé.

L'entrée en matière dans ma vie de pensionnaire fut, comme pour toutes les autres filles éplorées, brève et brutale. Sitôt le portail franchi et le hall d'entrée traversé s'ouvrait le double grillage du cloître qui se refermerait sur nous. Nous étions enfermées dedans ainsi que je l'avais imaginé des prisons. J'étais donc en prison. Et ma petite maison en forme de malle avait disparu.

À travers les longs couloirs de bois ciré, qu'il me fut donné de trouver beaux des années plus tard quand je revins visiter les lieux, passages infinis dans la pénombre souveraine et le silence obligé, nous nous rendîmes en lents troupeaux soumis à la grande pièce dite salle de division correspondant à notre cycle scolaire et à notre groupe d'âge. Nous assistâmes là à notre premier mot de bienvenue en forme de sermon : énumération des premiers règlements, des premières interdictions, somme des principes à respecter, des écueils à éviter, des erreurs à ne pas commettre, liste des fautes et des punitions détaillées, horaires à suivre, du lever tôt au coucher tôt. Bref, en une seule fois, nous apprîmes tant de choses à mémoriser que le cerveau, bien vite, se mit en mode d'obédience immédiate et d'oubli de tout le reste. Tout cela qui nous avait mues jusqu'ici, qui nous avait passionnées, enchantées ou désespérées devait rejoindre les zones d'ombre de l'effacement progressif. Toute cette vie serait expulsée désormais de l'enceinte des pierres du couvent. Nos esprits n'avaient plus le temps d'être dehors. Nous étions immergées par les normes du dedans.

Autant rêver. Étudier. Écrire.

Ce préambule fut suivi d'une interminable prière pendant laquelle s'entendaient les sanglots étouffés des filles.

Je n'avais ni sanglots ni larmes. Seulement le nid profond d'un refus qui commençait à creuser ses sillons, source souterraine d'eaux bouillonnantes qui surgirait le temps venu sous forme de torrent.

Après, nous devions descendre au sous-sol chercher nos effets par piles que nous monterions en lentes et silencieuses processions jusqu'au dortoir où nos cellules nous étaient à chacune assignées.

En silence parce que nous étions astreintes, en dehors des brèves récréations, à la même « règle du grand silence » que celle de nos éducatrices, « mères semi-contemplatrices ». D'une certaine façon, en nous emmenant dans leur « grand silence », elles nous prenaient avec elles dans les bras de l'union parfaite et sainte du Très-Haut qu'elles avaient choisi. Nos éducatrices se disaient, et nous demandaient de les appeler *mères,* comme si nous n'en avions plus. De mères. En effet, nous n'en avions presque plus. Elles étaient loin, si loin, nos vraies mères. Elles nous écrivaient des lettres, nous envoyaient des friandises et venaient parfois, trop rarement, nous rendre visite les jours de grands congés. Les autres religieuses, celles qui n'étaient pas éducatrices mais converses, affectées aux tâches ménagères, portaient le titre de *sœurs.* Voilà comment il fallait les appeler. Ayant cinq sœurs dans la vraie vie, je trouvais cela un peu étrange. C'était ainsi et cela ne se discutait pas. Nous n'en étions pas à une étrangeté près.

Au sous-sol, sombre et froid, je vis nos malles alignées, tout en ordre, comme autant de petits cercueils d'un immense cimetière. Manquaient les épitaphes. Et les fleurs. Et le ciel qui brille, de jour comme de nuit, au-dessus des tombes.

Là, je fis mes adieux.

Adieu à la maisonnée vivante remplie de cris, de pleurs, de chamaillages et de rires d'enfants. Adieu à mon amie nature sauvage aux dimensions sans grilles, sans murs et sans frontières. Adieu à l'été du moulin où nous passions des semaines de liberté quasi absolue entre le chalet de bardeaux, la cookerie, la cour à bois, l'étang à billots, l'étang à grenouilles, le moulin, l'office de papa, les ruisseaux, la forêt. Adieu à l'eau de la rivière où nous jouions des heures, sous le soleil ou sous la pluie, à pêcher, à traverser à gué, à nous baigner. À ne rien faire d'autre que nous amuser dans l'étendue du temps. Adieu au cheval Jos que nous montions de temps en temps et qui nous faisait faire des tours sur le chemin cahoteux et poussiéreux, entre étable et cour à bois. Adieu aux sentiers en forêt, à travers arbres et branchages l'été et l'hiver, en raquettes ou en skis, parcourant les collines boisées ou les clairières, arpentant jusqu'aux quatre points cardinaux autour de nos deux royaumes : nos deux vallées des rivières Matapédia, pour la maison familiale d'Amqui, et Matane, pour le moulin. Adieu aux montées au moulin l'hiver, en traîneau à cheval, ou en *snow,* ainsi nommions-nous les premiers *snowmobiles* Bombardier, grand comme un autobus. Pourvu de larges skis, il pouvait contenir une douzaine de passagers. Et l'été, en jeep, en auto, à cheval ou à bicyclette *tire ballon* (que nous prononcions *tailleur ballon*).

Non, aucun sanglot, aucun pleur ne vint accompagner mon arrivée au pensionnat. Mais un état de stupeur au bord de la catatonie et une colère froide grugeant lentement le cœur de la sauvageonne que j'étais.

Qu'est-ce donc qui m'a fait tenir pendant ces deux années-là ? Qu'est-ce qui m'a fait étudier sans problèmes et réussir par-dessus le marché ? Bien sûr, mon amour de l'apprentissage. Étudier n'a jamais été pour moi une épreuve, mais plutôt une passion et un bonheur. J'y vois d'autres raisons. D'abord, toutes nos enseignantes, et dans toutes les matières, étaient excellentes. Les Ursulines, nonobstant la sévérité des mœurs, étaient des éducatrices hors pair. Par exemple, celle qui nous enseignait le latin savait cette langue sur le bout de ses doigts et nous récitait des tirades d'Horace ou de Virgile. J'étais éblouie. Pareil pour l'anglais où notre maîtresse savait parler la langue élisabéthaine quand elle déclamait Shakespeare avec des accents de passionaria tragique — je me souviens de *Macbeth*. Fascinant ! Même extrême compétence pour le français, sa langue, sa grammaire et sa littérature. Et pour le grec. Les mathématiques. L'histoire. Et la musique. Ma prof de piano était une véritable artiste, je l'adorais.

Avec elles, apprendre était une nécessité intérieure, une aventure passionnante, un art de vivre. Apprendre, réciter et écrire, nous passions des heures à ce qui avait été, par la magie de nos enseignantes, transformé de travail ardu en jeu de l'esprit, et de haute voltige. Ensuite, nous étions entourées de beauté. La beauté des lieux que le silence imposé nous obligeait presque à bien voir, et à contempler. Nous étions entourées de chefs-d'œuvre, du réfectoire aux couloirs, en passant par les offertoires et la chapelle. Les meubles, les tableaux, les ornements sacerdotaux, vases sacrés, vêtements liturgiques — pièces de bois sculptées, d'orfèvrerie, de broderie et de haute couture —, tout était là, donné à nos yeux, témoignant de mains expertes qui s'étaient adonnées, dans le secret de l'art, à la mise à l'œuvre, laborieuse certes, mais heureuse dans son accomplissement.

Je fis là mes années de méthode et de versification.

L'avant-veille de la remise des diplômes de versification, je fus convoquée au bureau de la mère générale, qui ne m'avait jamais aimée depuis mon tout premier jour au pensionnat. Elle semblait avoir en horreur, et me l'avait fait savoir souventes fois, ce qu'elle nommait « l'arrière-pays des arriérés » du Canada français, « les lointaines campagnes reculées » d'Abitibi ou du Saguenay, de la Côte-Nord ou encore de la Gaspésie d'où je venais. Elle n'en avait que pour les filles et leurs familles de la Haute-Ville de Québec. Elle nous l'avait déclaré un jour de grand sermon.

Ce jour-là, elle me dit sans autre préambule que si je voulais revenir au collège l'année suivante, je devais renoncer à mes premiers prix — j'en avais quelques-uns, et dans quelques matières. Elle me donnait vingt-quatre heures pour réfléchir et lui faire connaître ma réponse. Sans trop comprendre de quoi il retournait, et flairant l'abus de pouvoir, je ne mis pas vingt-quatre heures, mais vingt-quatre secondes, et la fixant droit dans les yeux, ce qui nous était interdit, humilité oblige, je dis : « Ma décision est prise, mère, je garde mes prix ! » Ne pouvant contenir sa rage, elle hurla : « La porte, mademoiselle. La porte de mon bureau et celle du collège, l'an prochain. Vous êtes congédiée ! Pour cause officielle d'insubordination ! »

Je sortis. Insubordonnée et insoumise, je savais l'être. Et j'avais bien l'intention de le demeurer. Je tins ma promesse, ma vie en est témoin. S'ajoutèrent à ce sentiment une propension à débusquer l'injustice sous toutes ses formes ainsi qu'une détermination à la combattre où que je la voie.

Des années plus tard me revint à la mémoire le fait que la petite qui avait les deuxièmes prix, et qui aurait donc hérité des miens si je m'en étais départie, fille que par ailleurs j'aimais bien — il y avait entre nous une émulation et un respect mutuels —, se trouvait venir d'une famille bien en vue de la Haute-Ville de Québec. Elle ne sut rien, du moins je l'espère, du marchandage que m'avait proposé la mère générale.

Le jour de la remise des diplômes, devant ma mère et la

chère tante Françoise, une sœur de mon père qui l'accompagnait, elles étaient sur leur trente-six et rayonnantes comme toujours, je gravis, victorieuse et fantasque, les marches de la scène me conduisant chaque fois à mes prix.

Les eaux bouillonnantes souterraines surgissaient, torrentielles. Je venais d'entrer en résistance. Cela durerait longtemps.

L'Acadie, la vie

C'est la révolte qui m'a sauvée. Plus, un fou désir d'écrire qui venait de deux sources, celle des grandes écritures que j'avais lues comme une assoiffée, à même les sillons ouvrant sur le sens — les sens à donner à cette vie en apparence absurde —, et celle d'une simple vérité que j'avais faite mienne, une seule phrase écrite en bas de ma page par ma « maîtresse » de français : « Enfin, j'ai découvert mon poète ! » J'y avais accordé foi parce que je le croyais d'abord sans me l'être avoué.

Écrire, pour permettre la possibilité de sorts plus heureux et conjurer les adversités jusqu'à la mort elle-même.

Telle était ma profonde certitude et je la tenais du terreau même où les semences fielleuses semblaient avoir touché les racines de l'espoir.

Cette année-là de mes dix-sept ans, je m'en allais en septembre dans un autre pensionnat de la région montréalaise. Ce fut la catastrophe. Aguerrie que j'étais devenue et flairant l'arbitraire des décisions de tous ordres infondées et injustifiées, je tins trois semaines et me sentis suffisamment adulte pour avertir mes parents que, de mon propre chef, je quittais les lieux, revenais à la maison et ne voulais plus étudier.

Décrire toutes les péripéties de l'abandon des études, de la fuite du collège, du long voyage de retour et de l'arrivée chez mes parents de prime abord pas très heureux d'accueillir la rebelle que j'étais devenue, raconter ces épisodes quelque peu houleux qui durèrent le temps d'une parenthèse m'intéresse peu tant les semaines, les mois et l'année qui suivirent me furent un enchantement.

C'est en éprouvant la liberté dans toutes ses fibres que je devins vraiment adulte, cette année-là, du moins j'avais le plaisir de me percevoir ainsi. J'écrivais. Je chantais et jouais du piano — j'appris à improviser, quel paradoxe ! Je sortais avec mes amis. Je découvrais le cinéma, les classiques westerns américains surtout — nous avions deux « théâtres » où les films étaient projetés, le Mozart et le Figaro. Je découvrais une autre culture. J'explorais l'indépendance, quitte à la couvrir parfois de désinvolture. Je m'émancipais de tout régime autoritaire, celui de l'Église catholique, omniprésente et triomphante à l'époque, et celui de la famille. Bref, je vivais. Et pleinement. Et je lisais aussi beaucoup. Comment ne pas lire quand le rêve d'écriture demeurait en moi présent tel un feu sous les cendres de l'ancienne vie ?

C'est avec ma tante Françoise que je fréquentai les théâtres Figaro et Mozart et découvris le cinéma américain. Nous avons vu ces mois-là une quantité phénoménale de westerns. Elle me présenta à ses meilleurs amis, nous sortions tous ensemble, je découvrais un monde. Tous plus jeunes que mes parents d'une génération, assez « vieux » tout de même à mes yeux pour que je me sente privilégiée, valorisée qu'ils daignent me traiter à leur niveau. J'avais dix-sept ans, Françoise, trente-quatre, et eux, dans la trentaine. Françoise était la plus belle femme du village, ainsi disions-nous tous. Grande blonde romantique aux yeux bleus et à la chevelure luxuriante, elle pouvait ressembler à Ava Gardner, qu'elle admirait et qui faisait partie de ses modèles hollywoodiens.

Nous sortions tant, elle et moi, que je finis par emménager chez elle. Cette année-là, elle demeurait chez ses parents,

Rose et J.-A., mes grands-parents chez qui je me sentais bien au chaud, en vacances. Françoise avait avec elle sa petite Astrid, six ans, que tous adoraient. Charmante et intelligente comme tout, Astrid était « notre petit soleil », disaient les grands-parents. Je passai des semaines dans la grande maison, j'en aimais l'atmosphère, les souvenirs pas encore lourds et tristes, la liberté qui y régnait. Je n'avais de comptes à rendre à personne. Sauf pour les repas, pas de programmes ou d'horaires précis. Les heures coulaient au rythme de chacun : messe de six heures du matin pour grand-père, préparatifs des repas pour grand-mère, Françoise s'acquittant des autres tâches ménagères dans la bonne humeur. Rien de trop fatigant, du moins en apparence, sans doute se reposaient-ils de tous les labeurs anciens qu'avait exigés une maisonnée jadis envahie par une horde d'enfants. Les après-midi, on voyait Rose se donner tout entière à tricoter pour la Croix-Rouge, dont elle avait été présidente régionale pendant la guerre, ou bien elle berçait sa petite Astrid quand celle-ci revenait de l'école, lui racontant des histoires ou lui chantant *La Poulette grise*, sa chanson préférée. Souvent, elle nous parlait, ce qu'elle aimait au plus haut point. « Avec ton vieux grand-père, je m'ennuie des fois », disait-elle. Ou encore, quand le soir tombait, elle disait son chapelet et priait pour ses « anciens morts », tous au ciel, elle en était certaine. Et ses larmes coulaient sur le chapelet quand elle évoquait les plus récents, François et Ozanam, tous deux morts dans un accident, en Gaspésie, à l'orée de la quarantaine.

Grand-père J.-A., de son côté, commençait à montrer les signes d'un cerveau vieillissant, comme le reste du corps. Il s'imaginait bien des choses qui n'existaient pas, mais des choses heureuses, ce qui ne nous dérangeait pas trop pour cette raison. Par exemple, lui qui ne travaillait plus et ne possédait plus de moulin depuis longtemps — celui-ci appartenait à ses fils — se croyait riche comme Crésus et voyait par la fenêtre, dans l'ancienne cour à bois maintenant vide, des montagnes de planches dont il organisait les départs en camion, puis en train vers Montréal où ses « amis » commerçants attendaient son bois, « le meilleur du pays ». Sur des feuilles gigantesques toutes quadrillées qu'il avait conservées de son époque glorieuse, il me faisait calculer chaque matin ce qu'ils appelaient des *tallés* dans ce métier. Je jouais le jeu, il était gentil, m'avait appris, m'ayant nommée sa secrétaire, à calculer ces drôles de comptes. Et je remplissais les feuilles de tallés de chiffres fictifs pour des chars de bois fictifs qui partiraient au matin, dans un voyage inventé, vers la gare du CN et vers Montréal, comme autrefois.

J.-A. était ruiné mais se pensait riche et je me disais : « Il est heureux, c'est ce qui compte après tout. »

Je dormais dans la chambre de Françoise, dans le grand lit aux draps remplis de fleurs roses, toutes deux entourées de nos revues d'acteurs hollywoodiens avec lesquels nous nous endormions après avoir récité nos prières du soir.

Ces lectures furent celles de Françoise et aussi les miennes. J'entrais dans les rêves de beautés cinématographiques de mon adorable tante. J'ai habité sans me poser de questions un état de bien-être pour lequel elle semblait être née et dans lequel elle ne donnait aucun signe que l'avenir puisse être entrevu autrement. Je lui saurai toujours gré de m'avoir permis le passage en douce entre l'adolescence embrouillée qui était mienne jusque-là et une vie de jeune adulte éclairée par la joie toute simple de vivre.

Nous parlions beaucoup, tante Françoise et moi. De choses et d'autres, mais surtout des choses de l'amour. Nous parlions, assises sur les coussins de son grand lit, la porte de la chambre bien fermée et les revues tout autour de nous. Elle me disait combien l'amour était bon, « Tu verras quand ça t'arrivera, c'est le ciel sur la terre », personne ne m'avait ainsi décrit ni le ciel ni l'amour, elle fut la première à prononcer devant moi le mot *orgasme,* elle disait : « Tu verras, quand ça t'arrivera, tu ne voudras plus t'en passer… » Elle s'imaginait faire l'amour avec les plus beaux acteurs, « Lequel je choisirais ? » disait-elle, le regard enfui du côté de la fenêtre, loin à l'horizon. Elle ouvrait les revues, nous les contemplions, disions nos préférences. Pour elle, c'était Cary Grant ou Gary Cooper, ou encore Humphrey Bogart, et pour moi, soit Gregory Peck, soit Burt Lancaster, ou Richard Burton. Sur ces images, nous rêvions. Nous ne connaissions pas grand-chose au cinéma. Voyions les films américains pour les histoires et leurs personnages. Que ces films aient été conçus et réalisés par les Howard Hawks, Alfred Hitchcock, John Ford ou Elia Kazan nous importait peu. De toute façon, seules ces nouveautés sans exégèse aucune se rendaient dans la vallée. C'est par la suite, grâce au ciné-club du collège, que je pus aborder une certaine culture cinématographique.

Je compris des années plus tard la portée esthétique et sociale des chefs-d'œuvre que nous avions vus à Amqui. J'imagine qu'il en fut de même pour tante Françoise. Il m'a fallu à moi voyager sur tous les continents de la planète Cinéma pour comprendre de quels terreaux d'images filmées je venais. Quand il m'arrive de revoir l'un des films de mes dix-sept ans, dits maintenant de répertoire, sous mon appréciation d'aujourd'hui, je retrouve parfois, intégrales, mes émotions d'alors, comme si l'action se déroulait sur deux écrans parallèles qui s'épouseraient, celui qui me captivait naguère et celui qui me touche encore. Cela redouble l'effet de saisissement, et bien souvent j'en suis émue jusqu'au tréfonds de l'âme.

Tante Françoise et moi aimions aussi les actrices hollywoodiennes. Nous avions nos modèles à qui nous jouions à ressembler, elle, à Ava Gardner, moi, à Audrey Hepburn. Sur fond de scène fictif, j'appris à me maquiller, à m'habiller de velours noir avec ma coupe de cheveux dite chat. Bref, cette vie sans contrainte était bonne et nous nous la coulions douce.

Le grand-père J.-A. commença à s'inquiéter de nos frivolités et de nos « petites revues néfastes ». Il se mit à venir me réveiller la nuit pour que je descende avec lui à la cuisine lui lire des passages de la Bible qu'il avait rigoureusement choisis, tous plus austères les uns que les autres. Pendant qu'il se berçait et dégustait son petit verre de brandy, assise sur un tabouret, je lisais les longs passages ennuyeux. Grand-père avait les yeux mi-clos de béatitude pendant que moi, fourbue, je tombais endormie, le front sur le livre sacré.

C'est grand-mère qui, s'apercevant de toutes ces « folleries de son vieux radoteux avec ses bondieuseries », mais n'approuvant pas non plus nos lectures, à Françoise et à moi, de ces Américains, sans doute tous en état de péché mortel, dut en parler à mes parents. Si bien qu'un jour Jean-Baptiste vint me chercher, autoritaire et sans mots. Sur le chemin de notre maison, il me dit seulement : « Ta maison, c'est la nôtre. Ta mère a besoin de toi. » En ce temps-là, la parole des parents avait force de loi. Je revins chez moi comme si une page s'était tournée toute seule. Je traversai la passerelle aux côtés de mon père et, comme l'aurait dit Maupassant, « je marchai dans la vie comme dans un poème ».

Avec le recul des ans, cette légère folie que nous avons vécue, Françoise et moi, se comprend bien. Françoise, à trente-quatre ans, tout juste séparée de son mari Léo — qu'elle retrouvera d'ailleurs l'année suivante alors qu'ils s'en iront vivre à Montréal avec leurs deux enfants et s'aimeront jusqu'à la fin de leurs jours —, se permettait de vivre sa vraie jeunesse que les sévérités du temps lui avaient dérobée. Quant à moi, sortie tout juste de la prison des Ursulines de Québec, avec son lot de passions bridées, j'étais en pleine mue vers le vol libre, la soie de la chrysalide cédant de toutes parts.

Françoise revenait à ses dix-sept ans alors que j'entrais dans les miens avec éclat. Nous nous rencontrions dans ce temps voué à tous les rêves et, d'une certaine façon, nous avions le même âge ces semaines-là.

Toutes deux venions de loin. Et de creux. Nous avions grandi dans l'un des lieux les plus stricts du Canada français de l'époque. Cet archevêché de Rimouski, dirigé d'une main ferme sans gant de velours par l'archevêque Courchesne, homme brillant — ce sont les pires — aligné corps et âme sur le non moins psychorigide érudit et pape romain Pie XII, à la morale politique et sexuelle contraignante. C'était l'époque de l'Église dominante et triomphante où notre village, Amqui, fut soumis aux lois et à l'ordre du chef et curé Nazaire Caron qui régna pendant une quarantaine d'années sur ses ouailles obéissantes.

Aujourd'hui, ces hommes-là, on les traiterait d'intégristes. Ils faisaient la loi. Appliquaient les dogmes décrétés à Rome. Régnaient sur leur peuple de moutons et de brebis, eux, grands bergers devant l'Éternel.

Et les filles avaient moins de libertés que tous les autres. N'avaient ni le droit d'apprendre à nager. Ni celui de jouer au tennis et à tous les autres sports. C'étaient les garçons du cours classique qui nous revenaient chaque été avec leurs exploits sportifs que nous, pauvres filles, nous contentions d'admirer… et d'envier. L'époque où une troupe de scouts existait mais pas de troupe de guides, malgré le voyage que nous avions fait jusqu'à l'archevêché de Rimouski, mes amies et moi, pour implorer la fondation d'une telle troupe, requête qui fut refusée sans discussion aucune, avec l'autorité tranchante typique de ce temps. Nous étions revenues au village déterminées à créer clandestinement notre propre troupe, avec l'appui de nos mères et de la cheftaine provinciale à qui j'avais écrit, elle s'appelait Blandine Neault. Ainsi qu'elle nous le demandait, nous avons envoyé l'argent d'une cotisation et elle nous retourna par la poste un immense colis rempli de nos costumes de rêve avec lesquels nous paradions une fois la semaine dans la rue principale : chapeau protocolaire, jupe courte, ceinture et poignard à la ceinture (oh ! ce poignard qui vous donnait pouvoir et force !), sifflet et foulard et tout ce qu'il fallait pour impressionner les adultes, les braver et en apeurer certains. Mes amies et moi avions alors entre douze et quatorze ans. Je devins chef de troupe. Nous n'avions évidemment pas d'aumônier. Qu'à cela ne tienne, on décida que je tiendrais ce rôle et je le fis de bon cœur.

C'était l'époque où, dans cet archidiocèse, la danse avait été déclarée, du haut de toutes les chaires, péché mortel. Nous dansions, bien sûr, au Camp Cartier le samedi soir, mais le cœur divisé, gauche au zénith, droite en enfer.

Je me souviens d'une scène racontée moult fois par les adultes : la jeune sœur de papa, Gisèle, s'en venant allégrement sur la bicyclette de l'un de ses frères, rencontrant le curé Caron qui passait par là et qui, comme toujours, marchait avec sa canne et portait son grand chapeau de feutre noir. Il s'en vint vers elle, alors qu'elle dévalait une côte à toute vitesse, cheveux et jupe au vent, elle l'entendit lui crier « Dévergondée », reçut un coup de canne sur les jambes, puis il hurla : « Va-t'en chez vous, t'as pas le droit de te servir de cet engin réservé au sexe fort, tu viendras te confesser samedi. » Gisèle rentra chez elle en larmes et folle de rage. Sa mère Rose ne sut que lui répondre : « Tu dois obéissance à monsieur le curé, c'est le représentant sur terre de Notre-Seigneur… » Ainsi disaient les adultes de mon pays.

Nous venions de ce purgatoire sur terre, Françoise et

moi. Nous voulions en sortir. Nous en extraire. Nous évader. N'avions pas les mots pour dire ce désir de partance. Pas encore.

On nous aurait proposé l'escalade de l'Everest, nous l'aurions fait. Ou bien la traversée du désert d'Arabie. Pour l'oasis, là-bas, à l'horizon, tellement nous avions soif. On nous offrait les théâtres Figaro et Mozart. Nous nous y sommes baignées dans l'eau des westerns, de leurs beaux mâles, de leurs pulpeuses femelles.

Jusqu'à plus soif, ils furent les compagnons et les compagnes de nos infortunes. Ils avaient l'air si heureux. Tellement plus heureux que les images de l'Église qui avaient bercé nos songes d'enfance.

Les semaines suivantes, tout en m'acquittant de légers travaux domestiques pour aider ma mère — et pour que j'apprenne l'art d'être une vraie femme, disaient-ils tous —, je découvris la littérature du Québec, celle que nous nommions alors *canadienne-française*, absolument méconnue au couvent d'où je venais. C'est dans la bibliothèque de ma mère que je trouvai les Laure Conan, Gabrielle Roy et Félix Leclerc. J'avais même écrit à ce dernier après ma lecture d'*Adagio*, en lui glissant un poème et lui demandant s'il croyait que j'avais du talent. Il me répondit avec un autre poème qui se terminait par : « Oui, du talent. Mais n'oubliez jamais l'amour, la nature et Dieu. »

Au mois de mars, ma mère, qui trouvait par ailleurs ma présence à la maison plutôt agréable — j'appris ces choses des années plus tard —, s'inquiéta de mon sort et confia ses préoccupations à Jean-Baptiste, son homme et mon père, afin qu'il intervienne. Comme lui n'était à la maison d'Amqui que les fins de semaine, passant ses semaines au moulin de la rivière Matane, il n'était pas au courant des épisodes quotidiens de notre vie commune.

Sans que je sache de quoi il retournait, je fus donc convoquée à une rencontre à son bureau du moulin — bureau qui se nommait *office* et que les hommes prononçaient *affice*. Midas, son homme de confiance, vint me chercher en jeep, un mardi. Je revois la scène comme si cela s'était passé hier. Poli comme toujours, mon père m'accueillit avec une tasse de thé (du gros thé noir) et n'y alla pas par quatre chemins. Il me dit quelque chose comme « C'est bien beau tout ça — je lui avais parlé de liberté, le dimanche précédent —, mais qu'est-ce que tu comptes faire de ta vie ? Tu es intelligente, tu as des atouts, tu dois les faire fructifier. As-tu une idée de ce que tu veux faire l'année prochaine ? »

En fait, j'y avais à peine pensé tellement j'étais heureuse dans ces jours défilant sans contraintes et sans véritables obligations. Sans trop réfléchir, je répondis le plus sérieusement du monde : « Je veux aller à Montréal et devenir chanteuse de club. » Ainsi disions-nous, en ces temps-là.

Il aurait pu s'énerver, me crier par la tête, me trouver sotte et le dire. Je vis qu'il examinait la question. Lentement, il commença à parler. Il me dressa un portrait de la vie d'une « chanteuse de club, à Montréal ». C'était en quelque sorte l'antichambre de la vie de bordel et de la prostitution. Si j'adoptais cette voie, j'aurais besoin d'un protecteur, sinon, j'aurais affaire à un maquereau. Il serait donc mon protecteur, viendrait à Montréal avec moi me choisir un appartement. Dans un bon quartier. Paierait cet appartement au début et m'aiderait jusqu'à ce que je gagne convenablement ma vie. Et ainsi de suite.

Il se leva, me tendit la main et dit, solennel : « Je te propose un contrat. Si tu trouves un autre collège, reviens me voir après ta Philo 2, je fais la promesse d'honneur que je t'aiderai à t'installer à Montréal si tu veux encore être chanteuse de club. » Je lui donnai la main et lui dis : « D'accord.

C'est un contrat. Je vais me trouver un collège. Je reviendrai te parler de mon projet après la Philo 2. » Je ne pensai plus à mon rêve de chanteuse et me donnai toute à la tâche de trouver un collège pour septembre.

Ce fut le formidable collège Notre-Dame-d'Acadie de Moncton, dirigé par une jeune communauté d'Acadiennes, les sœurs de Notre-Dame-du-Sacré-Cœur. Tout le bien que m'en avaient dit des amies se vérifia dès mon arrivée — y compris le fait que se retrouvaient là, heureuses, aux côtés d'étudiantes acadiennes, plusieurs « insoumises » ou « insubordonnées » qui s'étaient vu montrer la porte dans leurs couvents du Québec.

Je n'en revins pas quand j'arrivai là. C'était un collège relativement neuf, solidement bâti, en belle pierre grise, avec un intérieur agréable, lumineux, bien aménagé. Pas de règle de grand silence, pas d'uniforme, pas de tristesse apparente des lieux — même la chapelle semblait joyeuse —, pas de dortoirs aux chagrins empilés, mais de belles grandes chambres pour deux aussi confortables et agréables que celles de nos maisons respectives (sans doute plus pour les moins fortunées d'entre nous). Je partageais la mienne avec ma cousine Carmen. Les religieuses avaient vu, pédagogues, à ce que soient ensemble des sœurs, des cousines ou encore des amies d'un même village.

Dès mon arrivée, j'entendis les paroles et les rires qui fusaient de partout, et des embrassades et des histoires qui se racontaient entre celles pour qui le début de l'année constituait des retrouvailles. Et des chuchotements pour les secrets échangés. Et des chants courant dans les escaliers et les corridors.

Le bouillonnant peuple des pensionnaires s'installait pour l'année, prenait la mesure des lieux en état de récréation.

Je n'en revenais pas! J'avais traversé dans la peine et la soif le désert des études. Je rencontrais aujourd'hui une vaste oasis. Cela se vérifia au cours des trois années où j'y demeurai. Je voyais enfin que l'on pouvait apprendre sans souffrir, travailler en jouant, être studieux sans être malheureux.

Pour ces années passées là, pour les enseignantes, nos compagnes dans cette grande aventure de vivre, j'éprouve un sentiment d'intense reconnaissance. Prenant mieux aujourd'hui la mesure du danger de désespérance dont elles me tirèrent en douce, comme à mon insu, ma gratitude est plus vive encore qu'au moment où avait lieu le passage.

En plus des matières scolaires entre lesquelles je me promenais librement, je passais des heures aux répétitions de piano et de théâtre. Je ne comptais plus mon temps comme dans une prison. Il était infini, ce temps dont nous disposions, et celui passé avec les enseignantes n'était pas moins clément que celui des amitiés. Je lisais beaucoup. Il n'y avait pas encore, à proprement parler, de littérature acadienne, et la littérature québécoise, comme institution déployée dans les réseaux d'enseignement et de distribution, se préparait à prendre son envol avec la Révolution tranquille toute proche. Nous lisions les grands auteurs de la littérature française des XIXe et XXe siècles, quelques autres européens et américains du Nord et du Sud.

Sans le claironner ou en faire l'objet d'une révolte ouverte, nos enseignantes déjouaient la loi de l'Index, un système d'interdiction des livres jugés amoraux ou séditieux mis en place par l'Église catholique romaine, de sorte que nous avions accès aux Baudelaire, Rimbaud, Lautréamont, de même qu'aux Gide, Montherlant, Sartre, Camus et autres. Je lisais, faisais du théâtre et beaucoup de piano. Je commençais à écrire. L'écriture de récits ou encore de poèmes me donnait accès à des sentiers d'expression où la vie, et la mort dedans, se met à penser le monde autrement.

Au théâtre, je jouais dans les toutes premières pièces de notre professeure Antonine Maillet. Grande pédagogue dans ses cours de littérature, elle annonçait déjà la magnifique écrivaine styliste qu'elle allait devenir. C'est elle qui m'ouvrit la voie de l'intelligence des meilleurs écrivains du temps. Je lui en saurai toujours gré.

Elle, mais aussi le père Maurice Chamard, cet intellectuel et artiste hors du commun. Il avait fondé le théâtre du collège des garçons Saint-Joseph de Memramcook, qui deviendra plus tard, avec le collège des filles de Notre-Dame-d'Acadie, l'embryon de la future Université de Moncton. À lui aussi je dois beaucoup.

Quelqu'un ou quelqu'une écrira-t-il un jour le livre de ces pionniers des âmes et des imaginaires en Acadie?

J'aimais mon collège. Et j'aimais l'Acadie.

L'Acadie, c'est le pays avec le sens de l'accueil et de la fête le plus généreux que j'aie jamais connu. Si bien que l'on découvre là cette vérité toute simple : qui n'a pas le sens de la fête, de ses joies, de ses chants et de ses débordements ne sait ni vivre réellement, ni même penser, c'est bien pour dire. J'y ai tissé des liens qui resteront vivants jusqu'à ma mort. Je n'ai jamais cessé d'y retourner, et quand j'y reviens, c'est toujours une célébration.

J'aimais même Moncton, pas particulièrement réputée pour sa beauté, mais je lui trouvais un charme et un agrément qui devenaient à mes yeux l'emblème de ce que j'étais en train d'y vivre : la passion de vivre, justement. Et j'aimais la langue acadienne, la même que la mienne, parlée autrement, avec des accents maritimes et un métissage qui ouvrait d'inédits horizons. Je ne comprenais pas le complexe d'infériorité de certains à parler leur langue, qui osaient même croire que les Québécois parlaient mieux. Heureusement, grâce à leurs poètes, à leurs chansonniers, à leurs romanciers et à tous les intellectuels, l'image de leur langue a bien changé pour les plus timides d'entre eux, et c'est tant mieux.

Quand je quittai le collège Notre-Dame-d'Acadie, et Moncton, et toute l'Acadie, j'eus de la peine, vite atténuée par l'espoir que ce pays avait fait naître. Les horizons s'élargissaient devant moi. L'avenir m'appartenait. Des choix s'offraient qui appareillaient plus grandes encore les voiles de la liberté.

Que ferais-je de ma vie, comme m'avait demandé mon père, à son office, trois ans plus tôt?

J'hésitais, oui, mais dans l'exultation. Ou bien, j'irais vers la musique. Après avoir participé au concours national de piano, section Maritimes, à Halifax, le président du jury, et professeur au Conservatoire de Londres, m'offrait là une formation de quatre années, à la seule condition que mes parents payent le coût du voyage outre-Atlantique, en bateau. Je réfléchis.

Même chose au théâtre, où George Bloomfield, qui avait présidé un jury, m'invitait à me joindre à sa troupe montréalaise. Je réfléchis.

Après des débats intérieurs, c'est l'écriture que je choisis. Je n'avais aucune idée de l'endroit d'où venait ce choix. Ni ne savais comment faire, où me diriger pour passer de son désir à sa réalisation. Après toutes ces années de mise en œuvre, le sais-je clairement?

Liberté Montréal

J'étais allée une seule fois à Montréal, en 1957, en voyage commandé si je puis dire, et j'avais détesté l'expérience du début à la fin. Mon collège Notre-Dame-d'Acadie avait participé à un concours pancanadien de dissertation dont le sujet était « Marguerite d'Youville ». J'ignorais même le nom jusqu'à ce devoir obligé. Dix finalistes avaient été choisis parmi les collégiens de la francophonie, de Vancouver à Halifax. Et j'en faisais partie.

Je me souviens du long et morne voyage en train. J'avais sans doute le trac à l'idée d'aborder la métropole inconnue et de devoir participer à l'entrevue devant le jury qui allait déterminer deux vainqueurs, une fille et un garçon — ceux-là, les chanceux, auraient droit à un voyage en France. Je ne sais plus lesquels ravirent ce premier prix. Je me souviens seulement qu'il s'agissait de deux Montréalais issus de grands collèges dont j'ai oublié les quatre noms — ceux des lauréats et ceux des collèges —, je notais peu quand j'avais dix-huit ans. Je sais seulement mon malaise au cours de ces longues journées. Pour la première fois de ma vie, j'étais traitée en étrangère. Je venais de loin. On me le fit sentir. On ne m'adressait pas la parole, comme si j'avais parlé une autre langue. À bien y penser, peut-être parlais-je une autre langue, celle qui venait d'autres horizons et que d'autres paysages avaient forgée, ou que d'autres orfèvres, originaires des bois et des rivières, avaient sertie.

Je fus accueillie à la gare Centrale par des religieuses dont j'oublie noms, visages et mots. Même amnésie par rapport aux membres du jury, religieux des deux sexes qui me glacèrent les veines et le cerveau par des questions que je trouvais insipides. Nous dormions dans des dortoirs, de couvent pour les filles et je ne sais où pour les garçons. Nous avons visité, toujours en groupe et en autobus nolisé, une quantité incroyable de monastères, églises, chapelles, cimetières et tombeaux. Nous avons eu droit à une rencontre avec le chanoine Lionel Groulx en personne qui nous reçut dans sa vaste bibliothèque et nous offrit l'un de ses livres dédicacés (l'ai-je lu? j'ai oublié). Je me souviens d'un tout petit vieux, aux cheveux clairsemés, aux lunettes rondes de l'ancien temps, aux mains fines et blanches qui nous fit ce que je considérais comme un sermon sur la race et sur l'élite que nous formions, et qui m'ennuya.

Ce fut mon premier séjour montréalais. Heureusement qu'il y en eut d'autres. De nombreux autres. C'est là où je vis. Montréal est en quelque sorte mon camp de base. J'y vis depuis un demi-siècle.

Est-ce possible de se penser jeune et d'écrire cette dernière phrase?

Tel est le paradoxe de l'écriture. Grâce au pouvoir de remémoration, elle accorde deux vies à qui s'y adonne, celle d'avant et celle de maintenant. Mais celle d'avant, en s'écrivant, devient tout aussi présente et vivante que l'autre d'aujourd'hui — ainsi bat le cœur de cette simple vérité.

Montréal de la liberté, je la connus quelques années plus tard quand je vins y résider pour étudier d'abord. Pour y vivre par la suite. Cette liberté de Montréal, j'eus beau séjourner en plusieurs capitales, métropoles, villes ou villages du monde, je ne la trouvai jamais autant que là.

Liberté Montréal, peut-être tout simplement parce que je l'avais choisie, le choix d'une personne ou d'un lieu étant la clé de voûte du bonheur renouvelé de la rencontre. Aussi, sans doute, parce que l'Acadie et sa joie de vivre m'avaient donné l'élan pour entreprendre de mon plein gré une suite de voyages à travers la planète, en des lieux rêvés depuis l'enfance. Mais encore parce que, venant de géographies humaines plus modestes, villages ou petites villes, sans renier la grandeur des campagnes alentour, je cherchais, sans me le dire à l'époque, l'ampleur des populations et de leurs habitats, les modes de vie des humains agglomérés. J'y trouverais l'ouverture à l'autre que donnent le multiple et la diversité — couleurs, langues, coutumes — et, en même temps, la solitude dans le nombre et l'anonymat que seules les grandes cités permettent.

Ah ! cette liberté que procure une ville nombreuse, combien je la ressentis les premières fois que je marchai dans les rues, ne connaissant personne et n'étant connue de quiconque, ne voyant aucun visage dissimulé à moitié derrière un rideau, scrutant mes allées et venues, comme il m'avait été donné de le vivre tant de fois. Ah ! cette solitude savourée de rue en rue quand, seule, j'arpentais un territoire selon mes projets de découvertes, ou mes rêveries. Ah ! ce plaisir à entendre tant de langues inconnues qui m'ouvraient tant de chemins du monde. Et le mouvement en tous sens le long des artères et des rues passantes, chacun ayant l'air de n'aller nulle part tout en montrant un visage qui exprimait un but exact, une destination précise et qui était seul dans son projet. Bienheureux visage dont personne ne connaissait ni n'était curieux d'apprendre le programme de ses heures et qui n'avait peut-être pas de programme du tout, quel bonheur ! Allait-il à la poste ? Ou à la messe ? Ou bien encore travailler, ou rencontrer un amoureux, une amoureuse ? S'en allait-il dans l'un des nombreux hôpitaux, était-il malade, allait-il mourir, le savait-il ? Personne autour n'aurait pu deviner. Bienheureux passant qui pouvait être seul et libre de son destin !

Et bienheureuse moi de découvrir Montréal : la grande, la bigarrée, l'ouverte sur les autre cultures. La ville qui n'a pas de centre, mais en comprend plusieurs, la ville que n'habite pas un seul peuple et qui en regroupe des dizaines.

On m'avait pourtant dit que le centre de Montréal était exactement à l'angle du boulevard Saint-Laurent et de la rue Sherbrooke. Saint-Laurent qui divisait la ville en deux, à l'ouest les Anglais et à l'est les Français, ainsi parlait-on à l'époque. Saint-Laurent qui traversait la ville du sud au nord, du fleuve Saint-Laurent à la rivière des Prairies. C'est là que commençait la numérotation des adresses, ouest ou est, de 1 à l'infini. Et Sherbrooke, une rue si longue qu'elle débouchait dans les deux sens sur la campagne sans que l'on s'en aperçût, dans les villages, à l'ouest anglophone comme à l'est francophone, qui donnaient sur les grandes eaux festives du fleuve ou des lacs.

Pour bien comprendre celle qui était devenue en peu de temps ma ville, je me rendis à l'intersection centrale, munie d'une carte. Pendant un bon mois, je pris l'autobus 55 sud-nord sur le boulevard Saint-Laurent et 24 ouest-est dans la rue Sherbrooke, m'arrêtant pour visiter des quartiers et reprenant dans l'autre sens le trajet jusqu'à mon point de départ. Des chauffeurs commencèrent à me reconnaître. Devant l'air dubitatif de l'un, je dis un jour, pour dissiper tout doute, que j'étais écrivain et que je préparais un livre sur les rues de Montréal. Je n'y avais jamais pensé. Je le dis tout naturellement comme on pourrait dire « Je suis arpenteur-géomètre ». Et monsieur le chauffeur me sourit.

En fait, j'avais commencé à écrire. C'est à Montréal que j'ai commencé à écrire dans ma tête, en marchant ou en roulant.

J'étais inscrite à la Faculté de philosophie, à la maîtrise plus exactement. Comme nos cours se donnaient le matin, cinq matinées par semaine et de huit heures et demie à midi chaque jour, j'eus tous les après-midi et toutes les soirées pour étudier et vivre ma liberté nouvelle. Ce fut une fête. Je marchai dans les rues de Montréal comme on va au musée. Tous les musées d'ailleurs, je les visitai. Que dis-je, je les étudiai. Hormis les peintures et les sculptures religieuses des églises, je n'avais jamais vu de tableaux, sinon dans les livres d'art que j'avais parcourus. De vrais tableaux, me disais-je. Pour la première fois, à vingt et un ans, je vis une exposition des Automatistes. J'en fus sidérée et je le suis encore. J'étais insatiable. J'écumais les galeries de Montréal, rue Sherbrooke surtout. Je notais, j'écrivais dans ma tête ce qu'un jour je désirerais à la hauteur de mes trouvailles, de mes illuminations quotidiennes. J'allai beaucoup au cinéma. Moins au théâtre ou au concert, trop sensible encore aux adieux que je venais de leur faire. Ce double deuil n'était pas consommé. Le sera-t-il vraiment jamais? De toute façon, mon budget ne m'aurait pas permis autant de sorties. Quoi qu'il en soit, je ne voulais pas jouer à la femme de Loth en retournant sur les lieux que je venais d'abandonner quasiment à mon corps défendant — musique et théâtre, scènes et vies encore trop attachantes pour que je me permette d'y glisser mon ombre.

Je découvris aussi la ville des ruelles. J'y déambulai sans cesse, jamais le soir hélas, le danger y étant grand pour une femme seule, et encore aujourd'hui cette liberté me manque souvent. En cette matière, les choses n'ont pas tellement changé. Quand saura-t-on que la première souveraineté concerne l'affranchissement des corps? Que la primordiale indépendance se trouve là, dans cette liberté de mouvement de tous les corps adultes, quel qu'en soit le sexe?

Je découvrais donc de jour Montréal, ville des ruelles, comme je n'avais jamais vu ailleurs et que je n'ai plus vu jusqu'à maintenant. Les ruelles de Montréal, ville dans la ville comme une mer qui va reprendre sa respiration, de la rive jusqu'à son centre, entre vague et ressac, entre rues et ruelles qui appartiennent aux mêmes grandes eaux, la rue visible et audible par sa houle et sa circulation bruyante, la ruelle dans les retraits et les replis, tel un double qui donnerait en creux sa forme véritable à la première. Tel un amphibien heureux, elles s'échouent toutes deux sur la grève, fondues de la crête à la mousse, faisant entendre une même musique à l'oreille : qui vient d'ailleurs, qui vient de partout et qui parle toutes les langues.

Qui ne connaît pas les ruelles de Montréal et les musiques qu'elles donnent à entendre dans toutes les rues, leurs grandes jumelles, ne connaît pas cette ville.

En peu de mois, Montréal était devenue mienne et le demeure.

Cependant, j'assistais à tous les cours de philosophie. Nous étions une trentaine dans la classe, filles et garçons. Toujours dans la même salle, ce sont les professeurs qui se déplaçaient et qui venaient nous y rencontrer. Ils étaient tous des hommes, cela ne m'étonne guère, moi qui, jusque-là, n'avais eu que des femmes enseignantes, comme s'il était acquis que la philosophie, de son promontoire imaginaire, était la chasse gardée des mâles. En cette matière, les choses, quarante ans plus tard, ont-elles tellement changé? (Pour le monde de la pensée, il faudra peut-être y mettre des siècles…) Tous nos professeurs étaient des hommes. Presque tous excellents. La plupart dominicains, et la plupart thomistes, ça allait de soi. Cette année-là, il y avait aussi deux philosophes laïques, remarquables eux aussi, qui nous ini-tiaient à Platon pour l'un et à Descartes, mais aussi à Locke, à Hume et à Berkeley, pour l'autre.

Je revois souvent l'image du père Régis qui entrait dans sa longue et belle robe blanc écru, le corps mince comme celui d'un ascète, le regard noir allumé et le sourire du sphinx, on aurait dit qu'il entendait Mozart dans sa tête, il arrivait sans livres et sans papiers, nous saluait et écrivait un seul mot au tableau, *être* ou *essence* ou *substance* ou *existence,* un seul mot, toujours. Nous passions l'heure et demie du cours à parler avec lui à partir de ce seul mot. Pour nous enseigner les bases du thomisme, il appliquait la maïeutique socratique. Il était accoucheur de pensées. Sage-homme des pensées qui se traduisent en mots (et vice versa). Avec lui, nous ne prenions pas de notes, n'étudiions pas de livres. Nous n'apprenions aucune leçon à reverser dans nos travaux. Nous apprenions à penser. Nous apprenions à traduire le passage de cette pen-sée, de ces pensées, en actes de paroles. Dans les cours du père Régis, je touchai à la source de l'écriture et ne le savais pas.

Cette année-là aussi, ma conscience de l'injustice fut une autre fois mise à l'épreuve. L'un des professeurs nous avertit dès le premier cours qu'il ne donnerait jamais plus de 70 % au travail d'une fille, quelle qu'en soit sa valeur. Bon. Il y eut un silence. Puis, quelqu'un a osé, d'une voix timide, deman-der pourquoi. Le professeur sembla surpris, mit un peu de temps à répondre et dit : « Parce que tout le monde sait que les filles ne viennent pas en philosophie à l'université pour étudier, mais pour trouver un mari ! » Cela dit sur le ton autoritaire des vérités évidentes. Nous n'avons rien dit. Nous étions stupéfaits. Une partie de nos cerveaux se trouvait encore dans l'état d'esprit aliénant, sexiste et machiste, qui nous enveloppait tous et toutes. En effet, les meilleurs tra-vaux des filles reçurent la note de 70 % alors que les meilleurs travaux des garçons obtinrent de 80 % à 90 %. Nous avons reçu nos notes et n'avons rien dit. C'était comme ça. C'était ainsi quand la Terre était carrée et non ronde. C'était ainsi et on n'en parlait plus. Point. Je crois bien que mes premières ébauches de pensées féministes naquirent là. En 1960, au Québec. À l'orée de la Révolution tranquille.

Dans cette classe où je vivais l'enchantement de l'apprentissage philosophique, j'éprouvais aussi le syndrome de l'étrangeté tel que je l'avais connu trois ans auparavant lors de mon séjour avec les finalistes du concours sur Marguerite d'Youville. Tous ces jeunes, issus des collèges de Montréal et des alentours, se parlaient entre eux comme s'ils se connaissaient depuis toujours. Peu m'adressaient la parole. Ils avaient instauré entre eux une solidarité du lien d'origine, sans doute inconsciemment, mais cela était un fait. Je ne mis pas de temps à repérer le seul autre étranger du groupe, Paul B., qui venait de Philadelphie où sa famille vivait et où il avait été scolarisé. Nous nous sommes vite reconnus. Une amitié naquit sur cette reconnaissance tissée à même ce sentiment d'étrangeté partagé. Dans ce sentiment-là, l'intimité, on dirait qu'elle se trouve plus rapidement car, très vite, nous sommes devenus amoureux. J'avais connu quelques flirts et trois ou quatre amourettes, mais avec Paul, l'amour, le vrai, le sérieux, celui qui ose les projets conjoints était né.

Devant la solidarité, comme naturelle, du lien d'origine de nos collègues, nous en avions instauré une, Paul et moi, basée sur notre étrangeté réciproque.

Quand nous préparions nos examens, nous passions des heures suaves dans les bibliothèques à étudier follement, et nous changions de bibliothèque, nous promenant entre celle de la tour de l'Université de Montréal — mystérieux et secret havre —, la bibliothèque Saint-Sulpice, rue Saint-Denis — un pur chef-d'œuvre, les tables et les lampes, les reflets des lumières des vitraux sur nos livres et nos mains — et la Bibliothèque centrale de Montréal, rue Sherbrooke. Voyager vers les livres, sans que l'on en prenne toute la mesure, ce sont là des réalités que nous découvrons après coup, souvent des années après. Nous déplacer à leur rencontre à travers la ville nous permettait de préfigurer les voyages de nos vies, que nous désirions nombreux et lointains.

Montréal, ses bibliothèques et ses livres accueillaient chaque jour ou presque deux jeunes venus de loin, amoureux d'apprendre et amoureux de cette ville, et qui se voyaient lentement devenir amoureux l'un de l'autre.

Puis Paul Ricœur vint. C'était au début du second semestre, en janvier, que nous fut présenté ce professeur venu de Paris pour passer cette session avec nous et nous enseigner Emmanuel Kant. L'influence de ses enseignements sera déterminante pour le reste de ma vie. Il avait mis au programme la *Critique de la raison pure*. Rien ne nous préparait à ses leçons, si studieuses et rigoureuses, et si loin de l'entendement commun des choses dans lequel nous baignions, que plusieurs s'en arrachèrent les cheveux à essayer d'y comprendre quelque chose et y perdirent leur latin, c'est le cas de le dire. Paul Ricœur, grand pédagogue, modeste, ni hautain ni condescendant, lisait des passages entiers de la *Critique*, comme nous, par exemple, on eût récité par cœur *La Beauté* de Baudelaire. Il nous donnait en allemand ces passages et forgeait devant nous sa traduction française (qu'il comparaît avec d'autres, en passant) tout en créant *in vivo* une pensée de la traduction des concepts kantiens — avec lesquels il pouvait, en certaines parenthèses esquissées, jouer, les déplaçant parmi les fondamentaux des autres philosophes, d'Aristote à Hegel.

Nous étions fascinés. Silencieux, nous contentant de gribouiller des notes captées à la volée. Plusieurs étaient si déroutés qu'ils en devenaient tristes. Pour ma part, je découvrais que j'aimais la déroute. J'aimais ne pas comprendre. J'aimais être déportée dans les sphères de l'abstraction, et d'ailleurs, j'en extrayais des poèmes, quelque chose qui ressemblait à ce que je rêvais de la poésie, rattachant ce quelque chose à des pensées que je bricolais, telle celle-ci : la thèse fondamentale de la *Critique* est qu'il y a un pont (Ricœur insistait sur ce mot, *pont*) entre l'« entendement pur » et la « sensibilité pure », et ce pont se nomme *imagination transcendantale*. De ce pont ou passage, je fis un exposé. Puis, j'en fis un mémoire de maîtrise.

Surtout, j'en fis la clé de voûte de mes choix ultérieurs. Je saisis que je pouvais devenir écrivain. Que j'en entrevoyais les fondations philosophiques. Que ce pont ou ce passage de l'imagination transcendantale était le lien même de l'écriture : ses racines, sa raison d'être, ses finalités, son terreau pour les semences à venir.

En venant à l'Université de Montréal et en choisissant la philosophie, tout intuitivement, j'avais pressenti que je parviendrais à ce pont. C'est la rencontre fortuite avec Paul Ricœur qui m'a permis d'y accéder. Il me restait à m'y engager, à le traverser et à voir ce qu'il y avait de l'autre côté. J'y suis encore. Sur ce pont.

En quittant l'Acadie, j'avais décidé que je bouclerais rapidement mes études de maîtrise, mon ultime but étant de partir pour la France, y faire un doctorat. Et je voulais travailler pour y arriver, déterminée à payer désormais, seule, les frais d'études, de subsistance et de voyages. Comment concilier tout ça ? « Une moyenne paire de manches », aurait dit ma mère.

Pour l'heure, l'essentiel était trouvé. Je savais ce que je voulais étudier et où. J'étudierais la philosophie. Et j'écrirais. Du cours de Paul Ricœur, et de quelques autres cours, s'était glissée subrepticement une autre option : la psychanalyse. Je ne savais pas encore tout à fait par quels horizons cette option avait irrigué le terreau. Je verrais là-bas.

Paul B., de son côté, était prêt à traverser l'océan. Nous nous fîmes la promesse de nous retrouver dans un an. Il me dit que nous allions nous « pré-fiancer ». Me donna un bijou de famille destiné aux pré-fiançailles, selon les dires des siens : un rubis sur or qu'il me passa à l'annulaire gauche, cet été-là 1960, à la maison de mes parents. Ce qui fit rêver ma mère et la fit entrer dans un de ses nombreux romans.

Retour en Acadie

Ça sentait le foin, le trèfle et les bourgeons d'orme séchés. Une légère brise faisait vibrer les cordes de l'air et voyager les odeurs à travers la fenêtre entrouverte du train. Mes examens terminés, je redescendais passer l'été dans mon village de la vallée. J'y écrirais mon mémoire et me préparerais à passer une autre année à Moncton où j'enseignerais au collège Notre-Dame-d'Acadie, en remplacement d'une professeure absente cette année-là, nulle autre qu'Antonine Maillet.

Au cours du voyage, je lisais *Promenades dans Rome* de Stendhal, romancier fétiche. Je faisais miens ses propos que je récitais et me répète encore parfois : « Je ne désire être compris que des gens nés pour la musique, je voudrais pouvoir écrire dans une langue sacrée. »

Oui, je veux bien de cette solitude de l'écriture, je veux bien de la musique, me disais-je, mais pourquoi faire ce mémoire de maîtrise, et sur Kant en plus, et pourquoi vouloir gagner mes sous en enseignant pour enfin réaliser le rêve de traverser l'océan, d'aborder en France, pays de mes écrivains aimés, et pourquoi vouloir m'inscrire au doctorat, étudier encore et encore et travailler si fort et avec tant d'ardeur ? Je ne pouvais répondre à toutes mes questions et retournais à mes rêveries, à la contemplation du paysage que je croyais connaître dans tous ses recoins tant je l'avais parcouru et que je découvrais nouveau à chaque tournant, me laissant glisser lentement dans cette somnolence que favorise la musique du train et des rails et laissant émerger des éclats d'entendement qui, loin d'être des réponses, soulevaient d'autres questions.

Comme cette phrase de notre professeure de philosophie au collège, sœur Dorothée, qui avait le don de nous délecter de ce qu'elle nous enseignait, y compris des écrits rigoureux de Thomas d'Aquin, que nous appelions saint Thomas : « Si tu veux écrire des livres de littérature, il est bon que tu te mettes du plomb dans la cervelle et que tu fasses d'abord une maîtrise de philosophie. Ainsi tu construiras les fondations de ta maison. Après, avec tes livres, tu ajouteras les étages que tu voudras. » Je disais : « Les étages, les lucarnes, la cour et le jardin. » Elle répondait : « Si tu veux ! »

Comme cette phrase de mon père Jean-Baptiste qu'il a sans doute dite à tous ses enfants, je devais avoir une dizaine d'années : « Si tu veux étudier, et tu dois étudier, le Seigneur t'a donné une intelligence que tu as le devoir de faire fructifier. » Et il parlait avec le renfort de citations bibliques : « Il faut que tu te rendes jusqu'au bout du chemin de la connaissance que tu auras choisi, pas au milieu du chemin ni aux neuf dixièmes, non, au bout, et ce bout-là s'appelle le doctorat. » Il avait nommé plusieurs de ces chemins — la médecine, le droit, les affaires, la théologie —, ajoutant : « Il y a même des docteurs en science de Dieu, tu t'imagines ? prononçait-il, rêveur et le regard au ciel, des docteurs en science de Dieu ! »

Dans le train qui me ramenait vers le premier été studieux de ma vie — je terminai mon mémoire fin août —, j'étais loin de comprendre à quel point je réalisais ainsi un désir du père, désir marqué par la loi, comme chacun sait, et en l'occurrence la loi divine, ni combien, plus tard, je réaliserais celui de ma mère Jeanne en devenant écrivaine, elle qui avait rêvé les livres des écrivains, et leur vie, elle dont la vie s'est déroulée bien souvent comme une merveilleuse fiction qu'elle raconta avec l'aisance des mots jusqu'à plus soif, jusqu'à la lie, j'allais dire, jusqu'à son agonie où elle ne parla plus. Elle s'endormit alors avec un gros livre sur le ventre qu'elle n'eut même pas la force d'ouvrir, *La Détresse et l'Enchantement* de Gabrielle Roy, cette femme qu'elle admirait tant, qui n'eut pas d'enfants mais avait mis au monde une marmaille de livres que ma mère lisait quand la sienne de marmaille lui donnait le temps de s'abstraire des labeurs quotidiens. Alors, elle plongeait et partait en voyage dans les livres, loin de nous tout en étant physiquement là. Nous la voyions dans son fauteuil, près de sa bibliothèque, avec un air extatique que la prière à l'église ne lui donnait même pas, je lançais parfois un coup d'œil et je l'apercevais qui dérivait derrière son livre. Je regardais les titres, un jour ce fut *Ces enfants de ma vie*, petit chef-d'œuvre de Gabrielle Roy que je lus beaucoup plus tard, et je sus là que ces enfants étaient ses élèves à qui elle avait enseigné avec ferveur quand elle était jeune, au Manitoba. Ma mère Jeanne aussi avait été maîtresse à la petite école de rang jusqu'à son mariage. Ces deux-là étaient d'une époque où l'on ne pouvait mettre au monde en une même vie ces trois familles, celle de la maison conjugale, celle de l'école et celle des livres.

Quant à moi, j'appartenais à une génération qui, grâce à la Révolution tranquille et au féminisme, a pu concilier tout ça, faire s'épouser les trois chemins de la maternité, du travail d'enseignement et de l'écriture. À notre corps défendant parfois, en y laissant des plumes de temps en temps, des épluchures de cœur, des arrachements souterrains.

Je descendais en train vers mes origines. J'avais en moi un appel d'écriture, comme on dit un appel d'air, doublé d'une volonté de gagner ma vie en enseignant et d'un fou désir de partir loin, désir d'inconnu, de dépaysement et d'étrangeté qui allait me ramener au plus intime de moi-même et au plus proche comme je l'apprendrais plus tard.

L'été de mes vingt-deux ans fut vécu comme une parenthèse heureuse. C'était le dernier que je passais à la maison familiale pour m'y installer et y vivre. Ne le sachant pas encore, il n'eut pas l'épaisseur nostalgique des adieux. Le mémoire s'écrivit sans qu'intervienne la lancinante question de l'écriture à venir. Comme un sportif qui, dans l'action, ne pense plus, j'alignais les phrases dans le seul but de me rendre à la ligne d'arrivée, de recommencer une autre course, un autre chapitre, pressée d'en finir et de pouvoir partir vers mon avenir, imaginé lointain.

Autant l'imagination transcendantale kantienne, dont je traitais, servait de pont entre « entendement pur » et « sensibilité pure », autant s'installait ce socle de l'écriture prochaine des livres que je déchiffrerais en moi le temps venu.

En septembre donc, je retrouvais Moncton et mon Acadie. L'année fut à la hauteur de mes rêves et projets. J'enseignai, ainsi que le stipulait mon contrat, la littérature française contemporaine et le latin à des filles qui n'avaient que deux ou trois ans de moins que moi. En fait, je donnais des cours à mes anciennes amies du collège, ce qui fit comme une fête de chacun d'eux. Suivant rigoureusement le programme obligatoire de ce cycle scolaire, je ne m'attardais qu'à mes auteurs préférés : l'*Énéide* de Virgile, que je connaissais encore par cœur dans les deux langues, d'origine et de traduction française ; et Camus, dont je me souviens surtout, tant ses écrits à lui, de pensée ou de fiction, me servaient à mettre en place mon échafaudage de l'époque qui consistait à déconstruire pierre à pierre l'immense ouvrage des « cinq preuves de l'existence de Dieu » de Thomas d'Aquin.

Nous nous amusions à ce jeu et écrivions toutes sortes de

fragments incendiaires, contribuant à notre façon bien innocente aux prémices d'une révolution intellectuelle qu'on qualifierait plus tard de tranquille. Toutefois, ces jeux n'eurent pas l'heur de convenir aux autorités religieuses du collège. Sans faire amende honorable, je dus retraiter. Après tout, mon but était d'enseigner là, en passant si je puis dire, et d'y épargner une bonne partie de mon salaire — le premier de ma vie — pour le voyage à venir. C'est ce que je fis sagement.

Cette année-là, avec mes amies colocataires, Réjane et Rose-Marie auxquelles s'ajouta John, le futur époux de Réjane, nous avons formé un quatuor : piano, violon et flûtes ténor et soprano occupèrent une bonne partie de mes loisirs. Ce fut pour moi une manière de ne pas abandonner brutalement la musique, essentielle au souffle et au rythme de toute ma vie.

La bague de pré-fiançailles fut retournée à Paul B. qui faisait des études doctorales en Suisse. Il ne s'agissait pas d'une rupture. Nous nous quittions d'un commun accord, tout donnés à nos rêveries à chacun, à nos espoirs respectifs et à nos utopies. Dans cette séparation qui ne fut pas souffrante, cette absence où nos lettres cessèrent de s'écrire, dans ce manque imparable, l'écriture commençait à former son creuset.

TROIS

Loin

Les gens que j'aime, même quand ils sont là, ils me manquent.

CHRISTIAN BOBIN

L'Atlantique sur l'*Homeric*

La sirène venait de sonner le départ. On avait entendu les bruits rouillés d'ancre et d'amarres lâchées au fond des cales, puis les grincements de la passerelle séparée du quai tels les pleurs de l'enfant quand est coupé le cordon.

Nous allions appareiller. Le paquebot *Homeric* allait m'amener vers mon odyssée. Je voyais mes amis parmi la foule du quai agiter comme dans les films leurs mouchoirs blancs. Je balançais le bras droit en signe d'au revoir. Nous ne nous reverrions pas avant deux bonnes années — c'était la durée du voyage que j'avais prévue et c'est ainsi qu'elle fut. C'était l'époque où les touristes ne se déversaient pas quotidiennement par colonies sur toutes les villes du monde, l'époque où traverser l'océan demandait autant de jours qu'il y avait d'heures de décalage, l'époque où voyager respectait en quelque sorte la courbe du temps.

Septembre 1961, je venais d'avoir vingt-trois ans. Je me rendais au port du Havre, je m'en allais vers mon destin. L'avenir prenait toute la place. Déjà mon jeune passé me semblait loin comme devenaient minuscules les personnes au port à mesure qu'avançait le navire sur l'eau du Saint-Laurent. Je quittais Montréal, déjà nostalgique, en même temps qu'à la proue j'étais accourue pour mieux sentir là où bientôt je serais : au milieu de l'océan, vers le centre de ma vie.

Je demeurai sur le pont le plus haut jusqu'à l'obscurité, jusqu'à ce que je ne voie plus sur les deux rivages du fleuve que de rares et minuscules lumières clignotant sous la voûte d'étoiles, luminaires fusionnés par l'effet conjugué du tangage et d'un demi-sommeil qui me conduisirent enivrée à travers les escaliers de fer et de cordages jusqu'à la petite cabine qui serait mon gîte pendant six jours et six nuits.

J'avais cru l'océan mon lieu d'écriture. Il en fut son silence. Je ne lis pas non plus. N'ouvris ni livres ni carnets. En dehors des heures de sommeil, de repas et de conversations avec quelques-uns des amis qui s'en allaient étudier en France, je passai mon temps sur les ponts à scruter les étendues toujours semblables et jamais pareilles de l'eau en mouvement. Comment écrire quand on a perdu tous ses repères ? Plus d'accidents terrestres, montagnes, lacs, rivières, forêts et chemins. Que l'espace démesuré du ciel et de l'eau. Avec une ligne d'horizon qui vous déporte sans cesse au-delà du regard.

Forcément, vous devenez tout ouïe et tout olfaction données à ce qu'offrent cieux et flots. J'étais prise. Ravie. Dans les bras des éléments géants.

Je ne vis ni poissons ni embarcations au cours de la traversée. Il n'y eut que des vagues et encore des vagues dont la hauteur et la force variaient avec le flux des marées et des courants que j'imaginais parfois aussi profonds que sont hautes les montagnes les plus élevées. J'essayais d'entrevoir ces Rocheuses ou ces Alpes marines aux cimes inversées et j'avais le vertige, sentant le minuscule point que j'étais devenue sur ce manteau houleux de planète liquide. Soudain la peur m'envahissait de même que l'inutilité de graver sur la terre ou de jeter dans la mer quelque trace écrite signée de ma main, cendres ou poussières semées à tous vents.

M'éloignant alors du bastingage, je voyais en moi-même

le temps rétréci, coagulé, du passage en ce monde et je ne pensais plus, emportée seulement par la beauté illimitée devant mes yeux et tout autour. Cela me consolait, surtout la nuit quand les étoiles et la lune, quand le vide sidéral et sa lumière venue de la noirceur même me saisissaient. Je me disais, happée par la contemplation et sans mots, oui cela est possible, si j'écrivais un jour, ce serait pour témoigner de la magnificence des éléments, de l'enchantement que cela créait en moi. Pour cette raison seule et immense, j'écrirais. Cette certitude sans preuve aucune me réconciliait avec l'univers, avec la vie entière et sa finitude, avec toutes les démesures et les déraisons de l'humanité, et puis avec moi-même, que je reconnaissais comme après un enfantement, ainsi que plus tard j'allais le vérifier.

Sur ce transatlantique, je fus avec l'écriture comme avec l'amour : je n'y pensais plus. J'avais quitté mes amoureux un à un, sans hargne et sans reproches. Je n'en détestais aucun, et même aujourd'hui, je les rencontrerais chacun et j'imagine facilement le plaisir que nous aurions à nous parler, à nous raconter dans les grandes lignes nos vies, pour ceux qui ne sont pas morts, évidemment — j'en ai déjà perdu quatre ou cinq, en allés sur l'autre versant de la vie dans le néant ou bien quelque part où ma pensée ne peut se hisser.

Je ne songeais pas plus aux tortures et aux culpabilités liées à l'abandon inéluctable d'une religion étouffante. L'océan avalait les encombrements de mon jeune passé dans lequel les mots *fiançailles* et *mariage* sonnaient tels des glas se mêlant à l'immense orchestre naval présent, s'y fondant pour mieux disparaître, me disais-je, réjouie.

Sans doute avais-je pu sentir mon corps et mon esprit entravés. Je mettais toute mon énergie à couper les amarres, j'avançais sur l'eau, quittant barreaux et entraves. Je voyais le mariage comme une geôle banale, une prison de la normalité qui obligeait à tant de renoncements, dont ceux des études et de la création d'œuvre — c'est ainsi que je disais alors —, et plus vastement encore celui de la liberté.

Sur l'eau, jusqu'aux sillons de la poupe, je laissais glisser mes rêveries du monde, comme hier sur la terre mes pensées. C'était le temps où la jeunesse ne pouvait pas faire l'amour sans la bénédiction de l'Église, c'est-à-dire pas avant le sacrement du mariage. La loi régissant nos jeunes vies désirantes imprimait à même les chairs le double tatouage de l'interdiction et de la sacralisation. C'était le temps où la censure sexuelle était très forte, et quand nous dérogions à la loi, garçons comme filles étions soumis à la même idéologie culpabilisante de la fille qui se devait d'être vierge jusqu'au seuil de l'autel. Bien sûr, nous nous permettions bien des jeux sexuels. Cependant, la contraception n'existait tout simplement pas, et quand elle fit son apparition sur la scène médicale, l'Église catholique romaine maintint son interdiction. L'opprobre jeté sur la fille-mère était absolu, et le déshonneur de celle-ci, affligeant. Les jeunes filles payèrent le prix fort l'un des grands tabous de l'époque. La condamnation sociale de la fille-mère fut comme une étoile géante et noire qui éclaira longtemps notre nuit collective des sens.

Au début de ma vingtaine, je voyais dans le mariage une simple autorisation religio-légale de faire l'amour. Ma révolte étant nourrie de tous les livres révoltés contre la liste noire de l'Index romain, je disais non à ce que je considérais comme faux, non au mensonge dans lequel nous baignions tous. Quant à la religion et à mes tourments des deux dernières années, je n'y pensais tout simplement plus. Je laissais à la terre que j'aborderais bientôt le soin de me ramener à ce que j'avais abandonné derrière moi, cette triade que j'avais tenu à distinguer pour mieux comprendre, et peut-être m'en libérer, la foi transcendantale partagée par l'immense majorité de mes concitoyens et que je classais dans cet ordre prioritaire : Dieu, Jésus-Christ et l'Église.

En attendant, sur ce paquebot, des événements majeurs requéraient mon observation. Témoin du ciel et de l'eau, ma rétine enregistrait les changements et les cadences, les mouvements et les rythmes du soleil et de la lune quand les points cardinaux à l'œil nu se perdent dans des lointains irrepérables, et les étoiles puis les constellations dessinent une autre carte de la voûte que j'apprenais à déchiffrer.

Quand nous traversâmes la grande cuvette d'une profondeur abyssale, au sud du cap Farewell, au Groenland, juste après les soubresauts des marées de Terre-Neuve, une tempête venue des bouillonnements de ces bassins océaniques remua tout jusqu'au ciel qui se mit à verser des pluies torrentielles, et le bateau, dont les tables et les chaises et tout le mobilier avaient été fixés aux parois par des cordages, ressembla soudain à un minuscule bouchon de liège flottant à tous vents sur la furie des vagues déchaînées. Sous le double effet du tangage et du roulis, nous regagnâmes tous nos cabines au son des sirènes et des haut-parleurs vociférant leurs ordres.

La tempête furieuse du dehors s'était insinuée jusqu'au-dedans de nos corps dont fleuves, rivières et ruisseaux subirent à leur tour une révolution des humeurs nommée mal de mer. Allongée sur ma couchette, dans un état nauséeux et de vague somnolence, l'oreille collée au mince matelas, il me semblait entendre, plus loin que les mugissements des eaux, les déchirures du ventre de la terre sous elles, des plaintes millénaires résonnant jusqu'aux entrailles souterraines, galeries et couloirs secrets où s'entassent des ossements, des trésors et des chants bruts avortés, tués dans l'œuf lors de passages antiques. Il me semblait entendre les échos se répercuter jusqu'à la plate-forme continentale en contrebas, jusqu'à la longue dorsale sous-marine méridienne et jusqu'à toutes les mers bordières, Méditerranée, mers du Nord et Baltique, qui répercutaient de part en part de leurs eaux la nouvelle de notre tremblement d'Atlantique.

Je m'endormis cette nuit-là dans la vision des lumières célestes et terrestres abandonnées sur les rives du Saint-Laurent, nuées d'étincelles semées par une géante main, comme d'un Dieu de la nuit, anonyme et silencieux, caché avec les ombres, et sans religion aucune.

Le calme revenu, je retournai à ma vie normale, si tant est qu'elle puisse être qualifiée ainsi sur de tels bâtiments. Ne comporte-t-elle pas des règles, des codes et des conventions nécessaires à la bonne marche de ces îlots surpeuplés, ouverts sur l'infini? Je compris assez tôt que cette ouverture contenait en son sein les conditions de son enfermement. Personne ne peut échapper à ce cloître encerclé par le mur infranchissable des flots. Aucun chemin, aucun sentier par lequel s'évader pour rejoindre, qui sait? ailleurs, là-bas, un village ou une forêt, un désert, une route, puis une oasis ou bien un lac paisible au bord duquel se rafraîchir, s'allonger et se reposer.

J'eus envie de sortir du bateau pour m'en aller promener et je me vis prisonnière des espaces infinis qui m'entouraient. Pour la première fois en ce voyage, j'eus le désir d'écrire. D'écrire ça, cette impossible liberté dans la latitude extrême que je m'étais donnée pour l'atteindre. Je m'étais autorisé un magistral champ libre dans lequel finalement j'étais prise.

Je me dis que cela même, je l'écrirais plus tard. Mais quand? je ne m'en souciais plus vraiment. C'est comme si, à mon insu et m'apprêtant à changer le point de vue avec lequel j'avais appréhendé le monde, je ne le pensais plus. L'océan en quelques jours m'avait ouvert le chemin d'une latence où la rêverie des êtres et la rêverie des choses devenaient le socle de leur entendement.

Au cours de conversations avec les amis du voyage ou lors de promenades avec eux dans cette ville flottante, ouverte et fermée, j'entendais l'appel de la mer et j'allais à son rendez-vous. Je grimpais les escaliers jusqu'au pont supérieur et, me rivant au garde-corps, j'écoutais son chant, sa plainte de tous les âges et son exultation. S'ouvraient en moi tant de mémoires que je remontais vague après vague jusqu'à ma propre naissance. J'étais venue au monde du ventre aquatique maternel. J'étais née là.

Je traversais maintenant l'immense vasque de mon ascendance. J'étais née de ce passage. Je m'y reconnaissais. Réconciliée, je m'en allais, bercée, vers l'inconnu.

Un jour, avant même d'apercevoir la ligne terrestre à l'horizon, je sentis la terre, sa chaleur animale empreinte des odeurs végétales, des exhalaisons minérales. Plus nous avancions et plus nous commencions à voir les oiseaux qui venaient en cohorte nous accueillir. Bientôt se dessinèrent derrière des montagnes cotonneuses de brumes les côtes d'Irlande, puis celles d'Angleterre. Au-dessus de nos têtes, il y avait les tournoiements, les criaillements des goélands et des mouettes dans un même ballet et une même langue, en apparence indéchiffrable, langue en forme de cris et de chants semblables à ceux de nos rives du Nouveau Monde, langue sans doute universelle peuplant les rives du globe entier. Ils étaient accompagnés du ricanement des sternes, ces hirondelles de mer joyeuses comme leurs sœurs terrestres venant par troupeaux innombrables dans des volutes affolées, dérivant toutes ensemble vers les houles du large. Parfois, je pouvais suivre les battements d'ailes sur de petits chemins colorés tracés par les rayons clignotants du soleil.

Au large des côtes, s'amenant des rochers égrenés ici et là, arrivèrent les puissants voiliers du ciel, ces fous de Bassan dont le vol alourdi par les pattes palmées laisse passer le vent comme dans un orgue, musique remontant des vallées minérales de l'eau qui s'en va murmurer en mourant avec le ressac sur les petites roches et les galets des rivages.

Nous étions en mer d'Irlande, longions les côtes d'Angleterre jusqu'à Liverpool où l'*Homeric* aborderait pour quelques heures, déversant sa cargaison d'humains et de marchandises avant de descendre vers la mer Celtique, de traverser la Manche et d'accoster en France, au Havre.

Je voyais les humains s'agiter au port de Liverpool, ceux qui descendaient du bateau et ceux qui les accueillaient. J'entendais les cris des manœuvres du débarcadère se mêlant à ceux des marins. Ce fut la même agitation au port du Havre. Et la même sur le quai du train qui nous amènerait à la gare Saint-Lazare, à Paris. Je fus emportée par une houle humaine faite de cris et de clameurs. J'étais arrivée en Europe.

Où que j'aille, je voyais des humains tapageurs et nerveux, se bousculant, harassés ou gueulards. La terre tanguait sous mes pieds. Le plancher du sol était tout aussi mouvant que celui de l'eau. J'avais le mal de terre. Dans le train qui nous conduisait à Paris, la musique des vagues et du ressac se fondit dans la cadence des rails. Je n'étais plus dans l'attente du rêve du voyage. J'étais dedans. J'étais arrivée. La tête appuyée sur l'épaule de mon destin enfin rencontré, je m'endormis jusqu'à Paris.

Paris

« Athènes ne fut pas toujours blanche », écrivait André Malraux dans *Les Voix du silence*. C'est la première phrase qui me vint en tête quand je sortis de la gare Saint-Lazare et vis Paris toute noire et délabrée, grouillante de sueurs, tachée de fumées sous un ciel bas, gris de pluie. J'avais rêvé cette ville éclatante. Quelle déception fut la mienne au premier abord ! Après tant de lectures et quelques films, mon imagination avait créé de toutes pièces une ville lumière et je me retrouvais, en cette fin septembre 1961, face à une ville ténèbres.

Le grand ménage de Paris commencera quelques années plus tard. Nettoyage des rues, des avenues et des boulevards, ponçage de la pierre des bâtiments et des monuments, polissage des marbres, ravalement des façades, restauration des sculptures redonneront à Paris son lustre d'antan. L'État français, quel que soit le parti au pouvoir, y mettra les fonds nécessaires. Après quelques décennies, Paris deviendra cette beauté de ville que le monde entier vient, par foules, admirer.

La jeune Nord-Américaine que j'étais ne pouvait trouver belle cette ville agitée et sale qui étalait ses viscères troués à l'odeur nauséabonde. Ne pouvait pas encore comprendre que les cicatrices de guerre étaient loin d'être cautérisées. Ne savait pas apercevoir la beauté à travers l'échancrure, ni sentir la grâce de l'autre côté d'une misère qu'elle n'avait jamais côtoyée. Ne savait atteindre le charme d'un corps urbain par-delà les odeurs répugnantes : urine, déjections animales, vieux tabac mâchouillé par des haleines fétides et café. Café fort comme des fumerolles abrasives qu'elle n'avait pas encore goûté dans son pays, ce qu'elle fera peu de temps après l'accostage et dont elle ne pourra désormais se passer.

Paris fut donc au début une déception. Une noirceur. Un délabrement. Une mauvaise odeur. De l'inconfort de l'après-guerre. Et des blessures de guerre que je ne savais lire.

Avec mon barda, essentiellement une grosse cantine qui devait me permettre de vivre deux ans — j'avais donné aux amis une bonne moitié de mes modestes possessions, livres, disques, vêtements et autres impedimenta —, après m'être expulsée par la bouche de la gare sur l'un des débarcadères d'arrivée, à ma demande, un taxi m'amena boulevard du Montparnasse face à un immeuble glauque où, me disait-il, je trouverais une chambre de bonne, au sixième étage. Il m'aida même à monter la cantine après avoir convenu des conditions de location avec une concierge patibulaire au regard vide. Je voulus régler la note du taxi en ajoutant un petit pourboire, vu mes maigres moyens, mais il refusa et me dit, presque au bord des larmes : « Non, mademoiselle, je dois bien ça aux Canadiens qui sont venus nous sauver, en Normandie. » Il enchaîna avec un bref discours sur cette sale guerre et me souhaita bonne chance et bon séjour.

J'ai rarement connu aussi grande détresse et aussi grande solitude que celles qui m'étreignirent après le départ du taxi. Je fis le tour rapide de mon gîte, horizon fermé, pris la mesure de ce que mon désir d'indépendance et de liberté me faisait payer : une seule petite fenêtre qui donnait sur un mur de vieilles pierres éventré, aucune ouverture sur aucun pan de ciel. Un lit bancal au sommier cassé, aux draps et aux couvertures miteux. Un seul minuscule lavabo sans eau chaude,

« W.-C. et baignoire se trouvent sur le palier du cinquième »,
m'avait dit la concierge en fourrant dans sa grande poche de
tablier mon loyer d'une semaine.

J'étais debout, sidérée, au centre de la pièce lugubre. Plus
de musique des vagues ou des oiseaux. Plus de dehors ou
d'horizon pour respirer, voir ailleurs, voir plus loin. Au seul
son de la pluie sur les toits voisins et de l'incessante goutte
d'eau froide au fond du lavabo rouillé, je décidai, avant
même d'ouvrir ma cantine, ou mon sac, pour y puiser, qui
sait, un livre viatique, de m'allonger sur le lit, de réfléchir, de
me reposer.

« Tu n'as voulu l'aide de personne, me disais-je, ni celle
de ton père, ni celle de l'État qui eût pu te fournir une bourse
d'études, ni même celle de la Cité internationale universitaire
de Paris où la plupart des copains de l'*Homeric* se dirigeaient
allégrement, tant pis pour toi ! Tu as voulu te prouver, et
pourquoi ? ta force, ta débrouillardise et ton courage, ça t'apprendra ! » C'est en m'accablant dans un chagrin sévère et
sans larmes que je tombai endormie.

Après cette plongée dans un sommeil narcotique d'une
bonne douzaine d'heures, c'est la faim qui me réveilla. Et
quelle faim ! J'aurais mangé un bœuf ! Encore tout habillée,
je ne mis pas grand temps à faire ma toilette. Je fis quelques
ablutions, jetai un rapide coup d'œil à la fenêtre aveugle pour
voir le temps mais n'aperçus que la pénombre. Au moins la
pluie avait cessé, peut-être faisait-il beau. Je m'envolai vers
le dehors, filai à travers les six étages, eus le temps d'apercevoir l'abyssal regard vide de la concierge qui se demandait
peut-être quel était cet étrange oiseau venu du Nord qui
n'avait pas bougé depuis la veille et qui, maintenant, se déplaçait comme une bourrasque. Je dus la saluer. Je me souviens
seulement d'avoir été dehors.

Et quel dehors ! Sur le trottoir, en plein soleil, je me trouvai parmi une foule qui s'en allait à la course dans toutes les directions avec des voix et des criailleries à registres multiples, tel un orchestre quand s'ajustent les instruments sous forme de cacophonie nerveuse, plutôt joyeuse. Comme une ouverture d'un opéra moderne qui saluerait cette matinée de beau temps. Paris parle plus fort que Montréal, me dis-je. Le soir venu, ses habitants doivent être plus fatigués.

Je poursuivis ma marche rapide, à l'affût d'un restaurant. La faim me tenaillant, je n'eus pas le temps de bien analyser menus ou ardoises et me retrouvai à l'intérieur de ce que je crus être un palace où brillaient les ors des cuivres et les verrières, les rouges flamboyants des banquettes de velours et jusqu'aux nappes immaculées de coton fin et blanc. Grâce à un serveur en livrée, blanche aussi, je fus assise promptement à l'une des tables. Je lus la carte sans tout comprendre, même si les mots de ma propre langue s'y trouvaient. Et, dans mes mots à moi, les seuls qui savaient traduire ma faim, je commandai : « Deux œufs miroir, bacon (que je prononçai *béconne*), rôties, café et confitures. » J'ajoutai : « Un demi-pamplemousse, s'il vous plaît, monsieur. » Avec un léger sourire qui me sembla ironique, le serveur dit : « Si je comprends bien, Mademoiselle désire des œufs sur le plat, du jambon, du pain grillé et une corbeille de fruits ? » On s'entendit sur le type de pain et de café. Je reçus mon repas, à la fois réveillon et petit-déjeuner, dans la porcelaine, le cristal, l'argenterie et la faïence fine et je mangeai. L'affamée que j'étais vida tous les plats.

L'addition fut salée, je n'en revenais pas. Je traînais avec moi, dans un sac à épaule que je tenais serré en bandoulière, toute ma fortune de l'année — et même toutes mes économies qui me dureraient deux ans, m'étais-je dit, si j'étais chanceuse. Et voilà qu'en un seul petit-déjeuner je venais de grever mon budget d'une semaine complète !

Je compris beaucoup plus tard qu'à cette heure de la

matinée, à Paris, on ne va pas commander un tel menu. J'appris aussi à distinguer le chic, l'ordinaire et le pauvre, et me rendis compte que je m'étais retrouvée, sans savoir ce que cela signifiait, à la luxueuse Rotonde où je retourne, parfois, le soir, en saluant chaque fois intérieurement la jeune fille seule et quelque peu perdue d'un tout premier matin à Paris.

Déprimée, je rejoignis mon cagibi. Très vite, comme en un éclair, je saisis que je devais fuir ce trou. J'étais venue ici pour étudier. J'allais me donner les conditions matérielles nécessaires pour y parvenir. Une heure plus tard, je me retrouvai porte d'Orléans. Je marchai sur le boulevard Jourdan jusqu'à la Cité internationale. À la Maison des étudiants canadiens, je demandai à rencontrer son directeur, M. Eugène Cloutier.

Affable, il me montra tout de même la pile de dossiers d'étudiants en attente d'une place. Je n'avais jamais fait de demande d'admission. Il ouvrit un dossier à mon nom, nota mes coordonnées sur une grande feuille blanche et plaça la chemise sous la pile en me disant gentiment que l'attente pouvait être longue, « très longue », ajouta-t-il. Puis, il m'invita à parler. À raconter pourquoi j'avais entrepris ce long voyage, quels étaient mes plans d'études et pourquoi j'étais là, ce jour même, à son bureau.

Je ne me souviens pas de mes propos. Je dus parler une bonne heure. Je racontais, il écoutait. Je lui parlai de mon désir de psychanalyse, de philosophie, d'écriture. Il me posa parfois de brèves questions. Je lui dis aussi d'où je venais. Mon village, mes parents, ma famille, mes études, depuis les Ursulines de Québec jusqu'à la maîtrise sur Emmanuel Kant, à l'Université de Montréal, en passant par l'Acadie. Jusqu'aux grandes fenêtres qu'avaient ouvertes sur le monde les écrivains que j'affectionnais, mais aussi Paul Ricœur et son « pont » de l'imagination transcendantale.

91

J'aimais parler avec cet homme, qui m'invitait à poursuivre. Soudain, il prit mon dossier qu'il hissa sur le dessus de la pile. Avec des mots teintés d'estime et d'affection, me dit qu'il s'occuperait de ma demande en priorité. Qu'il me trouverait une chambre dans l'une des maisons de la Cité et qu'il m'enverrait un pneumatique d'ici deux ou trois jours.

Je sortis avec des ailes. J'allai me promener dans la beauté et la douceur du parc Montsouris, juste en face. Sur un banc, près du lac, je me retrouvais chez moi et ailleurs, dans cet entre-deux du proche et du lointain que je rechercherai sans cesse, cet état bienveillant où l'étrangeté rencontre l'intimité, sorte d'épousailles toujours rêvées et jamais nettement accomplies entre ce qui demeurera à jamais une énigme et ce qui semble familier depuis la nuit des temps. Le bleu du ciel était le même qu'à la maison, et les coups d'ailes de l'oiseau, en même temps quelque chose de leur lumière ou de leur dessin m'échappait qui allait m'inviter à la contemplation active, à l'étude jamais assouvie de leur différence. L'exposition de la flore, arbres, arbustes et fleurs, cette délicate forêt qu'on aurait dite lissée, peignée, dessinée et retouchée depuis des siècles, me ramenait, sans toutefois lui ressembler, à la sauvagerie du bois de mon pays rempli de cathédrales naturelles tombées du ciel entre rochers, fleuves et rivières, plantées là au hasard d'espaces gigantesques et selon la dureté, ou l'extrême douceur, des saisons septentrionales.

Je me souviens encore précisément de l'endroit où, sous une impulsion, j'allai toucher et sentir l'écorce d'un gros arbre centenaire — c'était un platane et non pas un érable, un peuplier ou un orme, mieux connus —, je palpai son écorce polie, repassée, et ses longues feuilles charnues ; si j'avais été seule dans ce parc, je l'aurais embrassé, et je me souviens de l'odeur enivrante, jusque-là méconnue, qui serait ma voisine parisienne. Je me disais, à haute voix : « Oui, cela est possible : je suis arrivée. Paris m'ouvre ses portes. J'habiterai sa demeure. Je la découvrirai. »

Le lendemain, un chauffeur et un camion de la Cité internationale universitaire venaient me cueillir pour me conduire à la Fondation des États-Unis où M. Eugène Cloutier, mon bon Samaritain, avait trouvé pour moi une chambre.

L'ai-je assez remercié ? Parfois, j'en doute. La jeunesse est souvent ingrate. Le sentiment de reconnaissance et les gratifications qui l'accompagnent, comme les fruits mûrs, mettent du temps à s'épanouir.

Quand, des années plus tard, je vis sa notice nécrologique dans le journal, je me promis qu'un jour, sur mon métier de mots publics, j'allais lui rendre hommage.

*   *   *

J'aimerais parvenir sans ambages à l'essentiel de ce que j'ai vécu cette année-là — et l'année suivante qui continua sur cette lancée. Rétrospectivement, il me semble qu'elles contiennent toutes deux le noyau fissible grâce auquel, selon les événements ultérieurs de ma vie, d'infinies divisions comme autant de minces schistes d'éclats, je serai ramenée. Chaque fois, je serai fondamentalement réconciliée, par le chemin de ce que je fus là, avec ce que je suis.

Le nombre de péripéties qui s'agglomèrent en ce noyau pourrait faire croire à une vitesse vertigineuse, sorte de course effrénée à travers Paris et parmi les pays européens limitrophes. Pourtant, sur la portée des amitiés, nouvelles et nombreuses, des cours suivis à la Sorbonne, des films de répertoire, du théâtre et des musées — de France, d'Italie, de Belgique, de Hollande, d'Allemagne —, il me semble à rebours que s'est inscrite une partition vouée au temps qui se prend lentement, qui se mesure au rythme d'une pensée rendant hommage à ses anciennes turbulences, ses dilemmes irrésolus, ses énigmes fiévreuses.

Fille de l'Église catholique romaine et de ladite Grande Noirceur, j'avais beau remplacer les icônes de l'enfance par tous les plus grands tableaux d'Occident, des Renaissances italienne et flamande jusqu'aux Impressionnistes — découverts avec autant d'émois que ceux suscités chez moi par les Automatistes québécois —, les refoulés faisaient retour, comme on dit, et je savais bien, sans mots explicites, que je devrais tôt ou tard les traduire en justice. Sur la partition, cette quête à venir, encore implicite, s'inscrivait tout de même en mode mineur.

C'est peu dire que je fus ces deux années-là une étudiante plutôt absente des cours. Comme la vie matérielle ne me coûtait pas grand-chose — à la Cité universitaire, j'étais logée, nourrie, blanchie pour de modiques sommes —, mes économies me servirent aux voyages, toujours en groupe avec les copains, ainsi qu'aux activités culturelles précitées dont les faibles coûts étaient ajustés à ma condition d'étudiante. Je ne pensais pas trahir mes projets d'études antérieurs et me voyais même, assise au cinéma, au théâtre ou au concert ou regardant un tableau au musée, travailler à déchiffrer des chapitres essentiels de la condition humaine, ses pensées complexes, ses déroutantes créations.

Cependant, j'avais fait toutes les démarches administratives en vue de l'obtention des équivalences qui me conduiraient à l'inscription aux études doctorales. Véritable parcours du combattant, ces allers-retours dans une cité bureaucratisée à l'extrême et bien mal organisée en apparence, entre services administratifs de l'université, préfecture de police et ambassade, ces courses nombreuses et ces attentes dans des officines inhospitalières, ces apostrophes, souvent injurieuses, venant d'employés rébarbatifs et fatigués, toute cette longue épreuve harassante dans le seul but d'obtenir un simple laissez-passer scolaire, je me souviens de l'avoir subie presque de bon cœur. J'observais les rouages d'une machine décatie. Je notais des propos acerbes, inaccueillants. Parfois, on me remerciait pour « les soldats canadiens venus sauver la France ». Le plus souvent, on me laissait entendre que j'étais une intruse. L'humanité présente me semblait aussi délabrée que ses bâtiments. J'y voyais les blessures encore ouvertes de cette récente guerre qui avait déchiré « par le travers en deux » (Aragon) le tissu de la France. Si les plans de reconstruction des bâtiments et des paysages n'avaient pas encore été mis à exécution, imaginons ce qu'il devait en être de ceux des esprits et des cœurs. Par-delà les phrases fielleuses ou haineuses entendues dans les files d'attente ou sur des chaises bancales, il me semblait parfois capter un chœur en sourdine d'humains meurtris. J'enregistrais en moi ce lamento. (Dans cette France aimée où je séjourne régulièrement, il m'arrive d'en capter encore des bribes à travers les discours, souvent cyniques, d'entendre leurs bruissements comme s'ils étaient restés fichés au fond de l'oreille interne depuis ces années-là.)

Le talisman administratif obtenu, je m'inscrivis à quelques cours. Malgré ma lassitude des bancs de l'école, je voulus aller entendre les professeurs dont j'avais lu les livres au cours de ma scolarité. Presque tous me déçurent, j'avais préféré les livres, les vis chacun une fois et n'y retournai plus. Il faut dire que c'était l'époque des cours dans les vastes auditoriums quand les magistères, de haut et de loin, proféraient *ex cathedra* leurs doctrines. Ces amphithéâtres sinistres et poussiéreux ne ressemblaient en rien aux jardins du haut savoir que j'avais imaginés, petite, depuis les descriptions que m'avait données mon père, depuis qu'il m'avait invitée à poursuivre mes études « jusqu'au bout du chemin de la connaissance », vastes sentiers loin de chez nous, de notre moulin et de notre rivière, et qu'il avait prononcé, les yeux au ciel et les mains sur une encyclopédie, le mot magique *doctorat*. Il avait dit : « Tu pourras choisir ton domaine préféré, il y a des *docteurs* dans toutes les sciences. »

L'un des professeurs, Ferdinand Alquié, nous invita un jour à prendre rendez-vous avec lui après le cours pour une consultation chez lui, à sa maison. Je n'en revenais pas, tant cette attitude était aux antipodes du tableau général de l'enseignement universitaire, autoritaire, distant et froid. Je pris donc rendez-vous avec lui. Il habitait le Quartier latin. Je me souviens du portail qu'il fallait franchir, d'un jardinet sympathique aux odeurs de fleurs séchées automnales que je ne connaissais pas, d'une porte d'entrée massive qu'une dame vint ouvrir — une concierge? sa femme? —, de ses gestes polis lorsqu'elle me fit entrer dans une bibliothèque-salon où j'attendis le professeur, contemplant les livres ordonnés comme une ville immense avec ses rues et ses ruelles, ses cathédrales et ses maisons, mégapole que l'on n'aurait pas assez d'une vie pour explorer. Et M. Alquié entra. Homme sobre, affable et que je crus timide, il m'invita à m'asseoir et à parler. Je lui soumis mon projet de devenir philosophe et psychanalyste. Et écrivain. Je dus rester deux heures avec lui. De quoi avons-nous parlé? Je ne sais plus. Je sais par contre que j'avais trouvé gentil cet homme et que notre conversation m'avait fait grand bien.

Je me souviens seulement, et ce souvenir est si vivace qu'il ne m'a plus jamais quittée : en sortant de chez lui, j'eus la certitude de connaître enfin Paris, ne fût-ce qu'un peu. Je n'étais plus seule dans une ville étrangère. À travers mots, mais aussi silences chargés, ma solitude était partagée. Cela s'est passé à l'angle du boulevard du Montparnasse et de la rue Campagne-Première. Sous un rayon de soleil oblique. C'était une fin d'après-midi. En octobre. Sous cette lumière précisément, j'eus soudain l'impression de reconnaître Paris, comme si une archaïque intelligence de cette ville émergeait de sa gangue enfouie — depuis les ancêtres, juste avant leur départ pour le Nouveau Monde, qui sait ? — pour se révéler à moi dans son intégralité. Cela se fit par l'odeur, enfin réconciliée. Comme au premier jour, je sentis, chauffés et allumés par le soleil, les mêmes arômes de café aux fumerolles abrasives, le même vieux tabac mâchouillé par des haleines fétides, le même compost fait d'urine sur la vieille pierre et de déjections animales, mais en cet instant précis, la mosaïque olfactive fut bonne et réconfortante, enivrante je dirais, comme doit l'être pour l'enfant à naître le dedans du ventre de la mère quand l'utérus berce et bout telle une soupe.

Cet après-midi-là, je reconnus Paris. Et, pour la première fois, je sus la regarder par-delà ses balafres. Pour la première fois, je vis le dessin de ses architectures par-delà ses poussières. J'aimai cette ville tatouée en moi depuis si longtemps. Et pour toujours.

*   *   *

J'eus plusieurs amis cette année-là. D'abord, ma bande de copains de la Fondation des États-Unis, tous américains et boursiers postdoctorants Fulbright, du nom d'un mécène qui avait légué une partie de sa fortune pour permettre aux plus brillants de poursuivre des études en Europe tout en donnant des cours de langue, de littérature et d'histoire américaines à titre de lecteurs* universitaires — filles et garçons du début de la vingtaine, vivants, parlant et riant fort, ils

---

* Équivalent de chargés de cours.

étaient tous sportifs, cheveux propres, peaux éclatantes et dents blanches, tous et toutes grands et semblant courir vers un heureux destin, arborant les sourires conquérants que leur victoire récente sur le sol européen avait dû leur donner.

Avec la bande de copains américains, toutes nos économies rassemblées, nous avons loué des bagnoles à quelques reprises, roulé vers les destinations de nos rêves, dormi dans des auberges glauques, vu les tableaux que nous brûlions d'admirer pour de vrai, fait du ski dans les Alpes autrichiennes où je faillis me déboîter, habituée que j'étais à mes douces collines matapédiennes sans pistes, sans instructeurs et sans équipement professionnel. C'est ainsi que peu de temps après l'érection du mur de Berlin et la division du monde en deux, d'un côté, les rouges et, de l'autre, nous les capitalistes, nous avons traversé l'Allemagne dans une petite Renault, munis d'un visa de douze heures pour aller de l'autre côté du mur. Pour voir, disions-nous. Si peu informés étions-nous, chacun voulait comprendre quelque chose qui lui échappait. Quoi? on ne savait pas trop. Ce qui échappe attise la curiosité. Ce qui est interdit crée l'énigme. Cette énigme-là du passage à l'Est, nous voulions la percer.

Personne d'entre nous ne prenait de notes ni ne lisait. Que faisions-nous pendant ces longues routes? Nous regardions le paysage, nous parlions, nous chantions.

Ainsi va la jeunesse qui, dans le feu de l'action, semble s'étourdir à côté. À moins d'en être prisonnière, telles Anne Frank ou Hélène Berr dans leur journal respectif du temps de la Shoah ou encore Bosnia avec la guerre de Bosnie-Herzégovine, la jeunesse ne peut affronter d'un coup le mur des atrocités et des absurdités de ce monde. Pour elle, ce sont par les interstices que se faufileront une à une les énigmes jusqu'à ce que lentement se forme, même trouée, la conscience de sa propre histoire.

Je conserve des images prégnantes de Berlin, Ouest et Est. Personne ne prenait de notes. Pas de photographies non plus. J'ai toujours préféré écrire à partir des images imprégnées en moi. Quant aux autres, enfuies, évanouies dans l'oubli du monde, leur sort dut correspondre à mon désintérêt. Je me souviens de la ville toute moderne de Berlin-Ouest, fraîchement érigée, clinquante et si opulente qu'elle eût pu ressembler à toute ville moderne des États-Unis. Je me souviens surtout d'un immense tableau qui rassemblait à lui seul la double histoire allemande, celle de la guerre d'hier et celle de la reconstruction d'aujourd'hui. Il s'agit de la cathédrale dont la construction cylindrique toute moderne de la nef se tenait sur le même terrain que sa sœur d'un autre âge : la flèche gothique tombée là tout d'une pièce sur son socle à la suite d'un bombardement. Saisissante page d'histoire en un seul monument où la neuve architecture intègre la beauté d'un âge ancien, en porte les vestiges, en sublime la blessure.

Un matin tôt, munis de visas de douze heures, nous nous sommes présentés aux quartiers de l'armée américaine et avons traversé à l'Est via le Checkpoint Charlie. De l'autre côté, nous nous attendions à tomber sur une escouade de soldats soviétiques, mais un seul gardien en uniforme, et l'air gentil, vérifia nos papiers. Nous avions passé en douce. Tout était calme. Ni armes ni fantassins à l'horizon. Il y avait tout près un mirador. Aucune sentinelle dedans. Pour jouir d'une imprenable vue des deux villes, Ouest et Est, sans trop réfléchir, je décidai d'y grimper. Bien mal m'en prit ! J'étais à peine arrivée tout en haut que des cris, des hurlements, des vociférations en russe me parvinrent d'en bas où une meute s'agitait pendant que montait vers moi au pas de charge et armé d'un fusil un soldat méchant qui, tout en m'invectivant dans sa langue, me retourna comme une crêpe et me précipita dans les escaliers avant même que je n'aie eu le temps de prendre la mesure des quatre points cardinaux. Je n'avais pas peur. J'étais stupéfaite.

En bas, mes copains me regardaient avec des airs réprobateurs. J'étais la seule fille du groupe et je faisais des difficultés, semblaient me dire leurs gros yeux mi-apeurés, mi-fâchés. Un interprète vint aider à la discussion. Nous fûmes fouillés et la bagnole fut épluchée par des dizaines de mains expertes. Les soldats remirent tout en état, voiture, pneus, volant, capot, tableau de bord, coffre arrière, sièges et nos sacs de voyage, scrutèrent tous nos papiers, y compris le missel de l'un d'entre nous très croyant, puis nous laissèrent passer après une litanie d'admonestations sur l'emploi du temps et l'heure du retour.

Au cours de ces douze heures à Berlin-Est, je vécus l'un des grands bouleversements de ma vie. Nous avons été suivis toute la journée par deux hommes à chapeaux noirs, habillés de gris, qui, aux angles, se cachaient derrière un immeuble, comme l'on en vit tant par la suite dans les films d'espionnage du temps de la guerre froide. Au début, nous y prêtions attention, puis les avons oubliés. Après tout, nous étions là pour voir autre chose que des espions.

Nous étions passés d'un monde et d'une époque à l'autre, le temps d'une porte dans un mur. Non seulement il n'y avait aucune reconstruction à Berlin-Est, mais on se serait cru au lendemain des bombardements de 1945. Seize années s'étaient écoulées et la dégradation, la misère sonnaient déjà le glas du soviétisme. Murs de briques et pierres tombés en amas dans les détritus et la poussière, silence et terreur sur les visages des gens rencontrés au hasard des rues, vieilles charrettes de débris tirées par de vieilles personnes en haillons, pas d'automobiles, sauf ces quelques-unes transportant des officiers ou des hommes aux chapeaux noirs habillés de gris.

Nous n'avons pas vu non plus de transports en commun. Et si peu de gens rencontrés.

(Y avait-il encore les viols massifs des Yvans — nom donné aux Russes qui occupaient Berlin-Est — sur des milliers de femmes seules, leurs hommes à elles ayant été tués ou faits prisonniers après la capitulation de l'Allemagne nazie et les suicides d'Hitler et de Goebbels?)

Tous se terraient. Et le silence était grand. Je n'oublierai jamais ce silence étendu et opaque de Berlin-Est.

Nous sommes allés visiter l'université avec un guide, gracieuseté du service d'ordre : un jeune homme affable et réservé qui parlait l'anglais. Silence des corridors, pauvreté des salles de classe, maigreur blanche des étudiants, délabrement général, telle fut notre vision. Sur le chemin de la sortie, au moment où une classe entière se déplaçait vers la cafétéria, nous dit le guide, une jeune fille émaciée, l'air éploré, se détacha du groupe et courut vers nous, je me souviens qu'elle s'agrippa à la manche de mon blouson, nous demandant au bord des larmes et en français de l'amener avec nous en France — elle avait dû nous entendre parler entre nous. En moins de temps qu'il n'en faut pour éteindre une bougie, un homme apparut qui, d'un coup de poing sur la tempe, la projeta par terre, lui demanda en hurlant sa carte d'étudiante et à nous, figés, intima l'ordre de quitter les lieux. Je tentai de me retourner pour voir ce qu'il advenait de la pauvre étudiante, elle était entourée d'une muraille humaine, et nous, à la vitesse de l'éclair, fûmes poussés dehors par notre guide plus du tout gentil.

Je fus longtemps habitée par l'image affolée de cette jeune fille que nous laissions, impuissants et désemparés, à son destin d'épouvante.

Après un triste lunch dans une ruelle grise — c'est le seul resto que nous avions trouvé —, vite avalé debout à un comptoir rustique, nous nous sommes rendus à la Galerie nationale qui, selon la propagande, regorgeait de chefs-d'œuvre de tableaux contemporains. Nous étions devenus nous-mêmes aphones. Ce qui se donnait à voir dans ce musée était effroyable. Nous étions seuls. Aucun autre visiteur. Seuls et silencieux.

Sur les murs éventrés par un bombardement de guerre, entre les trouées de lumière blafarde, quelques tableaux de grands maîtres, tous des faux — les vrais avaient sans doute pris la route de l'Ermitage, nous en avions aussi vu en France, en Belgique ou bien à Amsterdam, je n'avais ni les compétences, ni le cœur, ni le temps pour faire l'inventaire. Au moment où, ébahie, je considérais cette scène faite d'échancrures dans les murs, de vides découpant la grisaille extérieure, j'aperçus la réceptionniste que j'avais à peine remarquée en arrivant. C'était une vieille dame à la peau ridée et cireuse, au maigre chignon rêche. Elle me vit la regarder et se mit à pleurer. Je me dirigeai vers le comptoir d'un autre âge, et, en français, elle me demanda du chocolat. Je n'avais pas de chocolat. Je lui remis tout ce qui me restait de petite monnaie. Elle prit ma main et me sourit. C'était la première fois de ma vie que je voyais un sourire abyssal de tristesse. Elle me donna des cartes postales du musée. Je m'aperçus qu'elles étaient fausses. Les cartes postales représentaient la Galerie nationale telle qu'un architecte l'imaginait après une éventuelle rénovation. Je n'en revenais pas. Ce qui se trouvait sur l'image n'était pas ce que je voyais ici. Je n'avais pas les mots pour me dire à moi-même cette distorsion de la représentation. J'ai senti un vacillement de la pensée. Nous nous sommes regardées, la vieille dame et moi. Nous savions toutes deux que chacune savait. Toutes deux avions le sourire triste.

Je suis sortie de là l'esprit en révolution et le cœur dans l'eau.

(Plus tard à Paris, j'ai envoyé les cartes postales à des amis de chez nous en expliquant le mensonge. Personne, jamais, n'y a fait allusion. Je me suis dit que le mur de Berlin encerclait tout l'Occident.)

Cette journée à Berlin-Est se termina par une longue promenade sur la Karl-Marx-Allee, qu'on disait les Champs-Élysées de Berlin. Les vitrines étalaient les richesses de l'Ouest : haute couture, parfumerie, bijoux, confiseries, etc. Ainsi que nous l'apprîmes (j'ai oublié comment), elles étaient fausses. Derrière les vitrines résidaient les officiers de l'armée soviétique. Cette fois, j'eus des nausées. Je voulus partir. Mon souhait fut exaucé. Il était l'heure de retraverser à l'Ouest.

Après notre retour à Paris, un soir où nous racontions à d'autres amis notre séjour en Allemagne, je me mis à parler de notre vision de Berlin-Est, depuis les espions, la jeune fille de l'université, jusqu'à la fausse Galerie nationale et à la non moins fausse Karl-Marx-Allee. Un copain du voyage, que je nommerai Jim, m'interrompit. Il dit : « Il n'y a rien de vrai dans ce qu'elle raconte. Ce qu'elle vous dit est un pur mensonge… » Il y eut un silence autour de la table. J'étais abasourdie. Parmi la vingtaine de jeunes présents, personne ne souffla mot. Le silence sidéral me glaça les veines. Était-ce parce que j'étais une fille ? En ce temps-là, la parole des femmes ne reposait sur aucun socle d'autorité ou de prestige. Aux femmes de ce temps, et à plus forte raison aux jeunes filles, on demandait, sur un socle de séduction, le charme et la légèreté. Seul le mutisme sec du groupe affirmait que Jim avait raison.

Sans pouvoir bien m'expliquer ce qui se passait, je demeurai coite et tirai deux ou trois bonnes leçons qui portent leurs effets encore aujourd'hui. Sur le vrai et le faux, sur la vérité et le mensonge, j'eus à débattre intérieurement comme ont dû le faire plusieurs philosophes de la Grèce pré-socratique. Tel Empédocle qui, devant la colère, l'injustice, le mensonge et tous les maux de la vie, décida un jour de prendre sa cithare et se mit à chanter. Ainsi, pour moi, la poésie ou la fiction qui comprennent dans leurs mots parfois sibyllins leur structure de vérité. Tous ne les saisissent pas d'emblée. Pour qui les exprime, ils calment et consolent et réconcilient avec le monde, emportant vers des cieux impossibles. Plus vrais que réels.

Je ne fréquentai plus jamais Jim. Je le voyais parfois, en passant. Si j'avais été sociologue ou si j'avais écrit des romans policiers, j'aurais tenté de scruter les motivations du personnage.

J'eus parfois quelques intuitions que j'ai laissées en friche, faute d'intérêt et de temps.

*   *   *

J'eus une nouvelle et grande amie, cette année-là. Elle s'appelait Lucienne Topor, avait exactement mon âge. Venue de Manosque, en Provence, elle résidait à la Cité universitaire d'Antony, en banlieue de Paris.

Lucienne m'ouvrit des horizons inimaginés jusque-là et notre amitié prit une profondeur de champ qu'aucune autre avant elle n'avait atteinte. J'ai dit qu'elle venait de Manosque, c'est vrai, c'est là que se trouvaient sa maison et ses parents adoptifs, les Dickens qui étaient allés la chercher après la guerre dans un orphelinat d'enfants juifs abandonnés là, en Normandie. Elle fut adoptée à l'âge de dix ans et avait perdu ses parents biologiques à l'âge de quatre ans — eux en avaient vingt-sept et vingt-huit. Ceux-ci avaient été sortis de force de leur logement lors de la rafle du Vél d'Hiv, en juillet 1942, à Paris.

Combien de fois Lucienne ne m'a-t-elle pas raconté son histoire que je ne me lassais pas d'entendre tellement j'avais l'impression, chaque fois, de pénétrer au cœur de la Grande Histoire par le couloir nommé alors Holocauste. C'est certainement mon étrangeté et une innocence face à la guerre à peu près méconnue de moi qui, aux yeux de Lucienne, rendaient mon écoute propre à ses confidences.

En 1961, en France, les langues commençaient à peine à se délier. Mais pas devant n'importe qui. Les mauvais génies, fascistes ou nazillons-collabos, pouvaient encore, qui sait, se remettre aux basses œuvres de guerre. Lucienne, avec moi, se livrait en toute confiance, essayait de reconstituer son histoire à partir de bribes que sa mémoire d'enfant avait conservées au fond d'elle-même comme un trésor douloureux. Elle me disait : « Quand j'en parle, il me semble que ça fait moins mal. »

Ses parents, un jeune couple juif polonais, avaient réussi à fuir leur pays envahi, et le ghetto de misère, avec leur toute petite, née en 1938. Lucienne avait de vagues souvenirs, entremêlés comme un cauchemar, des fuites et des courses de nuit, des passages en forêt, de la faim qui donne si mal au ventre et l'on ne peut crier ni pleurer à cause du danger de repérage. Elle se rappelle vaguement une main sur sa bouche, main du père ou de la mère empêchant les gémissements de sortir. Ils ont peur. Ils tremblent. Emmaillotée sur l'un des ventres, du père ou de la mère, elle sent les tremblements du froid et de l'effroi, elle entend les gargouillis de la faim. Ils ont mangé de la neige, elle s'en souvient. Et des fruits glacés rouges arrachés aux buissons. Puis, une fois, sa mère a chanté, elle s'en souvient.

Et enfin l'appartement à Paris. Elle est trop petite pour savoir s'il est grand et confortable. Elle ne sait pas non plus dans quel quartier ils se trouvent. Elle a le vague souvenir qu'ils ont dormi longtemps dans un même lit et qu'il y faisait chaud, qu'il y avait toujours des choses à manger sur la table de la cuisine. Elle se souvient d'avoir bu du lait.

Un ultime souvenir qui lui déchire encore les entrailles et qui fait bondir son cœur : elle entend dans l'escalier des bottes d'hommes monter au pas de charge. Elle voit la mère la précipiter derrière un bahut, lui mettre la main sur la bouche pendant que la porte d'entrée est enfoncée. Elle entend les cris des hommes, sa mère dit « Non » et elle pleure. Lucienne est couchée sur le sol, à travers la base du bahut elle voit des bottes noires, tous redescendent dans un chahut d'enfer. Et puis, plus rien.

Le silence. Le froid. L'absence.

Lucienne ne se souvient plus combien de temps elle est restée dans l'appartement. Des heures ? des jours ? Certainement une journée et une nuit, puisque la nuit est venue avec ses ténèbres et ses fantômes et qu'elle a pleuré jusqu'à ce que le sommeil la prenne dans ses bras.

Elle a mangé tout ce qu'il restait à manger dans l'appartement. Puis, un jour de soleil, il n'y avait plus rien à manger ni à boire, elle est descendue dans la ruelle. Elle a vu un chat passer. A cherché la nourriture dans les poubelles.

C'est là qu'elle fut trouvée par une dame. De l'assistance publique, apprendra-t-elle plus tard. Elle prit le train avec la dame. Ils ont roulé longtemps. Elle a dormi. Elle a mangé. Elle cherchait ses parents jusqu'au fond de ses rêves. Elle scrutait les campagnes traversées, peut-être s'en viendraient-ils vers le train ; combien de fois n'a-t-elle pas imaginé les voir sortir d'une clairière ou bien se lever d'un champ de blé où ils étaient allés s'allonger pour la sieste ? Mais rien, jamais, et le train roulait.

La dame la conduisit dans une très grande maison remplie d'enfants sans parents, et qui pour la plupart pleuraient. C'était l'orphelinat de Normandie où elle est restée six ans.

Ses parents, les Dickens, sont venus la chercher quand elle avait dix ans. Ils avaient une belle maison à Manosque, que je verrai l'année suivante quand je m'installerai à Aix-en-Provence. Ils l'ont aimée. Ils l'ont choyée. Comme elle était devenue « pupille de l'État », ils ont pu lui offrir les meilleures études de son choix. Lucienne devint avocate en droit international, à Paris. C'est là où je l'ai connue.

Elle a sillonné l'Europe de l'Est, elle s'est rendue en Israël et aux États-Unis, dans le seul but de retrouver la trace de ses parents. Elle a fait les camps de concentration, puis ceux d'extermination, et n'a jamais rien trouvé.

Un jour, des années plus tard, c'est elle qui m'a emmenée visiter le mémorial des Juifs déportés et assassinés de France, ce chef-d'œuvre de sobriété au bout de l'île de la Cité, sous la cathédrale Notre-Dame, tel un paquebot s'avançant sur la Seine, retenu par d'innombrables barreaux noirs par où s'infiltre la lumière et s'exfiltre la pénombre habitée de noms des absents qui brillent de tous leurs feux et de poèmes des résistants. Dans le silence ému de l'immense crypte, Lucienne m'a montré, parmi les milliers de joyaux représentant les anonymes juifs disparus, une étoile chatoyante et elle a dit tout simplement : « Ce sont mes parents. »

Ses parents adoptifs ont eu beau l'aimer, ils n'ont jamais réussi à « éteindre ce feu brûlant qui lui rongeait le cœur », c'étaient les mots de sa mère, Mme Dickens, que j'aimai comme la mienne. Lucienne m'a fait passer de l'innocence à la conscience du monde. J'y suis entrée par la porte de la Shoah.

Souvent, je me suis dite juive. Du moins l'ai-je écrit. Lucienne est venue à Montréal après mon retour au pays. Je la revois faire jouer en boucle la toute nouvelle chanson de

Barbara *Dis, quand reviendras-tu?* Elle était assise sur le tapis du salon, le regard si triste envolé loin, si loin...

Je ne revois plus Lucienne. Pourquoi? On ne sait pas.

* * *

À Paris, j'eus un autre grand ami, Pierre Blanchette. Il se préparait à la profession qui lui avait toujours fait envie : la psychanalyse. Il était donc entré en psychanalyse, comme on disait à l'époque, pour lui-même d'abord et en analyse didactique ensuite. Il étudiait aussi la philosophie, l'histoire et la littérature. Jeune Québécois de mon âge, arrivé en France depuis quelques années, il avait établi avec moi un rythme de rencontres hebdomadaires au salon de la Fondation des États-Unis où il venait me retrouver, du Quartier latin où il vivait.

Des rencontres où nous parlions. Inlassablement. Je n'en revenais pas. Pierre était le premier garçon avec qui les jeux du désir n'avaient pas lieu. Je le trouvais beau, je le trouvais charmant et il en était de même pour lui à mon endroit. J'avais enfin un ami avec qui je pouvais librement converser sans que s'emmêlent et s'embrouillent les fils de la passion. J'avais enfin un ami. Ni amant futur, ou fiancé virtuel, encore moins un éventuel mari.

Nous parlions de nos découvertes du monde. Du monde de la pensée. Du monde de l'univers psychique que nous voulions, archéologues en herbe, explorer dans tous ses retranchements et dans ses moindres sentiers souterrains.

Nous parlions des livres qui nous avaient marqués. De ceux que nous voulions lire, nous nous suggérions des titres. Nous parlions de cette foi qui allumait nombre de nos doutes, de la religion censoriale d'où nous venions (personne alors ne parlait d'intégrisme), des fictions entourant les figures de notre divinité catholique (nous ne connaissions pas encore les figures fictives des deux autres monothéismes, le judaïsme et l'islam). Nous nous confiions les sentiers empruntés par chacun pour tenter de démêler les paradoxes, les énigmes et les imbroglios de notre mythologie chrétienne, depuis l'Ancien Testament jusqu'au Nouveau, en passant par les Pères de l'Église, Pères sans Mères et sans Épouses, ce qui nous laissait dubitatifs et inquiets. Pour nous rassurer, il y avait pour moi la « voix de la cithare » que je lui disais vouloir emprunter avec l'écriture. Et, pour Pierre, la « voix de l'autre » dans la parole vive de la séance.

Je me souviens de lui avoir parlé de ce qui m'avait fait voyager avec Kant et son « imagination transcendantale » par laquelle, à vingt ans, j'entrevis le possible pont — que je traverserais peut-être un jour — entre « entendement pur » et « sensibilité pure ». Et Pierre comprenait. Ni lâcheté de l'intelligence, ni flirt avec les mots pour séduire, ni tentative de prise de pouvoir avec ses mots à lui, Pierre entendait, savait écouter.

Le dialogue entre nous coulait libre comme une rivière. Lui me parlait de Husserl, de Hegel et de Freud, qu'il connaissait mieux que moi. À partir de son expérience du milieu intellectuel parisien, nous esquissions tous deux la voie que pourrait prendre ma propre formation universitaire.

J'allai même rencontrer en consultation la psychanalyste Favez-Boutonnier (je l'ai toujours appelée Mme Favez-Boutonnier, et dans *Les Cathédrales sauvages,* Madame Fa, mais je n'ai jamais su son prénom). Je me souviens d'un chaleureux entretien où, contrairement aux Françaises coincées de l'époque, elle s'était assise sur le bord de son bureau et balançait les jambes (elle portait un tailleur à jupe courte) comme une collégienne.

Je me souviens de lui avoir parlé de mon désir de devenir

psychanalyste et écrivain, des vertiges inquiétants liés à la perte de la foi, ainsi disions-nous, mais aussi liés à l'amour fou, « l'amour par terre », l'amour à mort dans lequel m'avait fait basculer un récent coup de foudre.

Je me souviens de lui avoir parlé du pays d'où je venais, de ma nombreuse famille, de la tribu, du clan, du village, de l'eau, des forêts et des collines. Du désir d'écriture. De lui avoir confié, je ne savais trop pourquoi, être revenue en France au pays de mes origines pour comprendre d'où venaient de mes ancêtres qui avaient fui la leur, ancêtres maternels et paternels qui s'étaient arrachés à leur terre, et pourquoi? Et comprendre leurs rencontres amérindiennes dont j'étais issue tout autant, pensais-je alors. Saisir cette étrangeté mienne, mais comment? Avais-je alors ces mots? Sans doute pas. Mais ceux d'aujourd'hui tentent de traduire au mieux ceux-là qu'alors je cherchais.

Je me souviens clairement de la fin de cette première séance de psychanalyse. Madame Fa vint me reconduire à la porte. Avec un sourire, elle me dit : « J'aimerais bien travailler avec vous. Revenez quand vous serez prête. » Le mot *travail* m'avait étonnée. Et plu. Je fus prête des années plus tard. À Montréal où j'allais rencontrer celui que j'appelai « le dieu des rêves ». Je travaillai des années avec lui.

En me reconduisant à la porte, Madame Fa me dit, parlant de mon « coup de foudre » : « Et ce jeune homme, n'a-t-il jamais pensé à la psychanalyse? » J'en fus perplexe et, plus tard, soufflée : non seulement il y a pensé lui aussi un jour, mais c'est lui qui est devenu psychanalyste, pendant que moi, j'en suis restée à ma cithare. Mon « coup de foudre » se prénommait Patrick.

QUATRE

Partout

De dire moins de soi qu'il n'y en a, c'est sottise, non modestie.

MONTAIGNE, *Essais*

Mariage à Notre-Dame

Le coup de foudre avait porté ses fruits. J'étais enceinte et nous allions nous marier, Patrick et moi, en 1962. C'était l'époque des filles-mères et des orphelinats. Tous deux de culture catholique bien enracinée, lui, irlandaise et moi, canadienne-française, il n'était question ni pour l'un ni pour l'autre de larguer cet enfant parmi les rejets anonymes, et le mot *avortement* n'existait pas pour nous, ni dans notre vocabulaire, ni même dans notre esprit. Il fallait donc nous marier. Et convoler en justes noces le plus rapidement possible puisque les parents viendraient. Rien n'y devait paraître. Mes parents vinrent donc à Paris, tout heureux de ce voyage impromptu. Et rien n'y parut. Mon ventre était lisse et plat comme à la communion solennelle.

Avec le recul, je vois bien qu'aucun de nous deux n'était prêt à fonder une famille. Sans avoir le temps de nous y arrêter pour analyser et comprendre, nous avons donné tête baissée et quelque peu aveuglés dans ce qui se présentait à nous sous l'allure d'un inéluctable destin. Des dés étaient jetés qui nous lançaient sur une piste où le bonheur s'annonçait rayonnant, alors qu'étaient tapis dans son ombre ses inéluctables acolytes : les heurts et parfois les malheurs à venir qu'un tel engagement loin des nôtres et de notre terre d'origine allait possiblement un jour ou l'autre sortir des coulisses.

Pour le moment, nous nous étions donnés intégralement à la fête. Une fête heureuse, mais enroulée dans un voile de contradictions que je mettrai des années à démailler.

À travers le grand bonheur d'aimer et de porter un enfant, je ne me souviens pas un seul instant de ne pas avoir chéri le petit être en moi — des turbulences secrètes m'affectaient, des questions lancinantes se bousculaient. Pourquoi aucun des trois monothéismes n'a pu (ou voulu) penser la féminité dans leur conception de la divinité ? Comment il se fait que dans toute l'histoire de l'humanité, les femmes ont été exclues des théologies et des philosophies ? Pourquoi dans tous les pays du monde, jusqu'à tout récemment dans les pays dits développés, on a empêché les femmes d'étudier ? Pourquoi leur a-t-on barré l'accès à l'université et aux grandes écoles ?

Dans cette religion, la catholique, qui m'a formée et permis d'être ici, en France, et d'y étudier, bien des dogmes et des mystères me rebutaient, le plus flagrant étant celui de la conception du fils de Dieu par un esprit, aussi saint fût-il, et par une jeune femme, elle-même immaculée dans sa propre conception. Marie serait donc divinement devenue enceinte. Comme le vrai Père était au ciel, on eût pu imaginer une Mère divine, mais non ! le divin était réservé aux mâles, quelle étrangeté ! Son époux sur terre, l'humble charpentier Joseph, n'était là que pour jouer un rôle secondaire, rôle de soutien. Aucun écrit sur la grossesse de Marie. Rien non plus sur le travail d'accouchement, quand nous savons que ce travail a quelque chose de grand, de sublime même. Mais aucun mot des Écritures là-dessus, silence nuit ! Comment ce Jésus de Nazareth est-il entré dans son ventre et comment en est-il sorti ? Rien, silence nuit ! C'est d'ailleurs un ange, Gabriel, qui lui avait annoncé sa grossesse. Un ange mâle évidemment.

Dans toutes les mythologies des trois monothéismes, la figure de l'ange est toujours masculine. Dans la tradition catholique, les anges sont représentés par de beaux éphèbes, souvent efféminés. Des jouvenceaux qui vont émouvoir, d'un siècle à l'autre, la cléricature ecclésiale.

Chez les Hébreux et chez les musulmans, on ne représente pas. Les images sont interdites. On substitue. On sublime. Ce sont des nombres, des formules algébriques et des dessins géométriques qui servent d'intermédiaires entre les humains et le divin.

Chez eux comme chez les chrétiens, ce sont toujours des hommes aux commandes des mythes du divin et du religieux. Ce sont les Moïse, Abraham, Jacob, David, Jean-Baptiste, Jésus, les apôtres, les évangélistes, les Pères de l'Église, Mahomet et tous les autres qui dirigent l'orchestre du sacré.

À Paris, je venais d'avoir vingt-quatre ans, je portais un enfant dans mon ventre, j'allais épouser l'homme que j'aimais et, dans l'excitation des préparatifs, j'attendais mes parents dont, pour mon père, ce serait le premier voyage outre-Atlantique.

J'allais me marier et je me posais toutes ces questions sur ma religion et sur les religions que je commençais à peine à étudier. Mais rien ne se manifestait, c'était bien là le problème, comme je le verrais plus tard, quand, en 1967, je frapperais à la porte de la psychanalyse. C'est longtemps après, et encore aujourd'hui, que le creuset d'une histoire singulière, en l'occurrence la mienne, se fit comprendre.

Fille née en 1938, ma prime jeunesse fut marquée par une double histoire, ni l'une ni l'autre facile à saisir : la fin de ce qu'on a appelé la Grande Noirceur, époque de l'Église catholique romaine triomphante, et le début de la Révolution tranquille.

Le féminisme allait venir une décennie plus tard. Cependant, toutes les filles un tant soit peu conscientes, face à l'univers de la séduction, à la politique générale du mâle ainsi qu'aux religions et aux philosophies qui nous avaient larguées, cultivaient en elles, souvent à leur insu, les brindilles et les abrasifs qui allaient par la suite servir d'allumage ou de récurage pour les feux ou les grands nettoyages à venir. Nous aurions besoin de notre révolution à nous, femmes, pour entrer enfin dans l'histoire de l'humanité.

En attendant, heureuse, aimée et aimante, je me préparais à entrer dans une vie maritale. Pour l'instant, je délaissais des projets d'études ou d'écritures, la vie s'en chargerait, je le savais intuitivement. Pour l'heure, j'étais toute à mon bonheur. Je rêvais abondamment. Je rêvais éveillée que les religions ne seraient plus un jour représentées et écrites par les hommes seulement. Que les anges annonciateurs de nouvelles et livreurs de messages célestes seraient aussi des femmes. Que Marie ne serait plus vierge.

Elle nous raconterait un jour son évangile à elle, nous dirait ce que sont une grossesse, un amour et un accouchement quand on croit de toutes les fibres de son corps à la merveille qui jaillira de ses entrailles. Quand on croit, par cet acte sublime, toucher au divin tant les mots du quotidien s'effacent, incitent au dialogue intérieur et à la contemplation. À la poésie.

Je rêvais d'un Cantique des cantiques écrit au féminin où le bien-aimé serait un jeune homme et le fruit de mes entrailles, l'enfant que je portais.

Je ne faisais pas part de toutes ces réflexions et rêveries à mon compagnon et bientôt mari. Patrick était profondément croyant. Irlandais catholique, sa religion, enracinée dans une histoire de domination (protestante) et de luttes pour l'indépendance et la survie, lui tenait lieu de talisman.

Par ailleurs, comment trouver les mots clairs et justes pour dire ce qui demeurait en moi à l'état quasi larvaire, mots enclos comme en un écrin secret ? En plus, j'étais en amour fou, je l'ai dit. Et lui aussi. Nous étions tous deux en état d'*amour-à-mort*, d'*amour-par-terre*, d'amour obnubilé, et sa foi à lui venait toucher ce qui avait nourri mes jours, mes pensées et toutes mes vies familiale, collégiale et amicale depuis mes propres origines.

Mes parents vinrent donc à Paris. Nous nous mariâmes, d'abord à la mairie du XIVᵉ arrondissement, puis, à l'enchantement de mes parents, à l'église Notre-Dame, il me faut raconter.

Tout en détissant en mon for intérieur la trame des croyances religieuses ayant toutes exclu les femmes de leurs récits et de leurs fabulations, je poursuivais mon patient procès de notre Dieu chrétien en trois personnes, Père, Fils et Esprit saint. C'est le protestant Karl Jaspers, éthicien et existentialiste, qui me donna, au fil de ses ouvrages, les outils nécessaires au détissage de cette trame rationnelle fondatrice d'une irréductible et infaillible foi, trame qui avait enfermé les cerveaux de tant d'intellectuels chrétiens de mes contemporains et de leurs prédécesseurs. Les penseurs québécois de ladite Révolution tranquille avaient été formés par ces tisserands de l'inéluctable logique.

Finies les preuves, bienvenue à ma liberté de penser, je respirais. À la suite de Nietzsche et de Kierkegaard, Jaspers me donnait la possibilité, de croire peut-être, mais de croire sans raisons. De croire par une espèce de bond, de saut d'ivresse vers la transcendance. La foi devenait déraisonnable, je pouvais enfin réconcilier finalité humaine et poésie.

Après des années d'apprentissage (je n'ai pas parlé pour rien de métier à tisser), après des années de répétition par cœur, et en latin s'il vous plaît — deux années de philo au cours classique et une année complète rien que de philosophie, à la maîtrise de la faculté thomiste de l'Université de Montréal —, après d'infinies discussions et dissertations sur chacune et sur l'ensemble des cinq preuves, je pouvais voler de mes propres ailes, penser autrement, ne plus penser si tel était mon désir, j'étais libre. Je pouvais créer.

C'est ainsi que, sur ma route, je suis tombée amoureuse d'un grand intellectuel, irlando-américain de la deuxième génération, comme il disait, né à New York dans le South Bronx, détenteur d'un Ph. D. de la New York University et postdoc à Paris grâce à une bourse Fulbright qui récompensait les plus brillants étudiants de la génération d'après-guerre promise à toutes les réussites, Patrick, futur époux et père de mes deux fils, spécialiste de littérature anglaise, des poètes dits métaphysiques, dont John Donne, et de Shakespeare avec ses sonnets fabuleux.

C'est ainsi que, sans en être consciente alors, aux côtés de mes grands procès privés sur les récifs de l'innommable, j'étais ramenée à la littérature. Et à l'écriture. Plus question de psychanalyse et de philosophie, je revenais à mon terreau d'origine, la poésie et son fou désir de brûler les étapes et de voler vers l'inconnu. Pour trouver du nouveau, ainsi parlait Arthur Rimbaud. Et du nouveau, j'en avais plein l'esprit et plein le corps.

De la philosophie à l'amour et à la littérature, je revins tout naturellement à d'anciennes passions de lectures collégiales, et plus particulièrement à Paul Claudel — un génie littéraire, maintenant au purgatoire et boudé par le lectorat pour catholicisme exacerbé ; je revins à son théâtre et à sa poésie que j'avais fréquentés grâce à un exceptionnel maître et artisan des esprits libres, le père Maurice Chamard, conseiller à l'adolescence, devenu ami jusqu'à sa mort, esthète et poéticien, enseignant et directeur de théâtre, fondateur de la première Faculté des arts de l'Université de Moncton, Québécois d'origine et Acadien d'adoption, dont on a trop peu témoigné, hélas !

Ainsi, Paul Claudel, son œuvre et sa vie. Me voici de retour à Notre-Dame de Paris, que je n'ai pas oubliée et où j'allais bientôt me marier. On dirait que je reste sur le parvis, hésitant à y entrer. C'est qu'il me fallait ce long détour, cette lente réflexion, pour expliquer ce choix de Notre-Dame, qui, après tout, fut le mien. C'est à cause de Paul Claudel, bien entendu.

Au collège Notre-Dame-d'Acadie, outre le père Chamard, qui fut le « directeur spirituel » de plusieurs d'entre nous, il y eut aussi notre propre enseignante de littérature et directrice de théâtre, Antonine Maillet, qui nourrissait une grande admiration pour le dramaturge Claudel. C'est elle qui me dirigera pour le spectacle où je réciterai le fameux monologue de Violaine. Je n'oublierai jamais ces moments de pures joies esthétiques et d'exaltations dramatiques.

(Beaucoup plus tard, au cours des années 1990, j'inviterai Thierry Hentsch, le grand Thierry Hentsch de *Raconter et Mourir*, dont la mort si rapide nous laissa inconsolables à jamais, nous ses amis de l'Université du Québec à Montréal, l'UQAM, et d'après, j'invitai donc Thierry, Suisse d'origine et protestant de formation — un autre ! —, à la représentation de *L'Annonce faite à Marie*, pièce mise en scène par Alice Ronfard et donnée dans l'ancienne chapelle du Grand Séminaire de Montréal. Quels lieux et quels instants sublimes avons-nous vécus là ! Thierry en pleurait d'émotion. Il disait : « Je découvre un grand. Je découvre le théâtre catholique ! » Il voulut se procurer tous les livres de Paul Claudel, ce qu'il fit. Il désirait en parler dans le second tome de *Raconter et Mourir*, je ne sais ce qu'il en advint.)

Donc, au courant du printemps 1962, pendant le patient procès qui allait me conduire vers la non-croyance, pas de meilleur mot, je me remis à lire Paul Claudel. Son œuvre, mais aussi une biographie dans laquelle j'apprenais sa conversion du protestantisme (de culture) au catholicisme, cette dernière foi allant devenir fulgurante et mystique. Sa lecture de Rimbaud, qu'il qualifia de *mystique à l'état sauvage*, ne le mena à rien de moins qu'à une « illumination » qui eut lieu sous forme d'une conversion fracassante, à l'église Notre-Dame de Paris, le 25 décembre 1886, un soir de Noël et de Nativité. Près de la colonne qui fait face à la statue de la Vierge Marie, à l'autel de la nef de droite, non loin du transept et de sa rosace de l'est. Jeune homme de dix-huit ans, seul en ces lieux au culte étranger, il allait vivre là sa conversion subite au catholicisme ainsi que le motif central de l'œuvre à venir.

C'est là, sur les mêmes lieux exactement, que je voulus que soit célébré notre mariage. J'allai rencontrer le curé de la cathédrale, lui exposai ma demande que je trouvais évidente, je lui citai Claudel et sa conversion, lui parlai d'amour et d'écriture. Il n'en revenait pas — mes parents non plus d'ailleurs ni personne, sauf les deux fiancés énamourés — et me dit, je n'ai jamais oublié : « Devant une demande formulée avec une telle conviction et une telle candeur, je ne puis qu'acquiescer. » Patrick et moi étions fous de joie.

La demande au curé avait été émise en juillet. Il fallait faire vite. Il ne fallait pas que le ventre ait le temps de grossir. Et le mariage eut lieu le 22 août 1962. Charles naquit le 12 avril 1963, un Vendredi saint, en après-midi.

Quel tissu de contradictions, n'est-ce pas ? On pourra juger que c'était là pure aliénation. On n'aura pas tout à fait tort. Nous, du Québec francophone et catholique mur à mur, étions nombreux à vivre ce grand écart, un pied dans le passé encore si présent et la tête dans un avenir dont le dessin ne se laissait pas encore dévoiler. Juste suggérer.

L'aliénation véritable consisterait à faire table rase absolue et à rendre ainsi aveugle le passé. Plusieurs en sont encore là. Il n'est pas plus aliéné que celui qui ignore les conditions de son inconscience. Pour celui-ci, les retours de refoulés peuvent devenir terrifiants telle une lame de fond que la marée calme et basse n'avait pas pressentie. Après des générations d'assujettissements, une véritable révolution tranquille en mettra plusieurs autres avant sa pleine réalisation. Si cela advient, car en matière de désaliénation tout est souvent à recommencer. Je justifie donc ma propre aliénation et, ainsi, je parviens à un accord avec moi-même. Ce moi-même réconcilié, comme le disait l'aïeul Montaigne, devient même matière de mon œuvre en chantier depuis les premiers écrits. Autrement dit, le récit de ce mariage constitue l'épiphanie d'une écriture, la mienne : une autobiographie.

Entrons dans les épousailles. Mes parents sont venus. Nous sommes huit pour la cérémonie, à part monsieur le curé qui fut très gentil : mes parents, ma sœur Raymonde et son mari Rémi (qui se trouvait à Paris pour ses études doctorales), Patrick et moi, et deux témoins (j'oublie les visages et les noms de ces deux derniers). Il fait beau. Le soleil éclatant prodigue ses couleurs à travers les rosaces bleu et rouge. Nous sommes tous les huit, endimanchés et joyeux, face à l'autel de la Vierge Marie. Tous émus, mais sans larmes, du côté du bonheur. La cérémonie ne coûte rien, ainsi l'a dit le curé, « C'est gratuit à l'église », a-t-il répondu à mon père qui a demandé, juste avant la messe : « Combien ça va coûter ? », et qui n'en revient pas, lui, habitué chez nous aux prix demandés par l'église. « C'est gratis », répète-t-il à ma mère, médusé.

Je porte un petit tailleur coquille d'œuf à la Chanel,

confectionné pour l'événement par une couturière que Raymonde a dénichée. Je n'ai voulu ni robe longue ni voile blanc. Toutefois, je porte une mantille en dentelle blanche, impossible à l'époque pour une femme d'entrer dans une église sans couvre-chef. Je suis habillée à mon goût, mais acceptant le compromis du voile. Je l'ai dit, je suis alors entre deux mondes. Celui d'avant que je refuse. Et celui d'après que je ne vois pas encore clairement.

Sauf Patrick, qui est croyant d'une oreille à l'autre, les jeunes présents sont comme moi dans le compromis. Nous entendons même sans broncher l'épître de saint Paul (ah, le misogyne!) qui admoneste les époux et déclare de son socle proche-oriental intégriste que l'épouse doit promettre obéissance à son époux. Nous laissons dire et nous ne disons rien. Ça viendra un peu plus tard. Pour l'instant, nous engrangeons. Les filles en tout cas, et même maman y viendra, fourbissons nos armes.

Nous sommes beaux, Patrick et moi. Nous rayonnons. Des millions de flashs et de cliquetis nous entourent. Des touristes, nombreux, croient qu'il s'agit là d'un mariage de vedettes. Après tout, un mariage à Notre-Dame, ce n'est pas rien. Rémi fait de vraies photos de pro, je les possède encore. Maman exulte. Elle vit un conte de fées. Elle assiste aux côtés de son cher mari Jean-Baptiste, le « plus beau et meilleur parti » du village d'Amqui, au mariage de sa fille, en la cathédrale Notre-Dame de Paris, elle n'en peut plus de joie, on dirait qu'elle va s'envoler.

Elle n'en croit pas ses yeux de tant de splendeur et remercie le bon Dieu de tant de générosité. De retour à la maison, elle dira à toutes ses amies, et elle en a plusieurs : « On a marié notre fille Madeleine à Notre-Dame de Paris! » On pourra la croire snob. Elle ne l'est pas. Elle, grande lectrice devant l'Éternel, est dans un roman. Elle en est même l'un des personnages principaux. L'action ne se déroule pas sous ses yeux. Elle est dedans. Elle veut que son roman soit lu. Par le plus large public possible.

Jean-Baptiste est impressionné par ces fastes exotiques. Il regarde régulièrement sa montre qui indique encore « l'heure du moulin », c'est ainsi qu'il a conçu les choses pour ce long voyage de l'autre côté de l'océan, au pays des ancêtres, cette perspective lui plaît bien. Le décalage horaire n'est pas son affaire. Il est dans deux temps simultanément, à l'heure d'ici, toute proche mais si étrange, et à l'heure du moulin, familière sur son cadran et si lointaine devenue. Régulièrement, au cours de cette journée et de son long séjour de dix journées, il regardera sa montre et dira : « Ils viennent de changer la Catherine » ou bien « Là, ils doivent ajuster l'Edger », ce sont les noms de deux de ses scies de moulin dont il reconnaît chacune au son tel un chef d'orchestre avec ses divers instruments. Je le soupçonne d'avoir emmagasiné en lui tous les sons de son orchestre de scies et de les entendre encore comme un chœur, à Notre-Dame de Paris.

Mon père est quelque peu intimidé, mais, je le vois, si fier en même temps. C'est lui qui a voulu faire instruire ses enfants, ce serait son seul héritage peut-être, avait-il dit à la table du grand repas du dimanche midi, où il faisait souvent son petit sermon de la semaine, sur la lancée du grand sermon du curé de l'église. Il avait ajouté cette fois-là, devant ma mère enchantée et les enfants tenus en ces moments solennels à l'écoute et au silence, je l'ai déjà écrit ailleurs mais j'aime à le répéter : « Et si je n'ai pas assez d'argent pour faire instruire tous mes dix enfants, je ferai d'abord instruire les filles ! » Pourquoi ? avions-nous osé demander. Sa réponse fut simple : « Parce que les femmes sont meilleures, plus intelligentes et ont plus de morale. Et parce qu'elles transmettent les valeurs d'une génération à l'autre. Les garçons, eux, peu-

vent toujours gagner leur vie avec la force de leurs muscles. »
Il avait précisé qu'il paierait nos études jusqu'au doctorat,
quelle que soit la « branche » ou la profession que nous choi-
sirions. Si nous avions de bons résultats. Il voulait voir nos
bulletins. Jusqu'aux études universitaires, il voulut vérifier
nos résultats. Et il voulut lire nos livres, de sorte qu'à la fin de
nos études il fut le plus instruit de nous tous.

J'étais inscrite au doctorat en littérature à la Sorbonne et
papa, de toute évidence, était fier de moi. Il ne le disait pas.
C'était un père qui nous « aimait tout bas », comme l'écrivit
à propos du sien Éric Fottorino.

Drôle d'homme que mon père. Un colosse d'une force
herculéenne, boxeur hors pair qui a dû arrêter de se battre,
sous les requêtes de ma mère et une ordonnance de la cour
de justice après en avoir assommé quelques-uns. Doté
d'études de commerce qu'il avait quittées à dix-sept ans pour
venir travailler aux côtés de son père et de ses frères dans la
compagnie de bois de sciage, il avait quitté la compagnie et
fondé sa propre entreprise en 1938, à l'âge de trente-deux
ans. Venait de naître leur cinquième enfant et quatrième fille,
moi.

Drôle de personnage qui, d'homme des bois qu'il fut
jusqu'à la fin — il mourut à quatre-vingt-onze ans —, devint
un sage et, je dirais, un intellectuel. Il s'était monté une
bibliothèque à son office du moulin. Puis, il lut l'*Histoire des
religions,* dans la Pléiade, *Le Monde diplomatique* et *Le Nouvel
Observateur* auquel il s'abonna et bien des livres d'histoire,
de géographie et d'économie ainsi que les biographies des
« grands hommes », et le journal *Le Devoir* auquel mes
parents étaient abonnés — ils se rendirent même à Montréal,
en 1944, afin d'entendre le fameux discours d'Henri Bou-
rassa et nous en parlèrent avec fièvre.

Je dois ma passion pour l'histoire et la géographie ainsi

que pour l'exploration du monde aux discussions de mes parents, le soir dans la pièce centrale dite la bibliothèque, avant que naisse la télévision, alors que, censée dormir, je les entendais à travers la grille du chauffage placée au plafond de la bibliothèque et donnant sur le plancher du couloir des chambres tout près de la mienne. Entendre converser ses parents comme s'il s'agissait d'un grand jeu captivant suffit à allumer l'étincelle du désir de connaissance chez un enfant.

Drôle d'homme, donc, que ce père qui, à l'époque, crut seul, vraiment seul, avec ma mère bien sûr, à l'éducation et à l'instruction des filles. De ses filles. Qui, de batailleur, était devenu sage et savant, qui fit de l'argent, car il eut un étonnant sens des affaires, pour nous faire instruire tous. Et qui se trouvait, en cette belle matinée d'août, à la cérémonie du mariage de l'une de ses six filles, rite se déroulant au son de ses scies, selon deux horaires bien précis, celui du moulin et celui de l'église Notre-Dame.

La veille, jour du mariage civil à la mairie du XIVe arrondissement, il avait exprimé des réticences. Pourquoi d'abord un mariage civil puisque le mariage religieux seul comptait ? C'était la loi, c'était ainsi en France, lui avais-je répondu, depuis la Révolution, l'État a la priorité. Prévoyant le coup et ayant loué à leur hôtel une suite à deux chambres et ne se démontant pas, il dit, inflexible : « Tu ne seras pas mariée ce soir. Tu t'en viens dormir avec ta mère et moi. C'est demain que tu pourras coucher avec ton mari. »

Bon ! Je compris, Patrick le grand catholique aussi. Amants depuis ces récents mois, nous nous séparâmes pour une nuit, ce qui n'est pas plus mal pour attiser la flamme. Tous deux vierges à l'abordage, quand la glace des interdits religieux avait cédé, nous étions tombés dans les bras l'un de l'autre, mûrs comme de bons fruits… Je n'ai aucune souvenance de la supposée pénibilité d'une première pénétration.

Ni sang, ni larmes, ni déchirure, nous nous sommes envolés tout chauds sur les ailes du désir et de son accomplissement.

Cette nuit de séparation entre les deux mariages ne fut qu'une petite halte à nos ébats et, pour moi, la possibilité de remercier mes parents en retournant pour un peu dans le giron familial qu'une suite d'hôtel avait improvisé.

Papa avait tout de même renchéri : « Un mariage civil qui a priorité sur le mariage religieux ? Ah ! C'est ça qui va perdre la France ! » Ce qui ne l'empêcha pas de glisser dans la main du maire un billet de cent francs — car là aussi, c'était gratuit —, comme il le ferait avec le curé de la cathédrale. Et il avait dit : « Avec leur générosité, le Seigneur va peut-être leur pardonner leur athéisme. »

Ce sont les mêmes propos qu'il ne cessa d'asséner quand nous étions tous dans une même voiture qu'il avait louée, quelque deux jours après les mariages. Nous nous rendions à Chartres que mes parents voulaient voir absolument. Dans l'auto, il y avait Rémi au volant, maman, et papa tenant dans ses bras la petite Christine de deux ans et demi, fille de Raymonde et Rémi, et ma filleule. Puis, Raymonde, Patrick et moi. C'était dimanche. La campagne, ses blés beaucerons gorgés de soleil et les paysans travaillant aux champs. Mon père en était outré. Toutes les vingt minutes à peu près, il déclarait : « Les Français travaillent le dimanche ? Vous verrez, c'est ce qui va perdre la France ! »

Heureusement qu'il y avait la petite Christine, et sa Jeanne rayonnante, et ses enfants heureux et la beauté des lieux, la richesse rieuse de cette nature, pour le ramener à de plus doux sentiments.

Comment lui en vouloir ? Il avait été si généreux avec nous, et avec moi maintenant. En ces temps-là, pas si lointains tout de même, mais vus d'aujourd'hui, on les croirait à des années-lumière, c'est le père de la mariée qui devait payer les frais de la noce, cérémonial, robe de mariée, réception, etc. Il devait donc aussi pourvoir aux besoins matériels de sa fille en lui octroyant ce qu'on appelait un trousseau : linge de maison, vaisselle, batterie de cuisine et autres objets de ménage. J'avais assisté l'été précédent aux mariages de mes trois sœurs aînées. Je ne voulais ni robe longue ni tous les falbalas ni toutes les obligations et invitations liées à un tel événement. J'étais donc ravie d'être loin et d'échapper à toutes ces contingences. Mes parents aussi, à ce que je pressentais.

Mon père, ayant calculé ce que les précédents mariages lui avaient coûté, avait conclu que leur voyage et leur séjour en France, de même qu'un beau cadeau en argent à mon intention, tant pour m'habiller, tant pour le trousseau, plus un véritable banquet au restaurant pour notre groupe de huit, tout compte fait, ne lui reviendraient pas plus cher qu'une noce dans un hôtel du village avec des dizaines d'invités. Je fus enchantée de recevoir les sous, deux semaines auparavant et par mandat-poste, et négociai, par l'entremise de ma mère, c'était toujours plus facile ainsi pour moi, que l'argent du trousseau, nous pourrions nous en servir, Patrick et moi, pour la réalisation d'un rêve : aller en voyage de noces en Italie et en Grèce. Voir Rome et Athènes ! Je leur dis que, des trousseaux, il y en aurait toujours au retour, quand nous voudrions nous installer. Que Rome et Athènes ne seraient pas toujours proches.

L'entente fut agréée, grand bien nous fît !

La semaine se passa en mini-voyages de noces, tous ensemble. Chartres, les Invalides — ah ! l'émoi de mes parents devant le tombeau de Napoléon, de sa famille et de ses généraux ! —, le Panthéon — un lieu d'« athées en enfer », disait mon père, on n'y resta pas longtemps, — bateaux-mouches et autres tour Eiffel, Tuileries et

Champs-Élysées, c'était la fête continue. Et puis Versailles — là, c'est trop! on se sent si petit! Quand il y avait trop de magnificence, nous laissions couler en nous les eaux de nos rivières, la Matapédia et la Matane. Nous nous racontions nos histoires à nous, la beauté sauvage et la grandeur baroque de notre vaste pays. Ce que nous faisions deux fois par jour au restaurant où nous nous régalions, choisissant pour notre père dans ces énormes menus qu'il était embarrassé de déchiffrer, d'autant plus qu'il n'était pas à l'aise dans sa langue pour commander. C'est lui qui, toujours, réglait la note. Quant à notre mère, cordon-bleu de son état, elle voyageait à travers les menus, savourait déjà, voulait goûter à tout et conversait avec les maîtres d'hôtel ou les garçons comme s'ils étaient de la famille des gastronomes qu'elle, sans souci, avait élue depuis longtemps.

La visite du Louvre demeurera pour moi l'un des forts moments de ces jours de vacances. Selon nos affinités, nous nous étions partagé époques ou écoles. Notre mère avait choisi les Impressionnistes. Sommes allés de son côté, tandis que Jean-Baptiste semblait vouloir se retirer, seul à ses affaires. À un moment donné, je me retournai et le vis coller l'oreille aux cloisons extérieures du musée, puis de ses bras contre l'appui d'une fenêtre, on aurait dit qu'il tentait d'en mesurer l'épaisseur des parois. Ensuite, il s'agenouilla sur de majestueux escaliers de bois, colla l'oreille à la marche et y donna de petits coups de jointures. Il voulait, me dit-il, deviner au son l'essence et le volume du bois. M'apparut alors au haut de l'escalier un gardien à casquette qui, l'air suspicieux prêt à sévir, observait l'étrange manège. Mon père devint rouge de confusion. Je montai à toute vitesse et dis au gardien que papa, spécialiste du bois et propriétaire d'un moulin, au Canada français, disions-nous à l'époque, voulait tout simplement reconnaître l'espèce (ou les espèces) choisie pour la construction du Louvre. Du haut de son importance, il nous toisa et nous enjoignit avec froideur de circuler.

Ce ne serait ni la première ni la dernière fois, dans ce pays où il semble naturel de se croire supérieur, que le mépris nous saluerait.

De ces seuls mots, tout en jetant un coup d'œil à sa montre, mon père dit : « Les Français, ils ne sont pas bons seulement pour la dentelle ou pour le menuet, ils savaient bâtir. »

Après ces journées d'excursions et de festivités, mes parents repartirent chez eux, au pays des vallées et des rivières, du fleuve large comme la mer et des espaces si grands qu'on n'en voit jamais la fin. « Là où tout est encore à construire », disait ma mère, « Là où la guerre n'aurait pas lieu », ajoutait mon père. Les autres regagnèrent leur vie d'avant. Il n'y eut ni effusions ni déchirement.

Aix-en-Provence

*Il y avait tant de lumière qu'on voyait le monde
dans sa vraie vérité.*

Jean Giono, *Que ma joie demeure*

Ainsi, nous sommes arrivés à Aix-en-Provence : éblouis de lumière sans en être aveuglés. Comme dans les tableaux de Van Gogh où l'air vibre à force de clarté, je sentis un vacillement qui ne me quitterait plus. Nous étions fin septembre. Les ors et les ocres, les oranges, les jaunes et les bleus se trouvaient à leur zénith. Avec ma sensibilité décuplée par la grossesse, je ne verrais plus jamais le monde de la même façon.

Ce bouleversement créé par la cohabitation de deux êtres en moi, celui de l'enfant à naître et le mien, en rencontrait un autre, non moins stupéfiant, celui de la réunion de mon habituelle lumière septentrionale avec la toute nouvelle luminosité méridionale. Dès la descente du train, à la gare d'Aix-en-Provence, je sus cette révolution.

Plus tard, beaucoup plus tard, je compris, par exemple à travers les tableaux de Nicolas de Staël, qu'un tel chambardement suscité par le contact de deux états de lumière peut conduire à l'immobilité du tableau et, ultimement, à son silence. Ainsi aussi l'état de la lumière dans les microchromies toscanes de Fernand Leduc.

Pour l'instant, j'étais dans cette double saisie stupéfiante. Dans son ravissement. Nous allions vivre une année à Aix. Patrick y enseignerait à titre de lecteur à l'université, ainsi qu'il était prévu pour les boursiers Fulbright dans toutes les universités françaises. De mon côté, j'avais fait transférer mon dossier universitaire, de la Sorbonne à cette même université d'Aix. Je m'étais mariée sous les auspices de Paul Claudel et en Claudel je demeurerais. Ancrée en poésie cette fois. Bien loin de mes premières amitiés avec la philosophie et la psychanalyse. J'inscrivis donc un sujet de thèse sur « l'analyse structurale des *Cinq Grandes Odes* ».

Heureuse coïncidence, mon directeur et spécialiste des Symbolistes, Marcel A. Ruff, habitait l'immeuble du boulevard du Roi-René où nous avions loué un « grenier converti en studio d'étudiants », ainsi que le précisait la petite annonce d'un journal local. Je n'avais qu'à descendre le grand escalier, du grenier au deuxième, pour me retrouver chez M. Ruff.

Entre Paris et la Provence, nous avions donc été en voyage de noces à Rome et en Grèce. De Paris, nous étions descendus en train jusqu'à Rome. Rome où nous sommes restés dix jours. C'était trop et pas assez. Trop pour la chaleur qui nous accablait, pour l'état nauséeux qui était le mien. Trop pour ce que nos esprits, nos cœurs et nos corps pouvaient absorber. De la lumière éclaboussée, des ors et des marbres à profusion, des richesses dont nous ne pouvions prendre la mesure, l'ampleur et l'intelligence des débordements. Et pas assez pour le temps qu'il nous eût fallu pour assimiler ne fût-ce que le millième de ce que nous voyions.

Nous avions somme toute un assez mince budget. La chambre du petit hôtel se trouva assaillie par les puces. Le pharmacien nous conseilla de répandre une poudre, y compris sur les draps. J'étais jeune, je dormis, mais je dormis mal.

Quelques difficultés entre nous deux apparurent. Le principe de réalité faisait son œuvre. Nous n'étions plus seulement dans l'amour de rêve et le rêve de l'amour.

Nous avons vu à Rome autant de beautés que nous pouvions en accueillir, la chapelle Sixtine et son plafond de Michel-Ange en était une que nous reçûmes ébahis, en silence et pour ma part au bord des larmes maintenant que les fissures entre nous avaient commencé à montrer en souterrain la possibilité de l'inévitable cassure. Quand cela se passe, on ne sait pas encore. On ne veut pas savoir. L'amour, l'amour fou exige sa part d'aveuglements.

Heureusement qu'il y avait les ruines : des palais, des statues, des fontaines et du Colisée. Les ruines qui venaient nous dire à quelle profondeur nous pourrions tous deux sombrer si nous ne reprenions pas le chemin où la jouissance jouit et le bonheur rit. Ainsi, nous revînmes à la vie vivante. Nous nous sommes régalés dans les petits restaurants, nous avons prié dans les églises et avons même vu le pape passer dans sa limousine blanche, c'était le bon Jean XXIII. Il a donné sa bénédiction à la foule qui, comme nous, se rendait place Saint-Pierre. Nous avons cru qu'elle était pour nous. Nous nous sommes embrassés.

Après Rome, c'est à Naples que nous prîmes le bateau pour la Grèce. Il traversait la Méditerranée jusqu'au Pirée. Nous étions en deuxième classe, entassés souvent comme des sardines, sur le troisième pont qui recevait de plein nez les odeurs de cuisine, grasses et pimentées. Pour ne pas sombrer dans les nausées du mal de mer, nous ne cessions de grimper au pont supérieur et d'y passer nos journées. Là, l'air pur et les deux bleus du ciel et de la mer nous redonnaient notre appétit de vivre et d'admirer. Nous en avions vu des musées, des sculptures et des tableaux, nous aimions tous deux cet art de redonner au monde son destin magnifié par les choix multiples de son découpage, de ses couleurs, de sa lumière et de ses ombres, en d'autres mots par le génie multiple de ses multiples transpositions. Ici, sur la mer Méditerranée de nos comptines et souvenirs enchantés d'enfance, nous nous trouvions dans un immense tableau vivant qui avance au rythme musical du ciel traversé d'oiseaux et de l'eau sur laquelle le tableau se propulsait.

L'une des plus grandes émotions esthétiques de ma vie fut d'ailleurs la traversée du canal de Corinthe. Traversée lente entre des parois d'ocres et de roses, pierres taillées en strates effeuillées et en hauteur qu'il ne fallait pas heurter tant ces gigantesques blocs donnaient peu d'espace au bateau. Tous les passagers retenaient leur souffle. Le spectacle était sublime et l'avancée risquée. On ne voyait plus la mer qui nous portait, la cale du bateau prenant ses aises sous toute sa surface, tel un lit qui va d'une cloison à l'autre et dont il faudrait sortir par le haut ou par le bas. Entre les parois de la sculpture du canal, il n'y avait que nous tous, les passagers. L'autre paysage, le seul, vaste et vu à l'infini : le ciel bleu, mais bleu de plénitude faite de rareté qui le rendait, tel qu'en lui-même, offert nu, joyau pour la contemplation.

Et ce fut Athènes ! La moderne, pauvre, encombrée et polluée était loin de celle dont nous avions une connaissance livresque — linguistique, philosophique, littéraire —, mais quelque chose en nous s'obstinait à percer les murs opaques sous le crépi noirci, désirait de toutes ses fibres trouver l'énigme contemporaine pour retrouver les éclats antiques qui avaient baigné nos imaginaires et formé nos pensées.

Comme dans Rome où je n'avais vu aucune trace de l'*Énéide*, je cherchais en vain les impressions fossilisées d'une vaste bibliothèque qui va d'Homère à Sophocle, d'Hérodote à Platon. Et je ne voyais pas. Je me sentais aveugle et sourde, en exil de moi-même, dans une contrée lointaine qui avait pourtant en large partie formé ma vision et mon entendement du monde.

Alors, comme souvent les étrangers, nous fûmes touristes. Dans les montagnes ou sur les bords de mer, sur les places de villages où nous avons dansé, à travers les rues de la ville ou les routes anonymes, nous avons été ces voyageurs qui enregistrent tout, ou bien photographient, mais ne comprennent pas grand-chose en se disant le soir, avant de s'endormir, nous saurons peut-être un jour où nous avons été.

C'est dans cet esprit plutôt mou et frôlant l'absence que nous nous sommes tout de même résolus à nous rendre sur les lieux mythiques entre tous, l'Agora et l'Acropole. En marchant, un peu fatiguée à cause de cet état de gestation, sous l'éblouissement du soleil qui mangeait tout le paysage, je ne voyais plus que les centaines de chats faméliques, de toutes couleurs, se traînant entre les pierres sèches pour quelque pitance inexistante. Ils allaient tous mourir dans l'Agora et je voulais m'en retourner dormir.

Et soudain, la lumière fut !

Nous étions assis sur deux immenses blocs de pierre, sans doute détachés d'un temple démoli par le temps, quand, regardant face à nous le Parthénon, je saisis subitement la légèreté de cette masse se tenant là entre ciel et sol et qu'on aurait crue prête à s'envoler tant le bleu pur de la voûte infinie semblait s'apprêter à l'extraire du socle sur lequel avaient tenu les colonnes. C'était bien là l'effet recherché par les architectes de ces temps antiques, deux millénaires avant notre ère. Pour nous, cela semblait de la magie pure, alors que pour eux, les fins calculs mathématiques et géométriques avaient su créer cet effet de décollage spatial vers l'Olympe, lieu sacré et résidence imaginée de leurs divinités.

En ces instants fulgurants me sont revenues mes lectures d'un Malraux dans *Les Voix du silence* ou encore d'un René Huyghe dans *L'Art et l'Homme*. Je me mis à comprendre, à saisir derrière son paravent moderne, souvent laid, l'immense fresque de l'Antiquité grecque telle que des siècles et des siècles de travaux l'avaient figurée en regard de siècles et de siècles de pensées philosophiques, d'expressions artistiques et de religions.

Au pays qui avait aussi inventé l'État de droit et la démocratie, on voit mieux aujourd'hui ce qu'avaient pu constituer de menaçant pour l'Empire perse les diverses représentations symboliques grecques, dont l'Acropole et l'Agora, lieux d'offrandes et de débats publics, qui furent en partie détruits par les assauts de Persépolis, capitale des grands rois autocrates, il y a deux mille cinq cents ans.

En débarquant dans notre grenier converti d'Aix-en-Provence, chargée de ces récentes visions et connaissances, de mes nouvelles et jeunes fatigues maternelles, je visitai une fois les salles de cours de l'université où je devais m'inscrire et compris que je n'y retournerais pas. J'avais connu les bancs d'école assidûment depuis la petite enfance, à Amqui, Rimouski, Québec, Moncton, Montréal et Paris. Je ne voulais plus de ces bouillons de connaissance encombrés de bruits et de concours.

Je désirais la solitude de notre petit logis. J'aspirais au calme de mes lectures, de mes musiques et rêveuses promenades. J'avais besoin de couver seule mon bébé dans ce nid d'amour que nous avions aménagé tous deux dans l'exaltation.

Je n'eus qu'à descendre un étage pour demander un rendez-vous à mon directeur de thèse. M. Ruff ne monta jamais au grenier, c'est normal, il était mon directeur et supérieur, les règles hiérarchiques de l'époque étaient fort claires. Il souscrivit d'emblée à mes demandes et le programme fut ainsi établi. J'irais le rencontrer un après-midi par semaine. Il dirigerait toutes mes lectures, en établirait la liste, qui comprenait essentiellement les Symbolistes, surtout Baudelaire, Rimbaud — et Mallarmé, dit-il, même si ses affections étaient réservées aux deux premiers. Toute l'œuvre de Claudel, avec une insistance sur les *Cinq Grandes Odes,* ainsi que le corpus critique consacré à Claudel.

Plus tard, quand j'aurais commencé la rédaction de ma thèse, je lui soumettrais les chapitres, qu'il jugerait au fur et à mesure. Mais cela ne pressait pas. Nous avions tout notre temps. Puis, il y avait « cet enfant à naître qui interromprait sans nul doute votre parcours universitaire ».

Dès la première rencontre, j'aimai M. Ruff. Il était petit de taille et d'une grande stature intellectuelle. Chaque semaine, dans sa vaste bibliothèque, nous avons passé ensemble des moments délicieux. C'était chaque fois sa femme, gentille et effacée comme l'étaient les épouses de ce temps, qui me recevait à la porte, me conduisait à travers un long couloir sombre jusqu'au sanctuaire de la bibliothèque où M. Ruff, quittant son majestueux fauteuil de velours d'une autre époque, venait m'accueillir, me donnant la main et m'indiquant mon petit fauteuil à moi, qui fut toujours le même. Puis, Mme Ruff nous quittait, et revenait avec un plateau, une théière et deux tasses qu'elle posait sur un guéridon au dessus de marbre, petite table charmante entre nous deux qui servait aussi à placer papiers et livres quand Mme Ruff, une dernière fois, apparaissait en s'excusant, pour desservir.

Lorsqu'il acquiesça à ma demande en bonne et due forme de dispense de scolarité, il me dit : « Vous savez, ma chère, à l'université française, nous devons innover. Dans les prestigieuses universités américaines, il se fait déjà de l'enseignement sous forme tutorale. » Et nous nous sommes rencontrés toutes les semaines, M. Ruff et moi, jusqu'à mon accouchement, en avril, et même après, entre la fin du mois de mai et notre départ pour l'Amérique, en juillet.

Ce travail rigoureux, il l'a fait gratuitement. Même si nous n'étions pas riches, Patrick et moi — nous vivions de son petit salaire de lecteur —, quand je lui offris de lui verser une somme hebdomadaire pour ses enseignements, il m'a dit en ces mots, entendus souvent à l'époque : « Vous ne me devez rien, croyez-moi, c'est nous qui devons aux Canadiens de nous avoir sauvés à la fin de cette terrible guerre. »

À part nos sérieuses séances d'études, dès la toute première rencontre, pour me « témoigner sa confiance », M. Ruff me fit venir au milieu de la pièce et me dit tout bas, comme si nous eussions été en chapelle ardente : « Regardez ici, au centre. » Dans une châsse vitrée, sur un tapis de velours vert, il m'indiquait quelque chose que je ne vis pas tout de suite. Puis, je distinguai une trace qui ressemblait à un fil d'araignée. Il me dit, comme encore ébahi : « Il s'agit d'un cheveu de Baudelaire ! » Je sus là quel genre d'homme allait diriger mes travaux : minutieux, collectionneur un peu toqué et quasi dévot. Cela ne me déplut pas. Regardant l'objet du culte, un simple cheveu, qui s'était retrouvé là, j'ai oublié comment, et voyant pour la première fois de ma vie une bibliothèque privée vaste comme une cathédrale avec son échelle coulissante pour parcourir les rayonnages du haut et ses collections séculaires qu'il me présenta en une longue leçon, je me sentis déportée en un temps antérieur dont je ne pouvais prendre toute la mesure, et j'aimai cette déroute. C'était pour elle, entre autres, que j'avais quitté mon coin de pays.

Quand je repense à notre petit appartement du grenier, c'est un tableau lumineux que je revois. Le calme y est si parfait — aucun bruit du dehors à cette hauteur entre les murs de pierre — que nous pouvons lire et étudier autant que nous le désirons. Il y a deux pièces seulement, la chambre à coucher et l'autre pièce, qui tient lieu de séjour et de bureau. Dans la chambre, une seule fenêtre, presque au plafond, qui découpe un tableau rectangulaire fait du ciel seulement dont les bleus varieront dans la gamme complète du nuancier selon l'heure du jour ou de la nuit qui, en ce lieu, ne fut jamais noire. Il y a aussi une cuisinette, minuscule pour nous, habitués aux grandes cuisines nord-américaines. Il y a dedans tout ce qu'il faut pour préparer les repas. Au fil des mois, ses murs en seront parsemés de fiches, mémos où je note les listes d'épicerie, les recettes, les mesures et les temps de cuisson. Car j'apprends la cuisine, je m'y adonne avec ardeur, moi qui jusque-là savais à peine faire cuire un œuf, je me suis acheté *Le Petit Larousse illustré de la cuisine,* et j'en copie intégralement quelques menus, j'applique les recettes avec un souci de perfection qui me dépasse et me ravit.

Partout dans ce logis la lumière rit. Le plancher est fait de dalles ocre qui reluisent à la cire. Sur les murs, il y a du jaune, du blanc et de l'orange.

Nous ne sortons pas, n'allons ni au restaurant ni au bistro ni au cinéma ou au théâtre. Nous n'en avons ni les moyens ni le désir. Nous nous aimons. Je couve le bébé. Et nous étudions.

Cette année-là, avec un supplément de bourse de mille dollars remis aux bons candidats en rédaction de thèse par le Conseil des arts du Canada, j'ai acheté dans la Bibliothèque de la Pléiade les œuvres complètes de Claudel, de Proust et de Dostoïevski ainsi que le théâtre de Shakespeare dans la traduction d'André Gide. Je me mets lentement à l'étude de l'anglais. Je lis tout. À partir de janvier 1963, nous lisons en écoutant Richard Wagner dont la radio fête le cent cinquantième anniversaire de la naissance en dédiant chaque journée à son œuvre. Nous avons un poste Telefunken dont nous sommes fiers, lien privilégié avec l'extérieur et qui nous gratifie de l'intégrale de Wagner. La lumière provençale demeurera pour moi à tout jamais liée à ces écrivains de même qu'à cette musique.

Chaque jour, je fais les courses rue des Italiens. Je connais tous les marchands, qui aiment parler à « la Canadienne qui attend un enfant ». Quand Charles naîtra, j'aurai droit à une tranche de foie de veau une fois la semaine, le jeudi, grâce à une ordonnance de mon gynécologue. Plusieurs viandes sont encore rationnées depuis la guerre, dont le foie de veau. J'y ai droit pour refaire mes forces, ainsi que disent médecin et boucher, mais aussi pour « remercier les soldats canadiens ». Ces honneurs me charment. Charles semble content, lui aussi. Je l'emmène avec moi dans sa poussette. On me complimente. On salue « le nouveau citoyen français ». On lui souhaite la bienvenue en caressant sa joue ou ses « menottes » et en chantant des comptines. Il est aux anges. Au cours de notre promenade, je m'arrête à la fontaine des Quatre-Dauphins. Je me repose. Il gazouille.

Des amis viennent parfois nous rendre visite. Des étudiants américains, pour la plupart. Il y a Brigit, du Michigan, qui sera la marraine de Charles, qui fait des photos et qui nous apporte des *goodies,* petits gâteaux au chocolat et à l'orange que nous dégustons avec le thé. C'est un ami anglais dont j'oublie le nom qui m'apprendra à faire le « vrai thé ».

Il y a la visite de Pierre Blanchette. Pierre était descendu à Aix pour un colloque et voulait me voir, me saluer « et le bébé que tu portes, et ton mari », me dit-il au téléphone. Nous l'avons invité à dîner. Je me souviens le voir monter les escaliers des trois étages à travers la cage ouverte, il tenait une immense pizza qui parfumait les lieux jusqu'à notre grenier d'étudiants. Il avait dit, « ne vous préoccupez pas du plat principal, je l'apporte », et nous avions vu au reste dont une seule bouteille de vin rouge, mais j'oublie la marque — une seule, c'est tout ce que nous pouvions nous offrir ; de toute façon, enceinte, je n'ai jamais pu boire.

La soirée entre nous trois a été superbe. Sur la petite table ronde, je me souviens d'un rai de lune diaphane, tel un phare, qui balayait la nappe et faisait clignoter les verres et la pizza. Je me souviens de la douceur ultime de cette soirée et des conversations se déroulant toutes seules, sorte de musique choisie par une muse invisible. De quoi avons-nous parlé ? Je ne saurais le dire. Parfois dans la vie, l'hypermnésie est nuisible. Les mots exacts de notre conversation empêcheraient l'éclosion de la poésie à venir.

Pierre Blanchette nous a quittés à la fin de la soirée. Nous savions nous être faits un ami, un vrai. Nous ne le reverrions plus.

(L'année suivante, de retour à Montréal, nous apprendrons sa mort. D'un accident de voiture, en route vers l'aéroport. Un autre ami, Julien Bigras, lui dédiera le premier numéro de la revue de psychanalyse, *Interprétation,* qu'il vient de fonder, de même qu'il lui dédiera le colloque sur « le père » qu'il organisera et présidera, à Montréal, en 1968. J'irai, émue, à ce colloque. Et Pierre, à sa façon intangible, sera encore présent. Mort dans la vingtaine, il avait déjà tracé son chemin de lumière pour tous ceux, privilégiés, qui l'ont côtoyé. En d'autres temps, on aurait dit qu'il était un ange.)

Et puis, il y a l'amie. Lucienne Topor qui vient voir ses parents, les Dickens de Manosque où nous serons invités. Par une histoire individuelle, celle de la tragédie de Lucienne, de ses deux familles et de la « solution finale », je quitte mes débats intérieurs religieux et j'entre dans le politique. J'y suis toujours.

Je m'attache à M. et à Mme Dickens. Lui est sous-préfet de Haute-Provence. Il a une conscience vive de l'histoire. Sa bibliothèque est immense. Il parle peu. Se tient seul. Retiré et triste. Mme Dickens est la vivacité, la chaleur et l'affection incarnées. Nous passons Noël chez eux, nous mangeons sur la terrasse, à Manosque, au soleil, nous ne portons qu'une « petite laine », je n'en reviens pas. Je pense aux bancs de neige de chez nous, à la messe de minuit, à la dinde farcie, au beau-sapin-roi-des-forêts, je mange des œufs farcis aux anchois et aux câpres, de la volaille farcie aux trois fruits, il n'y aura ni messe (les Dickens sont républicains-socialistes-ex-résistants-non-croyants) ni chants ni sapin décoré. Je suis ailleurs. Dépaysée. Déroutée. Mais je ne me sens pas étrangère. Ou plutôt, je suis bien chez moi dans cette étrangeté. C'est ce que j'ai toujours désiré sans le savoir vraiment. Je le sais maintenant. Je me laisse dorer au soleil de décembre. J'aime la Provence.

C'est Mme Dickens qui m'enseignera « la vraie ratatouille provençale. Pas celle de Marseille, mon petit, avec des poivrons. Encore moins celle de Paris, avec je ne sais quoi… Non, la seule vraie, de Manosque ou bien d'Aix. Avec de l'aubergine, de la courgette, de l'oignon, de l'ail, du persil. Et de la bonne tomate. Fraîche. Et de la bonne huile. De Provence. C'est tout ». Un jour, voulant lui rendre un peu de ses largesses culinaires, je l'inviterai chez nous, à Aix, pour un repas. Elle me dit : « J'accepte avec plaisir, mais tu ne prépares rien, je te ferai ma ratatouille, tu verras, tu ne l'oublieras pas. » Elle arrivera avec tout ce qu'il faut. Tous les légumes et l'huile dans un grand panier d'osier. Et devant moi, dans ma minuscule cuisine du grenier ensoleillé, elle fera sa ratatouille et me l'enseignera.

Chaque fois que je fais ma ratatouille, je revois cette scène. Je pense à Mme Dickens. Puis à M. Dickens. À Lucienne, leur fille et mon amie. Et je les aime.

Malgré tous mes enchantements, l'année d'Aix-en-

Provence ne fut pas que paradisiaque. Le huis clos parfois devenait lourd. Je n'avais pas l'âge des ascèses ni des retraites — et ne l'aurai jamais d'ailleurs. La fille country que j'étais jusqu'à la moelle sentait l'appel du Nord, des forêts sauvages, des chemins raboteux et des rivières de roches. Toute à ma couvaison, j'aurais pu retrouver les sentiers de l'écriture pour apaiser mes esprits, lancer mes cris à tous vents répercutés par les monts et collines, échos qui me reviendraient en une symphonie multitonale, loin des humains enclavés, comme je le faisais enfant. Mais je n'écrivais pas. J'en avais même mis le projet aux oubliettes. Ça s'écrivait en moi, c'est ce que je traduis aujourd'hui.

Parfois, de gros nuages noirs passaient sur nous. Nous entrions tous deux dans un temps de turbulences et d'orages. Je sentais vaciller l'amour entre nous, se fissurer la demeure du couple que nous formions. J'avais soudain peur, ne savais de quoi, je faisais des cauchemars. Ces nuits de séparation appelaient les fantômes et je ne savais pas comment les chasser — ou les apprivoiser. Au fil des jours — et des nuits —, une vague de fond s'en venait nous reprendre, le ressac du désir nous emportait de nouveau. Et j'oubliais la tempête, n'osais plus alors soulever le voile de l'avenir. Il n'y aurait plus de danger, j'y croyais. Je faisais l'autruche, c'est une tare répandue, je le sus par la suite. Une tare qui se guérit à la forge des épreuves répétées en autant d'étincelles. Avec l'enclume patiente qui tant de fois doit se cogner au feu pour créer du neuf.

Au cours d'une nuit calme et sans histoire, je connus les premières contractions, puis la débâcle des eaux. Le travail de l'accouchement venait de commencer. Nous étions si peu préparés et savions si peu de choses sur cet événement primordial qui avait pourtant mobilisé toutes les mères et tous les pères depuis la nuit des temps, à commencer par nos propres parents. Autour de la grossesse et de l'accouchement, le silence avait régné en maître. Les naissances avaient eu lieu dans le secret des alcôves nuptiales, un médecin et une sage-femme officiant derrière des portes closes.

Ma propre mère accoucha de ses dix enfants dans son lit nuptial. Je me souviens d'avoir entendu ces nuits-là les cris étouffés de ma mère suivis de pleurs de bébé que je ne connaissais pas. À nos questions du petit matin encore endormi, la sage-femme répondait : « Les Micmacs sont venus cette nuit avec un panier d'osier rempli de leurs plus beaux bébés. Ta mère a choisi le plus beau ou la plus belle de tous, taratata, taratata. »

Nous savions bien le mensonge. Nous avions même vu le ventre de notre mère grossir. Au fond, comme les vraies choses n'avaient pas été dites avec de vrais mots, nous ne savions rien, ainsi que l'écrivit Françoise Dolto dans *Tout est langage*.

Nos mères, sauf rares exceptions, continuaient de se taire. Ce ne sont tout de même pas leurs confidents, les curés de paroisse, grands spécialistes de l'Immaculée Conception, qui allaient laisser couler librement les mots de nos mères multiaccoucheuses dans la solitude des chambres à coucher. Ce sont les féministes qui allaient bientôt desceller, par les mots écrits et parlés, le coffre au trésor de toutes les paroles tues sur l'enfantement pendant des siècles et des siècles. Bénies soient-elles !

En attendant, dans cette ambulance qui filait vers la clinique des naissances, nous nous sentions seuls sur une île déserte, Patrick et moi. Loin au large de la vie. En attendant, je souffrais le martyre. Et Patrick compatissait. Le travail, qui dura quelque treize heures, fut un carnage, pas d'autres mots.

J'ai écrit ailleurs et sous diverses formes cette pénible journée. J'en relaterai ici quelques grands traits seulement.

Face à l'intolérable douleur des contractions, sadisme et cruauté me tinrent lieu de viatique. Cette fameuse sentence « Vous avez joui, bien souffrez maintenant ! » me fut proférée par une sèche sage-femme qui me hurlait aux oreilles de pousser pendant qu'une sœur, prenant mes épaules comme point d'appui, ses larges jupes noires m'empêchant de respirer, pesait de toutes ses fortes mains sur le haut de mon ventre en soufflant comme si ce fût son propre accouchement.

Patrick fit alors une colère d'Irlandais. Il fit descendre la sœur et mit dehors la sèche sage-femme en hurlant : « Vous, vous allez vous tenir tranquille », et à celle qu'il avait jetée dehors : « Ne remettez plus jamais les pieds ici. » N'en pouvant plus de me voir en cet état crève-cœur, il s'effondra au sol et perdit connaissance. On le ravigota avec un verre de cognac et on l'amena se reposer dans une autre chambre.

Seule avec ma torture, je continuai à gémir, à bramer même. J'ai dû parler puisqu'une autre sage-femme nouvellement arrivée me dit à un moment, et l'air, le ton réprobateurs : « Dites-moi, vous, dans quelle langue parlez-vous ? » Dans un cri rageur, je me souviens de lui avoir répondu, n'ayant même pas le droit de souffrir dans ma langue : « Je cause huron. Fichez-moi la paix. »

Ces mots furent suivis d'un mur mutique tout autour. Je fus alors seule comme un long désert. Dans l'incommensurable mal. Mais libre enfin. Libre de souffrir dans toutes les langues du monde. J'avais reçu, croyais-je, le don des langues de feu.

Quand le pire fut traversé, on appela le gynécologue. Qui vint.

Pour ces instants dramatiques, j'avais les jambes attachées aux étriers. Lui était assis sur un tabouret adossé au mur. Face au trou béant de la bête que je devenais, il s'alluma une cigarette et se mit lui aussi à crier « Poussez ». Je ne pouvais plus.

Je me croyais morte quand l'enfant est sorti. Bientôt au son des cris et dans l'écoulement des débris placentaires et du sang, j'entendis mon bébé. On le mit sur mon ventre, tout gluant et tout beau. Je n'avais plus mal. J'étais dans une extase de rêve. C'était Charles, cette personne inconnue que je reconnus d'emblée. Et d'emblée je l'aimai.

La source de cet amour surgie en un instant de grâce ne s'est jamais tarie.

Je revins chez nous après dix jours à la clinique — c'était là le temps jugé normal à l'époque, et c'était bien ainsi. Parce que né sur le sol français, Charles jouissait de la nationalité ainsi que de ses privilèges. J'eus droit aux mêmes avantages que toutes les jeunes mamans françaises : un service bihebdomadaire de lavage de couches qu'une dame de la campagne environnante venait chercher avec son caddie en m'apportant les toutes propres ; puis, ce qui me fut d'une aide inestimable, la venue d'une dame toutes les matinées, qui lavait, berçait et accomplissait les mille petites tâches nécessaires aux soins du bébé pendant que je me reposais. Cette dame était belle et bonne. Elle-même mère de cinq enfants, elle enseignait, mine de rien, à « la pauvre enfant qui n'avait pas sa maman en Provence » comment devenir pratiquement une mère aimante. Je ne dirai jamais assez combien ce secours me fut bénéfique. Toutes les jeunes accouchées dont les aides naturelles familiales sont absentes devraient jouir d'une forme étatique d'assistance, et à la maison. Cela est aussi important que l'école. Sinon, les petites ou grandes dépressions attendent aux portes des maisons.

On n'a pas beaucoup parlé de ce souci élémentaire de l'autre chez les philosophes et les éducateurs, pour la simple raison que les femmes ne pouvaient exercer ces professions. S'occuper de la petite enfance — des bébés et des mamans — était considéré comme un abaissement aux petits métiers, une condescendance envers le tiers-monde de l'humanité que constituaient les femmes et leur progéniture. Comme si les grands penseurs de l'humanité avaient tous oublié d'où ils venaient quand ils empruntaient les hauts chemins du savoir.

En plus, cette dame était sage. Comme elle le disait d'elle-même : « Je suis une sage-femme d'après l'accouchement. » Un jour que je lui disais combien il était difficile de bien s'occuper d'un nouveau-né, et combien j'étais fatiguée, elle m'a juste répondu : « Petits enfants, petits soucis. Grands enfants, grands soucis. »

Elle ne dorait pas la pilule. Et cela m'a aidée.

Grâce à cette naissance, je profitai d'un autre inestimable cadeau : le droit de passer mes après-midi avec Charles au jardin de mes propriétaires, oasis dont j'ignorais même l'existence. Une journée que je revenais de mes promenades avec la poussette, Mme N., qui n'avait jusque-là été ni affable ni gentille, me complimenta sur le « bel enfant » et me dit à mi-voix, comme en une secrète confidence, qu'elle m'ouvrait la porte arrière de leur éden. Elle m'y conduisit et me remit même la clé. Je n'avais jamais remarqué cette petite porte de fer au fond du couloir du rez-de-chaussée qui donnait sur un jardin privé, tout à l'abri du voisinage, entouré de massifs murs de vieilles pierres, hautes et larges, d'où le soleil se glissait entre les ombres douces à travers arbres, arbustes et floraison comme je n'en avais jamais vu pour une seule maison. Un rêve ! Un rêve qui s'était façonné au fil des siècles, cela se voyait, cela se sentait.

Nous y avons passé là des heures, Charles et moi. Lui dans sa poussette ou dans mes bras, à boire un biberon, et moi sur un banc majestueux de pierres adoucies par le temps, à me délecter de ces lieux paradisiaques, tout simplement.

(Quand je suis retournée à Aix, j'ai revu la maison, sa façade, ses marches et ses volets de fer forgé. Mais jamais le jardin. J'eus beau tenter de contourner l'immeuble, mais pas de ruelles en ces villes, je ne trouvais pas. Le jardin est bien clos. Il demeure secret ainsi qu'en fut toujours sa vocation.)

Nous avons quitté Aix-en-Provence dans la touffeur de juillet. Avant le départ, je n'ai à peu près plus lu, encore moins écrit. J'étais dans un autre apprentissage. Nous allions arriver dans le four de New York, ville que je n'avais jamais visitée. Je rencontrerais ma belle-famille que je ne connaissais pas. Nous passerions deux mois chez mes beaux-parents, avant d'atterrir à Montréal où un poste attendait Patrick, au département d'études anglaises de l'Université de Montréal.

J'allais revoir mes parents, toute ma famille, puis mes amis.

J'avais mis mes études entre parenthèses ainsi que mes projets et mes rêves d'écriture. Je présentais à tous mon fils, c'était mieux qu'un diplôme et mieux qu'un livre, je le ressentais ainsi. J'avais donné naissance à un nouvel humain. J'en étais fière et heureuse.

Sur le transatlantique *Leonardo da Vinci* où nous avons voyagé dix jours tous trois entre l'Italie et les États-Unis, je vécus ces eaux, plus calmes qu'au nord, comme de vraies vacances. J'ai aimé traverser la Méditerranée de l'Ouest, et puis Gibraltar, et puis le lieu de rencontre avec l'Atlantique.

New York

Nous avons vécu deux mois à New York. Chez mes beaux-parents et l'un de mes beaux-frères. Dans le Bronx du nord où les immigrants de la deuxième génération, irlandais pour la plupart, avaient acheté des petits cottages ou encore des duplex de briques rouges, avec une courette arrière où nous pouvions nous tenir au frais sous un arbre, quand le soleil était rendu de l'autre côté de la maison. Nous habitions au deuxième étage — les locataires, au premier —, dans un coquet appartement tout neuf qui comptait trois chambres à coucher. Nous logions dans la plus grande chambre, Patrick, Charles et moi, la « chambre des maîtres », avait dit mon beau-frère, ravi.

Il faisait si chaud à New York. Un véritable four. Je n'avais jamais connu ça. Souvent, pour me rafraîchir, je descendais au sous-sol où je pouvais faire lavage et repassage, voyant mon bébé et sa nouvelle famille au jardinet tout près. Une petite fenêtre donnait sur le dehors, d'où je pouvais même parler à mes beaux-parents. Ils étaient en admiration béate devant Charles, leur premier petit-fils — et premier petit-enfant. On le berçait, on lui chantait des ballades en gaélique, on chuchotait s'il dormait. Mon beau-père était fou d'amour pour lui. En général, ma belle-mère travaillait. Elle était cuisinière chez des « riches de Manhattan » et nous rapportait parfois dans ses grands sacs en cretonne un gigot d'agneau de la plus belle qualité ou bien un *beef rib pot roast* qu'elle nous cuisinait d'une main de chef pour le souper. Elle n'était pas très instruite, était allée à l'école bien peu d'années, mais son intelligence était si vive qu'elle m'a souvent éblouie. Elle pouvait réciter, avec son accent gaélique, les sonnets de Shakespeare qu'elle connaissait depuis son enfance et qu'elle avait déclamés en gardant les vaches, en Irlande, à l'âge de quatorze ans.

Tous trois, mes beaux-parents et mon beau-frère, étaient avec moi d'une gentillesse et d'une générosité sans bornes. Parce que je venais du *Canada, up North,* disait ma belle-mère, et que j'étais *French,* ils me traitaient comme une princesse étrangère, *so beautiful and so strange.* Je n'ai jamais su pourquoi ma belle-mère me prenait pour une aristocrate, elle disait *Marie comes from high class* — j'avais beau lui dire que mon père gagnait sa vie avec un moulin, elle persistait à me nimber de grandeur; et elle disait Marie, comme eux tous, car Marie était plus facile, plus concevable pour des Anglos que Madeleine, qui faisait vraiment « étrangère ». J'avais beau venir de loin, on voulait tout de même, moi, mère de leur petit-fils, me rapatrier. Et cela me faisait plaisir.

C'est comme si je m'étais vue à travers un miroir inhabituel, j'entrais dans cette nouvelle image de moi qui m'était retournée. Je me sentais en quelque sorte une autre. Vraiment étrangère, loin, ailleurs. Plus différente qu'en France. Je me sentais inconnue. Immigrée. Une expatriée. J'aimais me reconnaître à travers ce que leurs regards, et leurs mots, tentaient de comprendre de moi. Nous étions les uns pour les autres une expérience tout à fait inédite.

Heureusement qu'il y avait la fête — et quelles fêtes j'ai vécues avec eux ! La fête et l'affection pure qui ne s'est jamais tarie. Quels délicieux repas j'ai mangés là, à la table de la salle à manger ouverte sur une petite cuisine, équipée et bien fournie, lieu double et central entre salon et chambre ! Ma belle-mère était un cordon-bleu, très différente de la mienne, imbattable, croyais-je jusque-là. Je faisais un pas de plus dans l'apprentissage de la cuisine. En la voyant faire — j'étais sa seconde —, et sans trop la déranger, j'assimilais d'autres façons de procéder et qui donnaient d'aussi formidables résultats !

En plus, les fêtes, là, étaient toujours bien arrosées. Il y avait du whisky, que je découvrais pour ainsi dire. De la bière. Et pour moi, la princesse française, du vin rouge. Je ne sais plus la provenance. Elles étaient chantantes, ces fêtes, et pleines d'histoires. En gaélique et en anglais. J'ai appris la langue anglaise à travers ses complaintes et ses ballades, ses poèmes récités « à la Dylan Thomas », ses histoires, empruntées aux légendes ou bien à leur épopée d'Irlandais d'Irlande ayant connu la famine de la pomme de terre, la misère, la domination de l'Empire britannique, leur exil en Amérique et les souffrances, et les grandeurs de leur peuple, leurs luttes et tous les bonheurs de la vie qui apporte de l'amour et des enfants heureux et un petit-fils, heureux lui aussi comme un nouveau messie du Nouveau Monde.

Des amis rendaient visite à la famille, irlandais pour la plupart (*Irish-Americans,* comme ils disaient). On venait saluer l'originale que j'étais, née ailleurs pas si loin, *up North in Canada, so close, but French, just married in France, isn't it marvelous ?* On m'appelait *Marie dear* et Charles, quant à lui, devenait *Charlie my love.* Nous étions comblés. J'appris leur langue avec eux tous qui, pour survivre, s'étaient exilés en anglais, avec une éloquence, une aisance et une musicalité jamais entendues dans ma propre langue, ni au Canada français, comme on disait alors, ni même en France où le discours l'emportait toujours sur la mélodie.

Nous avons visité les quartiers de New York. Sommes allés surtout à Manhattan où se trouvaient les amis, de même que sur les campus de la New York University et de Columbia. Nous sommes allés dans les musées, les boîtes de jazz de SoHo, parfois. À New York, j'ai éprouvé le vertige d'en bas juste à tenter d'admirer la ligne des gratte-ciel qui vous cachait le ciel et vous enfermait sans ligne d'horizon où porter votre regard, puis le laisser filer, puis rêver.

Je me suis sentie de loin plus étrangère là qu'à Paris.

Je me disais certains jours : on a tous quitté les mêmes vieux pays d'Europe. On a tous traversé le même océan pour arriver au Nouveau Monde. On habite pourtant le même sol, New York et Montréal à une heure d'avion et à une petite journée de voiture. Mais Dieu que Manosque est loin !

Était-ce la langue qui nous séparait à ce point ? Ou encore l'histoire si différente sur la terre américaine ? Eux, nos proches voisins qui avaient réussi à jeter dehors leurs maîtres de l'Empire britannique et obtenu leur indépendance de la couronne impériale alors que nous, Canadiens des deux peuples, anglophone et francophone, n'avions pas réussi — même pas désiré — cette souveraineté ? Étaient-ce nos façons distinctes d'avoir traité avec les habitants des Premières Nations ? Ou encore l'établissement des Américains, au sud surtout, grâce à l'importation de millions de Noirs d'Afrique, esclaves qui permirent au pays de se développer à peu de frais pendant un bon siècle ?

Et cette musique, le blues et le jazz, venue des esclaves justement, qui allait transformer toutes les musiques du monde jusqu'à aujourd'hui ? Et la proximité des hispanophones, du sud, du Mexique et d'ailleurs en Amérique latine, alors que près de nous, au nord, c'étaient les glaces polaires qui nous accueillaient quand nous nous y risquions ?

Était-ce leur nombre, cet incroyable melting-pot qui

avait bâti au fil du temps une superpuissance se tenant en équilibre sur le fil de la guerre froide, prête à la guerre chaude, la vraie, armée jusqu'aux dents ?

Nous étions de deux mondes. Fascinée, je regardais et j'écoutais. Je lisais dans leur langue, et la mienne me semblait perdue au fond de l'horizon, comme en arrière-plan.

Comment écrire alors ? Je n'y pensais même plus. Loin en moi, je le sentais, une autre écriture, disons de l'impensé, se frayait un chemin. Comme en une rivière souterraine. Je le sus plus tard, à Montréal, quand la source surgit des profondeurs. Sous forme torrentielle d'abord, telle ma grande sœur Anne Hébert que j'ai aimé lire des années après et avec qui j'ai éprouvé une véritable affection d'amitié lors de nos rencontres, en France ou au Québec.

(Un jour, je dirai plus explicitement ce que j'entends par *écriture torrentielle* dans les commencements de ma propre écriture, un peu en amont de l'année 1970 et pendant toute la décennie qui suivit. Aussi, je parlerai de son obscurité alors nécessaire tant les sentiers que mes mots exploraient venaient, justement, de l'obscurité, étaient issus d'étranges contrées intérieures. On pourrait dire que ce que j'écrivis alors prenait racine dans le terreau de l'étrangeté. Comme d'un pays insolite, inexploré dont la langue devait passer par la mienne, par ma façon singulière d'écrire et de parler français. Sinon, c'eût été le mutisme. Mais peut-être bien aussi la musique seule. Le piano, étudié pendant vingt ans et que je dus abandonner. Abandonner, faute de moyens financiers. D'espace. De lieu pour jouer. Mais en même temps, ne devais-je pas trouver la musique dans les mots mêmes ? La musique, seule pratique — avec aussi les tableaux et leur silence — apte à soutenir le débordement impétueux et la traversée, pour l'heure obscure, de la charmille des mots qui allaient enfin donner au monde sa lumière. Je revois cette jeune femme heureuse que je fus lors de ce premier été américain. Je l'aime pour n'avoir pas succombé au bonheur béat, ayant su, même de façon malhabile, que ce bonheur ne se passerait pas des *mots pour le dire* ni d'une quête de vérité possible grâce à eux.)

Bref, à New York au cours de l'été 1963, pleinement donnée aux belles amours familiales et aux nouvelles amitiés, je ne songeais plus ni à l'écriture ni à la psychanalyse. J'étais mue par les découvertes de l'étrangeté qui ouvraient la voie, comme en sourdine, à ce que ces deux pratiques deviendraient dans ma vie — et beaucoup plus tôt que je ne l'aurais pensé quand la vraie vie, celle du retour au pays, me plongerait quasi brutalement dans la réalité, non moins dépaysante, d'un chez-moi que je ne reconnaîtrais plus.

J'avais hâte de revoir les miens, famille et amis. J'avais parlé au téléphone à maman, qui se faisait une fête de nous revoir ensemble, Patrick et moi, et de connaître ce Charles qu'elle imaginait une merveille. Tous ses enfants et petits-enfants, elle les rêva les plus beaux, disait-elle sans gêne, elle, je l'ai dit, vivant dans ce roman familial qu'elle s'était construit au fil des années. Ainsi nous attendait-elle avec joie, le jour de septembre où enfin nous descendrions le fleuve jusqu'à la vallée, jusqu'à la maison, son « manoir », disait-elle toujours en l'embellissant. Elle nous attendait et nous ouvrirait les bras. Elle me dirait combien j'ajoute des années à sa vie pourtant belle en m'en venant chez moi après une aussi longue absence.

Je sentais que le retour au pays casserait la romance que nous vivions, Patrick et moi. Qu'il y aurait les difficultés d'adaptation pour nous trois. Les problèmes matériels et financiers. La vie concrète et ardue qu'il faudrait mener tambour battant. Patrick avait un poste à l'Université de Montréal, mais moi, où en étais-je dans mes rêves d'études et d'écriture ? Je n'osais trop y penser. De toute façon, j'avais fort à faire avec le bébé, puis avec l'apprentissage des gens qui nous entouraient et celui de la langue anglaise qui, dans toute sa musicalité gaélique, me fascinait.

En attendant, je ne me faisais pas vraiment de souci. On verra bien de l'autre côté du pont. Comme un animal, dirais-je, je sentais bien que la terre prochaine me réservait des surprises et des dangers. Je les flairais, disons. Il y a ceci de bon à faire l'autruche : on se repose en attendant. À condition de sortir la tête du sable, d'être à l'affût, de temps en temps. Pour voir venir. Se bien préparer. Remarquez que certaines personnes demeureront autruches du début à la fin de leur vie. Qui ne veulent pas voir. Et quand ça leur tombe dessus, c'est le choc : l'incompréhension intégrale, l'affront direct, la tonne de briques, etc. C'est tellement fort, si soudain que le corps peut craquer. Ou l'esprit s'effondrer. J'en ai connu. J'en connais encore. Les pauvres ! comme on disait en Provence.

Je coulai donc une vie douce jusqu'au départ pour Montréal. Par avion cette fois. Je profitais du bon caractère des Américains — j'ai dû en rencontrer une bonne centaine, parmi la famille, les amis, les amis d'amis ou parmi les moins intimes, les gens du public proche : médecins, professeurs, marchands de toutes sortes et officiels les plus divers, du prêtre au consul du Canada. C'étaient la bonne humeur, l'humour, l'affection spontanée qui frappaient chez ce peuple composite. Quelle que soit la provenance ethnique. La joie de vivre et le charme de mes interlocuteurs, leur accueil qui semblait inconditionnel me réjouissaient. Malgré mes grandes amitiés laissées en France, j'avais pu vivre dans ce pays, comme tant d'autres, la dureté de ce peuple qui venait de traverser des événements si tristes, si désastreux que les cicatrices pas encore guéries laissaient poindre, avec l'inconnu surtout, une aigreur, des colères ou des mélancolies démesurées. Les sourires et la légèreté n'étaient pas courants. La méfiance à l'endroit des étrangers semblait une nécessité vitale pour certains.

Je m'étais bien débrouillée en France sur l'ensemble de ces questions. Je sortis de là plus lucide, plus attentive. Et plus aguerrie. Alors qu'ici, aux États-Unis, j'étais en pays de vainqueurs.

Ce sont les soldats qui avaient fait les dernières guerres. Les civils n'avaient pratiquement pas été touchés. Ils avaient même accueilli à bras ouverts les civils des pays les plus meurtris de la planète. Ils étaient fiers d'avoir contribué au mieux-être du monde entier. Et le disaient sans complexe. Le disaient parfois avec un ton de bravade. Je pouvais le comprendre mais pensais au fond de moi que ceux-ci devraient cultiver l'humilité des peuples conquérants — qui n'est pas la même humilité que celle, je dirais innée, des peuples conquis. Encore moins celle, la plus haute de l'humanité, des peuples assassinés quasi intégralement, victimes d'un génocide concerté et exécuté. Bien sûr, je me référais alors au peuple juif dont j'ai rencontré plusieurs enfants, à New York. La Shoah, je l'ai comprise aussi, et mieux je crois, du fait de mes rencontres new-yorkaises.

Il m'est arrivé certains jours, quoique fugacement, de me demander si j'écrirais vraiment, je veux dire des poèmes complets, des romans, des nouvelles, c'est-à-dire des livres. La réponse, aussi brève que la question, était fort simple. Oui, j'écrirais des livres, des histoires — quelque chose d'indéfini en tout cas. Je sus d'instinct, sans me l'avouer clairement, que j'écrirais des livres. Pourquoi, et quand, je ne le savais trop. Mon problème, qui n'en était pas un au point de me faire souffrir tant j'y pensais avec légèreté, je le formulais à peine, pourrait se résumer ainsi : dans quelle langue allais-je écrire ? Ma langue littéraire était française — mes lectures, mes sources —, mais une écriture, la mienne, serait-elle différente, d'où venait-elle alors, et comment la nommer ? La notion de littérature québécoise n'était pas encore née, le vocable n'existait même pas, il surgirait quelques années plus tard. Nous n'avions eu aucun cours, à ma connaissance, de littérature québécoise. Personne, jamais, durant tout le long curriculum ne nous avait parlé de cette question. Il y eut bien quelques cours de littérature « canadienne-française », mais je n'en avais suivi aucun. J'aurais pu me désespérer de cette absence. En fait, d'y penser si peu me permettait de passer à autre chose.

Quelque chose de flou m'emportait vers un idéal accessible. Je trouverais les mots pour dire ce que je n'avais encore lu nulle part. Je ferais des livres, car jusqu'ici ce sont les livres — les grands, les vrais — qui m'ont enseigné les vérités essentielles de la vie.

Je trouverais les mots jamais écrits ailleurs pour dire mon histoire, la mienne et celle de mon peuple.

Mon peuple n'avait pas encore de nom, son nom propre — pas une fraction du nom d'un autre peuple. Ça viendrait en même temps que le nom de sa littérature et que bien d'autres révolutions. Le Québec serait baptisé peu de temps après cet été-là. J'étais loin de chez moi, on aurait dit que, sous un mode intuitif, je construisais, moi aussi et comme tant de mes compatriotes, les fondations d'un projet. Mon projet d'écrire, de trouver des mots inédits, rencontrait celui, disséminé, d'établir les bases d'un nouveau pays. J'étais, comme tant d'autres de mes compatriotes, à ce moment d'émergence historique.

Pas trop consciente et bien peu capable d'en formuler le projet, j'avais néanmoins des ailes : quelque chose allait venir au monde, tous les possibles — politiques, culturels, amicaux — nous étaient invitants, quelque chose allait se passer.

J'en serais partie prenante. L'une des artisans. Ma passion de l'écriture serait témoin, en actes, de ces transformations sociales et individuelles.

À New York, en cet été 1963, je commençais, de loin, à appréhender ce peuple qui était mien et où je m'en allais vivre. Depuis longtemps, je le pressentais. Comme si le même sol nord-américain sous mes pieds ainsi que cette autre langue que j'étais en train d'apprendre me faisaient découvrir enfin mon appartenance! (Avec le recul, je sais que cette autre langue, l'anglais du conquérant qui est la langue aussi de l'Américain devenu indépendant et de l'Irlandais conquis et expatrié, a contribué à ce que je saisisse mieux l'état incertain de ma propre langue — et de mon propre peuple.)

Aussi, il faut bien le dire, je me laissais choyer par ces êtres autour, débordants de tendresse et de sollicitude envers moi. Je me reposais et guérissais lentement des blessures post-partum toutes récentes. À cet égard, la France ne fut toutefois pas la seule coupable. Dès notre arrivée à New York, nous avons eu à subir chacun, Charles et moi, l'horreur d'une intervention chirurgicale sans sédation, à froid. À Charles, on détecta une malformation des jambes. Les os furent alors cassés sans autre ménagement et remis en droite ligne dans des plâtres. Qu'en pleine chaleur il porta un mois complet. Il venait tout juste de réaliser l'exploit de se tourner et retourner seul dans son lit quand cette paralysie temporaire lui tomba dessus.

Je me souviens de son regard, au réveil — on lui avait tout de même donné un léger sédatif après coup —, on aurait dit qu'il cherchait partout, implorant, un ange invisible, essayant en vain de gigoter, laissant retomber lourdement le plâtre et ne bougeant plus tout au long de ces longues semaines. Je cherchais des mots pour dire, et lui dire, comment cette épreuve était arrivée… J'ai dû les trouver. Ils ont dû venir avec les gestes d'amour qui, eux, n'avaient pas à chercher pour éclore. Charles mit des années à renouer avec ses forces et ses agilités naturelles. Ce traumatisme s'inscrivit au cœur de son être et constitua son défi au bonheur tout simple de vivre.

Quelque chose de soudain, et de très souffrant, était venu bloquer son développement physique. Sans préparation aucune des parents — et sans médecines douces subséquentes pour retrouver l'évolution normale sur le chemin des découvertes et apprentissages à venir. Nous fûmes tous trois laissés à nous-mêmes dans cette épreuve. Et nous deux, parents si instruits par ailleurs, étions ignares en ces matières touchant à la santé du corps.

Quant à moi, déjà anémique à la suite du carnage de l'accouchement et des flots de sang perdu, j'eus à subir une autre intervention chirurgicale dont on ne m'avait rien dit, sinon que « ce ne serait rien du tout », selon les mots du gynécologue. On m'avait avertie d'un ton ferme que la médecine américaine était la meilleure du monde et que je n'avais rien à craindre. Tout irait bien. Il s'agissait d'aller cautériser une infection au col de l'utérus, ce qui arrive régulièrement après les accouchements bâclés. Ce fut littéralement une séance de torture. Redevenue animale, les pieds sur les étriers, sans aucune anesthésie, je vis le médecin s'amener avec une longue tige de fer, la rentrer sans ménagement dans le vagin et, au fond, une décharge électrique fut déclenchée, une douleur violente indescriptible, je me suis évanouie au bout d'un hurlement qui déchira l'enfer de cet univers meurtrier. Après ? J'ai traité ce médecin de barbare. Et de menteur : « Ça va bien aller », m'avait-il dit.

Passé les jours de faiblesse et de guérison, une énorme colère est venue m'habiter. Comment pouvait-on traiter ainsi les corps des femmes — et des enfants, comme je l'avais vécu avec Charles? Comment et pourquoi? Pourquoi personne, ni nos mères, tantes, grands-mères, amies, ne nous avait parlé de ces horreurs?

Combien de femmes n'ont-elles pas été traitées de frigides ou de mal baisées quand une seule pénétration vaginale vous était un supplice avant la cicatrisation? Comment faire l'amour dans ces circonstances? Personne, jamais, ni médecins, ni amis, ni guides spirituels, ne nous avait instruites de ces épreuves quasi innommables. Je crois bien être devenue féministe avant la lettre par suite de ces expériences mortifères.

Je ne le dis pas alors. Comme mes compagnes, nombreuses, nous n'avions pas encore les mots pour dire ça. Pour le moment, nous vivions ces drames, isolées et muettes. Pour ma part, je grappillais partout des miettes d'amour et d'amitié, en quête de réconfort. Je sentais bien se remplir lentement la vasque des mots d'émeutes à venir.

* * *

C'était l'été 1963, doux et chaud, venaient à nos oreilles new-yorkaises les plaintes et les cris des compatriotes du Sud, ces Noirs américains que des Blancs racistes persistaient à vouloir asservir. Des turbulences sociales continuaient d'agiter les peuples concernés. Nous en lisions les témoignages et analyses dans nos journaux quotidiens ou dans les magazines, dont le *Time* que mes amis m'engagèrent à lire, c'était plus facile pour la néophyte en langue anglaise que j'étais. Je commençai à mieux comprendre ce que je nommais le *nouveau racisme*, connaissant peu la longue et pénible histoire de l'esclavage et comprenant le racisme à partir de celui qui s'était manifesté en Europe autour du nazisme. Je me suis soudain souvenue que j'avais mis de côté, sans m'en rendre compte et pour toutes sortes de raisons, on ne peut pas tout faire et tout penser en même temps, mes préoccupations à l'endroit de toute injustice, où qu'elle se trouve sur cette planète, de toute violence exercée contre des subordonnés, des dominés. Je voyais que dans cette grande démocratie étatsunienne dont le monde entier pouvait tirer nombre d'enseignements et de modèles, des dominations avaient lieu, des violences envers tout autre qui ne correspond pas aux critères de la majorité régnante dans son bon droit. Lentement, je me rattachai au fil de mes luttes les plus archaïques, comme si je retrouvais le substrat de mes intimes révoltes et de ma quête de justice. Et je me suis souvenue.

Des émeutes s'étaient produites aux États-Unis d'Amérique au cours de la décennie 1950. Au collège Notre-Dame-d'Acadie de Moncton, nous avions suivi, médusées, les drames racistes, du Sud surtout. C'est la tragédie du *high school* de Little Rock qui avait mobilisé nos réflexions et interrogations. Quelqu'un m'a remis récemment des articles que j'avais publiés en 1959 dans le journal du collège dont j'étais alors la directrice. À les relire, je me rends compte que les injustices historiques à l'endroit des Noirs furent le creuset de ma conscience politique. Ma sensibilité face à la domination patriarcale du monde et à l'exclusion des femmes de tout pouvoir, quel qu'il soit, vient de là.

Quand, ce 28 août 1963, Martin Luther King prononça son fameux discours *I Have a Dream,* à l'occasion de la Marche sur Washington de quelque 250 000 personnes, sans être présente là physiquement, je me retrouvai, telle qu'en moi-même, hypnotisée avec cette foule par ce nouvel espoir de liberté venu de l'affranchissement de tous les sujets non libres de cette planète. Par la non-violence de surcroît. Comme si ces paroles salvatrices me réveillaient enfin d'un long sommeil de deux années complètes, en France, pendant lesquelles j'avais rêvé le monde — ce qui n'est pas si mal, après tout.

La guerre d'Algérie, je l'avais à peu près ignorée durant mon séjour en France. Coupée de mes racines sociales et appliquée à comprendre d'où je venais, où j'en étais et vers quoi je me dirigeais, les luttes anticolonialistes des peuples du Maghreb à l'endroit des conquérants d'Europe m'avaient à peine sollicitée, et ce que j'en savais se résumait à la lecture de Camus, aux conversations que nous avions avec les copains, à Paris, ou encore au journal *Le Monde* que je lisais quotidiennement et dont plusieurs analyses échappaient à mon intelligence en partie dépourvue sur ces questions, à ce moment-là.

Après le discours *I Have a Dream,* le théologien Bruno Chenu avait écrit : « L'amour n'est pas un sentiment intimiste, il est une force historique. »

Avec ce retour du politique, quelque chose, je le sentis alors, allait se réconcilier en moi. Quoi ? Je ne le savais pas encore. Mais un vent d'espoir venait de se lever.

Dans cet état d'esprit, je pris l'avion pour Montréal, Patrick à mes côtés et le bébé dans mes bras.

CINQ

Le temps de l'inédit

Tant qu'il y aura des humains pour l'écrire, l'histoire ne mourra pas. Elle sera toujours singulière et plurielle et la forge subjective sur laquelle œuvreront les écrivains, par le feu de l'expérience particulière, lui redonnera chaque fois sa dimension de vérité.

Mémoires d'enfance

Le Québec nouveau

J'avais quitté le Canada français deux ans plus tôt. Je revenais au Québec, quel étrange sentiment!

Au moment où j'arrive à Montréal, début septembre 1963, je me souviens surtout, malgré la joie de retrouver les miens et cette drôle de force que donne le fait d'être trois personnes ensemble et non plus une seule ainsi qu'au départ, de m'être sentie étrangère à mon propre pays. J'avais changé, cela était évident, mais la terre et le peuple que j'avais quittés deux ans plus tôt me semblaient eux aussi transformés, quasi méconnaissables. Pour tout dire, j'avais le sentiment d'être apatride tant ce que je retrouvais m'était devenu comme un autre pays.

Et comment reconnaître ce que l'on ne connaît plus? Je cherchais des repères. Je les trouvai, fort heureusement, dans les mille et une petites tâches, mille et un petits objets de la vie quotidienne et matérielle.

Il faut dire qu'à l'époque l'éloignement géographique constituait une véritable coupure avec le sol quitté, comme un exil purement physique néanmoins réel. Tous les fils (ou les sans-fils) qui relient aujourd'hui ceux qui partent de leur camp de base originel n'existaient pas. Ni Internet ni webcam, ni portables dits intelligents, à peine le téléphone. Seules existaient les lettres. Dans celles que je recevais alors, bien peu avait été dit sur les bouleversements sociaux qui avaient eu cours à une grande vitesse ces années-là. Je tombais en pleine ébullition du début de la Révolution tranquille et je n'en avais rien su. Ni les lettres intimes ni les journaux français ou états-uniens n'en avaient soufflé mot.

Lentement, je prenais la mesure du peu d'importance qu'avait mon pays au regard des grandes puissances du monde tout en me disant que le silence des miens était une telle énigme que je commençai peu à peu à leur « rendre l'énigme », pour dire comme Paul Valéry : je jetai dans un « carnet de retour » des phrases labyrinthiques pour m'aider à pénétrer dans les arcanes de la chose publique. Ainsi s'amorça pour moi l'écriture des premiers poèmes et des premiers récits. Si je dis vrai de la naissance concrète de ma venue à l'écriture, c'est là, en ce lieu de méconnaissance temporaire des miens, et de moi-même par contrecoup, là, à ce carrefour quelque peu brouillé par la perte d'intelligence claire des miens et de moi-même, que l'écriture prit sa source. En griffonnant mes premières notes dans ce carnet de déroute, sans en être consciente à ce moment-là, c'est ça que je faisais.

Je ne savais pas non plus pourquoi je pensais si fort à Stendhal au cours de ces premiers temps du retour. Stendhal, mon Stendhal, devenu celui que j'ai appelé longtemps mon *aïeul diagonal* depuis que M. Ruff m'avait révélé que sa mère, Henriette Gagnon, et son grand-père, médecin et encyclopédiste, Henri Gagnon, étaient « sans doute » mes ancêtres. Depuis que mon adorable et fétichiste directeur de thèse avait semé en moi ces miettes de petite histoire puis, à mon insu, avait tracé le sinueux dédale de la vie qui se vit en écrivant, ce fameux « vécrire » du romancier Jacques Godbout. Face au comité d'accueil que constituèrent les énigmes de mon pays en devenir, je commençai à lire les romans de Stendhal et négligeai follement ma thèse sur Claudel. Je n'avais plus la tête à ça.

L'amour de Patrick et de Charles, les mille et une tâches du quotidien et la lecture de Stendhal m'ont empêchée de sombrer dans la dépression inéluctable de qui ne reconnaît plus sa terre d'origine et ne s'y reconnaît plus dedans.

Aujourd'hui où j'écris cette autobiographie, mon aïeul diagonal m'est tout proche. Il m'arrive de relire des fragments de sa *Vie de Henry Brulard* et d'y mieux comprendre pourquoi la mise en œuvre d'une vie par l'acte même d'écrire peut éclairer moult événements nébuleux, et par conséquent difficiles à saisir et à expliciter. Par cette distance dans la transposition même de l'acte d'écrire sa propre vie, Stendhal, avant de quitter cette vie — il a été malade gravement, il le sent, il le sait, il va bientôt mourir —, se permet de revenir en douce au nom abhorré de son père non moins détesté, au presque-nom devrais-je dire, ce Henry Brulard si près du nom paternel donné à la naissance, Henri Beyle, abandonné toutefois dès la signature du premier livre.

Au moins lui avait-on conservé les prénoms vénérés de la lignée maternelle, Henriette et Henri. Ainsi l'écriture, la capacité de rêver sa vie, sera-t-elle sauvegardée. Sauvée et gardée. Conservée. Cette part maternelle en lui qui lui vient de l'Italie où il passera d'ailleurs une grande partie de sa vie et où, à Rome même, il commencera la rédaction de sa *Vie...*, cette part-là, venue des Gagnoni de naguère et dont parle Roland Barthes quand il aborde le dernier texte de sa vie à lui alors qu'il s'en va faire une conférence en Italie, sur Stendhal justement, et qu'il veut entretenir ses contemporains de son désir ultime d'en venir enfin à l'écriture de fiction, cette « part maternelle stendhalienne » négligée jusqu'ici, évacuée au profit de l'essai théorique, considéré par Barthes comme à la fois masculin et castrateur d'écriture. (C'est d'ailleurs ce dernier texte que l'on trouvera sur la machine à écrire de Barthes, le jour de sa mort accidentelle, en 1980.)

Stendhal eût voulu prendre comme pseudonyme le nom de la mère, Gagnon, il l'écrit cette fois dans son *Journal*, mais l'époque ne le permettait pas.

Tout au début de sa *Vie de Henry Brulard*, assis sur un banc du mont Janicule, à Rome, et contemplant les beautés antiques, il écrit : « Il faisait un soleil magnifique » — il avait pris soin d'inscrire la date, le 16 octobre 1832. « Un léger vent de sirocco à peine sensible faisait flotter quelques petits nuages blancs au-dessus du mont Albano, une chaleur délicieuse régnait dans l'air, j'étais heureux de vivre. »

Un peu plus loin, Stendhal, nostalgique, écrira : « Ah ! Dans trois mois j'aurai cinquante ans, est-il bien possible ! 1783, 93, 1803, je suis tout le compte sur mes doigts… et 1833 cinquante. Est-il bien possible ! Cinquante ! Je vais avoir la cinquantaine… »

En ce 6 octobre 2010, je relis ces pages et je comprends pourquoi, à vingt-cinq ans, à mon arrivée à Montréal, l'œuvre de fiction de Stendhal m'était plus accessible et pourquoi ce fut au début de ma cinquantaine à moi, sans le concerter sérieusement, que j'abordai les « œuvres intimes » de mon modèle romanesque.

Aujourd'hui, à soixante-douze ans, je commence à comprendre pourquoi il me fallut toutes ces années pour la nécessaire mise à l'œuvre de ma vie. Quand on désire l'éclairer à l'ombre des mots, qui, eux, sont toute lumière pour l'écrivain, le temps devient le grand forgeron de l'œuvre. Et pourquoi l'indispensable faisceau s'allume au moment de l'évocation de la plus obscure période de mon existence, cette décennie 1960.

Aujourd'hui, en ce 6 octobre 2010, au son des vagues entendues de ma fenêtre sous les grands vents et le fulgurant soleil de l'été des Indiens, en Gaspésie, je peux dire comme mon aïeul diagonal : il y a deux mois, j'ai eu soixante-douze ans, est-il bien possible ! 1938, 48, 58, 68, 78, 88, 98, 2008, plus deux ans, je suis tout le compte sur mes doigts… et 2010 soixante-douze. Est-il bien possible ! Soixante-douze !

Je ne le crois pas moi-même tant mon cœur semble au printemps. Mon cœur et mon esprit. Je ne le crois pas. Mais je dois le penser. L'autobiographie n'est qu'une voie pour mieux penser cette éblouissante épreuve du temps qui s'en va. Elle peut être publique vu que tant de livres le furent. Ceux qui craignent l'autobiographie manquent d'humilité.

Venus tout droit de New York, en cette fin d'été 1963, nous fûmes hébergés par l'une de mes sœurs. Il nous fut loisible de courir un peu partout en ville pendant que Charles se faisait garder chez elle. D'abord, il nous fallait trouver un appartement, pas très loin de l'Université de Montréal où Patrick enseignerait, et meublé si possible, nous ne possédions que nos vêtements, nos livres ainsi que quelques objets, achetés en Provence pour la plupart. Nous avons finalement trouvé un demi-sous-sol meublé comprenant deux chambres, la petite pour le bébé et la grande pour nous, la « chambre des maîtres », comme disait le propriétaire, et qui me servirait aussi de bureau. Dans le quartier glauque du Côte-des-Neiges des pauvres et des immigrants, ce qui n'était pas pour me déplaire au début, immigrante je me sentais moi-même.

En parcourant les rues de Montréal, je vis de façon éclatante l'un des grands changements survenus durant mon absence. Il n'y avait presque plus de soutanes et de longues robes avec leurs voiles sur la tête déambulant sur les trottoirs. J'avais quitté ma ville remplie de ses longs et nombreux oiseaux noirs et je ne les voyais plus. Que s'était-il passé ? demandai-je à la ronde. On m'expliqua. Les églises se vidaient, ainsi que les couvents et les monastères, la foi se perdait ou se dissipait ailleurs, fondue dans la société civile. Ceux et celles qui demeuraient dans les communautés religieuses s'éclipsaient discrètement sous des habits laïques. On ne les reconnaissait plus. Même les services hospitaliers, et les écoles en grande partie, s'étaient vidés de leur personnel sacré.

Comment expliquer ce subit changement? Avec les amis retrouvés, je posais des questions. Nous discutions. Nous passions d'interminables soirées, un verre à la main et des musiques nouvelles aux oreilles — Miles Davis, Leonard Cohen, Pete Seeger, Joan Baez, Bob Dylan, Gordon Lightfoot et Donovan, et Barbara —, à tenter de comprendre ces bouleversements qui, tous ensemble, nous tombaient dessus. Je dis « nous tombaient dessus », consciente que nous étions partie prenante de ces mutations. À travers livres et disques, la révolution sexuelle, californienne surtout, sonnait à nos portes. Et le féminisme naissant, par des livres et des revues venus des États-Unis, de la France, de l'Espagne, du Portugal et de tous les pays de l'Europe du Nord, s'infiltrait en nos esprits et en nos cœurs. Nous faisions sauter les loquets d'incroyables censures, nous parlions des heures entre nous, amis de la vingtaine ou de la jeune trentaine. Nous avions le sentiment de vivre une fabuleuse période historique. Nous nous sentions acteurs et actrices d'un extraordinaire jeu qui allait changer la société entière.

Tout nous semblait possible maintenant que les poussières du temps séculaire des censures, des interdits et des silences coupables étaient en train d'être balayées sous nos yeux vivants. Nous étions certains d'appartenir à une révolution qui ne portait pas encore de nom. Nous allions la nommer. Nous allions l'écrire. Nous serions dans le temps de l'inédit.

Au cours de dîners ou de soupers bien arrosés, nous les femmes, nous les filles prenions la parole, parlions de nos vies sexuelles brimées, des rapports fondés sur la séduction que nous avions entretenus avec les hommes. De nos soumissions. De nos aliénations. Nos amoureux, nos compagnons, nos frères écoutaient. Je me souviens d'un soir où nous avions soulevé la question de la jouissance sexuelle, vaginale ou clitoridienne. Eux nous écoutaient. Semblaient ne pas en revenir. Nous n'en revenions pas nous-mêmes. Venant des noirceurs affectives du machisme patriarcal et religieux, nous cherchions les mots inventeurs de notre nouvelle mise au monde, mots qui seraient issus des lumières que nous allions fébrilement allumer.

Le plus souvent, à bout de raisonnements et de mots, les fêtes se terminaient dans la danse. Là aussi, nous voulions innover. Nous étions sortis de la valse, du tango et de ces pas appris et comptés, nous avions pris le chemin du rock-and-roll. Maintenant, avec des mouvements que chacun inventait à sa guise, nous entrions dans la nuit, transis et amoureux.

∗ ∗ ∗

Je revins tranquillement à ma thèse. L'oisiveté n'a jamais été mon fort et, de toute façon, à cause sans doute d'une éducation à la rigueur due à la discipline d'une maisonnée nombreuse et des pensionnats, j'ai appris à terminer ce que j'avais commencé. Ai-je assez entendu *Il ne faut jamais remettre au lendemain ce qu'on peut faire le jour même*, *Pierre qui roule n'amasse pas mousse* et d'autres dictons qui se sont mis à constituer à la longue la fibre de ma volonté ? Comme toutes les femmes de ma génération et de ma condition qui désiraient étudier ou travailler, dépourvues de garderies, nous devions nous payer les services de ce que nous appelions une *gouvernante* pour les enfants, ce qui nous semblait plus respectueux que le terme de *bonne* et tellement plus que celui de *servante*.

Me rendant compte que je ne pourrais ni étudier ni écrire vraiment à la maison, j'engageai une dame, roumaine d'origine, qui voulait que nous l'appelions Nana. Elle fut formidable, cette Nana. Si chaleureuse et si aimante, elle chantait des chansons roumaines quand elle berçait Charles ou lui racontait des histoires en allemand. Cette langue est belle, disait-elle. Elle lui ouvrira beaucoup de portes quand il sera grand. Deux ans plus tard, lorsque nous emménageâmes dans un logement spacieux et que je pus, enfin, voir des arbres à travers les fenêtres et y faire entrer un piano, Nana jouait des « petites pièces pour enfants », disait-elle. Je me souviens encore d'avoir entendu les notes quand je revenais par le bosquet champêtre — devenu aujourd'hui le terrain du chic Sanctuaire — et que je montais les marches du second où m'attendait un enfant heureux, Charles qui se jetait dans mes bras.

J'aimerais que Nana vive encore. C'est moi qui la prendrais dans mes bras et lui dirais combien nous l'avons aimée. Car elle nous quitta quelque temps plus tard quand tout se mit à chavirer dans nos vies : le bateau de notre amour s'était fracassé contre le récif de la vie quotidienne et prenait l'eau ; je faisais des fausses couches à répétition ; j'étais anémique et semblais au bout de mes ressources ; les violences sociales à peine écloses au Québec commençaient à nous diviser entre nous tant la moindre discussion révélait nos divergences et nos antagonismes. Je me rappelle m'être fâchée une fois contre Nana. Pour une vétille, je lui ai fait d'injustes reproches. Et elle est partie. Les malheurs de notre maison lui étaient sans doute devenus intolérables. Son départ demeure l'un des plus grands regrets de ma vie.

Les violences sociales faisaient aussi partie de ce Québec que je ne reconnaissais plus. Des paroles haineuses, des discours exacerbés, des manifestations incendiaires, des bombes qui éclataient sporadiquement. Des morts. Pas nombreuses, mais des morts tout de même. Des amis proches glissaient au cours de conversations qu'existait une organisation secrète nommée FLQ qui était divisée en autant de cellules clandestines prônant la révolution politique et la prise du pouvoir par les armes. Je savais notre peuple vaincu sur les plaines d'Abraham par le conquérant britannique, en 1759. Je savais aussi la déportation des Acadiens, en 1755. Et le mouvement des Patriotes anéanti par le feu et le sang au milieu du XIXᵉ siècle. J'étais d'accord en partie avec le mouvement indépendantiste naissant, RIN (Rassemblement pour l'indépendance nationale). Je dis « en partie », car je me suis toujours méfiée des nationalismes responsables de tant de guerres et d'oppressions, y compris de ce national-socialisme et de ce nazisme qui avaient ensemencé de sang les terres européennes. Je savais, comme aujourd'hui, que le nationalisme des empires et des conquérants n'est pas le même que celui des peuples conquis et soumis, tel le nôtre. Nous devions avoir notre pays, reconnu au Canada et sur la grande scène internationale, je n'en ai jamais douté. Je voyais poindre une pensée socialiste et laïciste, dans la revue *Parti pris*, par exemple. Et dans ce nouveau Parti socialiste du Québec avec lequel je me sentais en affinité. Des luttes syndicales s'organisaient, j'y participerais au cours de la décennie suivante. Je souscrivais à ces actions libératrices et autonomistes, et comme aujourd'hui, je n'adhérais à aucun parti.

J'étais contre les violences de toute nature : meurtres, viols, destructions. J'étais, je dirais viscéralement, et je le suis encore, contre la violence. Mes héros politiques n'étaient ni les felquistes, ni Che Guevara, ni Malcolm X. Ils étaient les premiers philosophes de la Grèce antique qui avaient pensé la démocratie, et tenté de l'appliquer. Ils étaient Gandhi. Et Martin Luther King. Et Albert Camus. Ici, plus près de nous, Lester B. Pearson et René Lévesque. Et les poètes qui n'avaient pas vomi leurs haines sur la place publique. Qui n'étaient pas de grandes gueules vociférantes et qui n'avaient pas brandi l'arme des faibles, leurs fusils pointés. Je commençai à les lire vraiment, ceux qui avaient affûté leurs « outils nuptiaux » (René Char) et qui avaient désiré-pensé-rêvé le monde autrement : les Nelligan et Saint-Denys Garneau ; les Alain Grandbois et Anne Hébert ; les Gabrielle Roy ; et les sociologues, les Marcel Rioux, Guy Rocher et Fernand Dumont.

Mes goûts n'étaient pas orthodoxes. Je les assume encore.

Et déjà, en ce temps-là, la poésie débordait pour moi le champ du poème. La poésie n'était pas l'apanage des écriveux de poèmes. Elle était, et l'est encore, réservée aux seuls véritables écrivains, qu'ils s'expriment en prose ou en poèmes. Avant d'avoir lu Elias Canetti, dans *La Conscience des mots*, j'étais en accord avec sa vision des choses en cette matière, ainsi que je le verrai quand je le lirai deux décennies plus tard. La vie des poètes est remplie de ces heureuses coïncidences.

Je me mis à nous lire beaucoup, écrivains d'ici, pour commencer à mieux nous comprendre. Cela tombait bien puisque deux charges de cours m'étaient offertes qui exigeraient cette formation autodidacte. En attendant, une chose était certaine pour moi et demeure encore ma conviction la plus fondée : on ne construit pas un pays dans la violence ni une démocratie dans la clandestinité. C'est comme la violence faite au corps. Bien sûr, il y a des enfants qui, hélas, naissent d'un viol. Je reconnaîtrai les rejetons qui, les pauvres, n'y sont pour rien. Mais jamais ne m'associerai aux violeurs.

Dans cette période trouble que nous vivions sur la scène

sociale et à la maison, plusieurs choses m'ont consolée : le piano dont j'allais jouer — avant de m'en procurer un — chez Eaton, sur les grands Steinway du rayon des instruments de musique (oh ! la belle époque qui vous permettait de tels exercices de gammes, accords, arpèges et autres sans que cela dérange personne), y passant deux ou trois heures chaque semaine ; l'étude, les lectures et le début de la rédaction de ma thèse dans la tour de l'Université de Montréal qui était une fabuleuse bibliothèque ; les amitiés, anciennes ou naissantes, oh ! le bonheur des amitiés dont on ne vante jamais assez les mérites tant l'amour, ou du moins ce que l'on en pense, nous sollicite ; et quelques rencontres, de paroles ou d'écritures, je pense ici tout spécialement aux pères Benoît Lacroix et Ernest Gagnon avec qui j'allais discuter de cet entre-deux-temps historique à la fois déroutant et passionnant. Nous parlions, quelle liberté !

Je n'ai pas mentionné l'incommensurable joie de voir grandir et d'aimer un enfant, Charles en l'occurrence. C'est peut-être parce que cet amour, maternel et filial, parle toujours en moi, ainsi qu'il me fut donné plus tard de m'en réjouir avec mon second fils, Christophe.

Ni de cette joie de voir mes parents, Jeanne et Jean-Baptiste, tant cela va de soi.

La mort de Régis

Régis se suicida en avril 1964. D'une balle de carabine dans la bouche, dans sa chambre de l'appartement familial, une nuit, vers une heure trente. Il nous avait quittés, Patrick, Charles et moi, vers vingt-trois heures. C'est sa sœur et ma cousine Pierrette qui le trouva au matin. Pauvre petite Pierrette, sixième et benjamine de sa famille, la même qui se trouvait, seule, dans la voiture de son père François, frère de mon père Jean-Baptiste, quand celle-ci fit une embardée sur une route gaspésienne glacée de décembre. Quelques heures plus tard, François, beau comme un prince et d'une intelligence vive à l'humour fin, mourait, au tournant de la quarantaine. Nous l'aimions. Sa mort fut une longue déchirure dans le tissu familial qui semblait jusque-là increvable. Il m'a semblé alors, j'avais douze ans, que notre peine à tous, comme un drap mortuaire effiloché, enterrait la terre entière.

Pierrette, à cinq ans, avait assisté à l'accident. Elle avait vu. Maintenant, à l'orée de sa jeunesse, elle voyait son frère, mort lui aussi. Corps de son père étendu sur la neige glacée. Corps de son frère tombé sur un fusil, la cervelle éclatée. Comment a-t-elle pu résister ? Il fallait une force irréductible pour traverser la vie après ces épreuves.

Je ne l'ai pas revue après le drame. Je l'imagine encore digne dans l'épreuve. Et belle comme elle le fut petite. D'ailleurs, bien des membres de cette large famille Gagnon ne se sont plus revus depuis. Un jeune homme qui s'enlève la vie pose à son entourage une série de questions brûlantes dont certaines ne seront jamais résolues. Il met chacun au défi d'élucider ses propres énigmes et de trouver ses propres clartés. Ou bien encore, son geste fatal ouvrira pour certains les chemins d'une obscurité abyssale dont ils ne se dégageront pas.

Il ne fut jamais facile pour moi de penser à ce suicide, et il n'est pas facile non plus d'en parler maintenant. L'événement s'est passé il y a quarante-six ans. La logique voudrait que je n'en fasse plus cas. Sans y penser souvent, il me semble toujours, même si l'essentiel est guéri, que je n'aurai jamais fini d'écrire là-dessus. L'écriture possède seule ses secrets qui ne cessent de vouloir transformer en mémoires vivantes les souvenirs traumatisants.

Je découvrais que, dans le suicide, aux côtés de l'insondable chagrin, il y avait une incommensurable rage conduisant au meurtre, à son propre anéantissement. Rage contre l'inaccessible objet de son amour, moi-même, que Régis accusait dans sa dernière lettre griffonnée avant le déclic final de l'assassiner.

Les mots de son délire furent interprétés à la lettre et certains cousins, quelques cousines m'accusèrent à leur tour d'avoir assassiné Régis. Les grandes tragédies réveillent toujours les blessures dormantes des familles.

C'est au moment de la psychanalyse où j'éprouvai, sous la désolation, le fou courroux grâce auquel je pus recommencer à vivre — à aimer, à œuvrer — tout simplement.

À la mort de l'oncle François, le 20 décembre 1950, Régis avait onze ans. Mon frère Paul-André, treize. Moi, douze. Je donne ces âges pour saisir le sol dans lequel prit racine l'amitié entre nous trois. Régis et tous les enfants de sa famille furent atterrés par cette mort. Leur mère, tante Marie-Anna que j'aimais aussi beaucoup, s'en vint les retrouver en Gaspésie, de Montréal où elle s'en était allée vivre seule, pour un temps, disaient les adultes. Nous soupçonnions qu'il y avait eu des disputes entre eux. Les adultes chuchotaient. Le drame effarant de la mort de François rejetait dans l'ombre cet autre drame de la séparation du couple dont on ne parla plus jamais.

Marie-Anna revint éplorée auprès de sa marmaille, ses six enfants qu'elle ne quitta plus jusqu'à sa mort. Ses enfants l'adoraient. Elle revint dans la peine et dans la pauvreté. François, comme son père et comme ses frères, avait un moulin mais n'avait pas eu le temps d'engranger. Toute la famille élargie aida donc la veuve et ses orphelins. Mes parents, quant à eux, étaient les parrain et marraine de Régis. Ils proposèrent de le prendre avec nous tous pour un temps à la maison d'Amqui et de lui offrir le cours classique comme à leurs quatre fils et à leurs six filles.

Entre Régis, Paul-André et moi, l'amitié fut grande. Amitié sous le signe de l'estime réciproque, de l'émulation et de l'affection. Nous partagions nos découvertes intellectuelles, parlions de nos lectures, des langues que nous apprenions, des rêves d'avenir que nous nourrissions. Pour les excursions en forêt ou sur la rivière de même que pour les compétitions physiques, lutte, courses, sauts — nous étions forts et en forme —, ma petite sœur Pauline se joignait à nous parfois. Elle avait le même âge que Régis, l'aimait jusqu'à l'adulation et fut ravagée par sa mort.

De nos pensionnats respectifs, nous nous écrivions beaucoup. Avec chacun d'eux, j'avais une abondante correspondance. Plus nous avancions en âge et plus les conversations devenaient intelligentes quand nous nous revoyions l'été. Au début de la vingtaine, quand je m'en vins étudier à

Montréal et que Régis s'y trouvait — sa mère ayant emménagé là pour les études de ses enfants —, nous nous fréquentions beaucoup. Régis poursuivait ses études, de philosophie lui aussi, et nous communiquait dans la ferveur ses nouvelles connaissances. Il avait appris l'allemand, lisait Nietzsche et Heidegger, qu'il nous citait, devenait athée et nous le disait, ce que n'aimait pas du tout mon père et son parrain qui, bientôt, ne voulut plus payer ses études. Mais Régis continua de l'aimer, et d'aimer maman, jusqu'à la fin.

(J'ai relu récemment la dernière lettre qu'il écrivit à mes parents — des vœux de Noël et de bonne année 1964 —, lettre qui se trouvait dans le « petit sac de voyage de noces » de maman, elle y conservait ses lettres précieuses, et dont j'ai hérité après sa mort, en 1996. Je n'avais pas osé l'ouvrir depuis.)

Les deux années qui précédèrent mon départ pour la France, celle de mes études à l'Université de Montréal et celle de mon retour en Acadie, pour y enseigner, nous nous vîmes régulièrement, Régis et moi. Soit je le rencontrais chez sa mère, tante Marie-Anna, soit il venait me rendre visite, le dernier été surtout où je vivais en appartement avec mes amies du collège, Josette, Charlotte et Micheline, à Outremont.

Je me souviens de nos sorties en bande et de nos soirées à l'appartement. Régis était avec nous. C'était la folle jeunesse remplie de découvertes — les boîtes à chansons, les films, les livres —, de discussions et de danses. Si j'avais un nouvel ami de cœur, un garçon avec qui je sortais, disions-nous alors, Régis voulait le rencontrer. Et approuver, disait-il. Il était en train de devenir sérieusement amoureux de moi, me le disait, je croyais que cela lui passerait, qu'il tomberait amoureux d'une autre fille, à son tour.

Il vint au bateau avec toute la bande de copains quand je

partis pour la France. Il pleurait. Me disait son amour. J'étais triste pour lui et ne prenais pas la mesure de son attachement. Je m'en allais vers mon avenir tandis que lui s'accrochait à un passé brûlant d'amours perdues, à commencer par la mort de son père jusqu'à cet impossible lien passionnel, « à vie à mort », pour moi. Et je ne savais pas qu'il était en train de sombrer.

C'est à mon retour à Montréal, deux années plus tard, que j'appris la suite fatale des choses. Le jour même de mon mariage avec Patrick, en août 1962, Régis s'était lancé en moto sur une voiture, rue Laurier. Il fut plusieurs mois dans le coma. À son réveil, par bribes à peine audibles au début, il raconta à sa mère d'abord, puis à d'autres membres de sa famille, ce qui s'était passé. Au lieu d'une auto, il m'avait vue en robe de mariée et s'était précipité vers moi (il venait d'apprendre mon mariage, chez des cousins où il s'était rendu prendre un café et parler). Il mit des semaines à saisir qu'il s'était lancé, non pas sur moi, mais sur une auto. Il resta d'autres semaines à l'hôpital, vit toutes sortes de médecins, dont des psychiatres, mais ne se remit jamais totalement de sa fracture du crâne ni du délire qui l'avait précipité sur une voiture le jour même de mon mariage, à Paris.

Quand je le vis, à notre maison d'Amqui où nous passions les fêtes de Noël, nous ne nous sommes pas dit grand-chose. Il était venu là parce qu'il savait que je m'y trouverais. Très diminué physiquement et intellectuellement, c'était un Régis que je ne connaissais plus qui tentait de nouer la conversation. C'était triste à mourir.

Puis, je n'eus plus de nouvelles de lui jusqu'au coup de téléphone fatidique, le soir de sa mort. Il me dit au bout du fil qu'il venait d'acheter une carabine. Avec deux balles, une pour moi et une pour lui. « Si tu ne veux pas mourir avec moi, je me flambe immédiatement. J'ai, en ce moment même, le fusil chargé sur la tempe… » Il ajouta qu'il m'aimait. Je lui demandai d'attendre au téléphone. Je devais aller parler à Patrick, je reviendrais.

Ce soir-là, nous étions comme souvent seuls chez nous, Patrick, Charles et moi. Nous venions de manger. Charles était déjà au lit, il allait s'endormir avec son biberon, il aurait douze mois bientôt. Je parlai vite à Patrick. Dans tous mes états. Celui-ci fut formidable. Sans réfléchir longuement ni parler beaucoup, il dit seulement : « Dis-lui de s'en venir ici. Qu'il prenne un taxi, on va payer. Dis-lui de venir parler avec nous. » Régis accepta immédiatement. Me demanda notre adresse et dit simplement : « J'arrive, dans quinze minutes je serai là. »

Entre-temps, nous convînmes, Patrick et moi, d'appeler un ami. Pour qu'il s'en vienne chez nous avec sa voiture. Et qu'après la soirée il le ramène et le convainque, en route, d'arrêter à l'urgence d'un hôpital, en psychiatrie. Je ne voulais pas que Régis se suicide. Je ne voulais pas, mais absolument pas, être tuée. Je voulais vivre.

Régis arriva. L'ami aussi. Nous avons parlé. Régis pleurait. Il demanda, en cours de soirée, si je voulais venir seule parler avec lui. Dans la cuisine. Les deux autres resteraient au salon. J'eus peur, mais j'acceptai. Il me proposa de nouveau de mourir ensemble. J'essayai de le raisonner. Il disait que nous serions comme Roméo et Juliette. Je répondais que moi, je voulais vivre. Que j'aimais Patrick. Et que j'aimais Charles. Et que je ne voulais pas les quitter. Et que j'aimais la vie…

Charles se mit à pleurer dans sa chambre. Il pleurait doucement comme s'il avait senti quelque chose d'inhabituel et d'inquiétant. J'accourus près de son petit lit, le pris dans mes bras, le bécotai et lui dis que tout irait bien. Il cessa de pleurer. Je l'amenai au salon et le tins collé à moi, le berçant. Régis était revenu s'asseoir. Il s'alluma une cigarette. Parla de choses et d'autres. Il avait compris que je ne voulais pas mourir avec lui. Il nous regardait. Il avait compris. Ensuite, il me demanda s'il pouvait avoir Charles dans ses bras. Je le lui remis.

Je vis alors le visage de Régis, attendri et illuminé, comme celui de tous les hommes Gagnon de ma famille quand ils berçaient un enfant. Je crus Régis sauvé. Et ma crainte d'avoir vu mon bébé dans les bras de la mort se dissipa.

Ils partirent, l'ami et Régis, vers vingt-trois heures, je crois.

Puis, le téléphone sonna. La femme de l'ami me disait que celui-ci avait ramené Régis chez lui. Qu'il ne l'avait pas laissé à l'hôpital. Que toute cette histoire d'amour et de suicide était de la foutaise. Que je « poétisais » cette affaire. Que j'imaginais un homme mourir pour moi, pour ma beauté ou quelque chose comme ça…

Je raccrochai. Parlai avec Patrick. J'étais atterrée. Nous savions que Régis allait s'enlever la vie cette nuit-là.

Le lendemain matin, après le petit-déjeuner, la toilette de Charles et son biberon, nous sommes tous deux sortis, lui dans sa poussette, moi dans ma peine. Au retour des courses, je me souviens d'un flash précis, dans un rayon de soleil, alors que Charles, ébloui par des oiseaux traversant un nuage dans le bleu du ciel, souriait et jasait ses premières syllabes, je m'arrêtai et sus de façon claire comme l'eau de roche que Régis était mort. Mon corps sentit de manière foudroyante que Régis était mort.

Quand, revenus à la maison, le téléphone sonna et qu'une spécialiste familiale des mauvaises nouvelles m'annonça sa mort, j'ai juste dit que je savais.

« Comment tu peux savoir ? » m'a-t-elle rétorqué, fâchée. « On n'est pas en poésie, ici. » Oui, on est en poésie, me suis-je dit par-devers moi. Oui, on est aussi dans un deuil qui va durer toute la vie. La poésie n'a pas de frontières.

Je me souviens du salon funéraire et des funérailles à l'église. Dans tous leurs détails. Mais je ne ressentais rien. J'étais bien habillée — je me souviens encore du petit tailleur de velours noir avec un col évasé de satin ivoire —, mais je ne sentais rien.

Tous vinrent de partout, des villes et villages où la nombreuse famille était maintenant dispersée. Tous pleuraient à chaudes larmes, et moi, j'étais froide comme marbre. Je me souviens que mes parents étaient là, et des paroles de mon père que je devais rassurer, il disait avoir peur que Régis soit en enfer parce que le pire des péchés mortels était un péché d'orgueil, vu que seul Dieu avait le droit d'enlever la vie, lui qui l'avait donnée. Ma mère pleurait. Je répondis à mon père qu'il n'y avait pas d'enfer pour Régis et je disais, il était très malade, tu sais, c'est une maladie de souffrir au point de vouloir ne plus souffrir jamais. Je leur disais, à papa et à maman, longtemps avant d'avoir lu Marguerite Duras, que cela s'appelait *la maladie de la mort*.

Au cimetière, on me remit la dernière lettre de Régis, qui m'était adressée. Il m'accusait de l'avoir tué. Je lus la lettre et demandai à Patrick, à mes côtés dans cette noire voiture, de la déchirer. Ce qu'il fit, et je l'en remercie.

On décida de ne pas me remettre toutes les lettres étalées sur sa table d'écriture quand on retrouva le corps. Quelqu'une, une autre spécialiste familiale, en affaires psy cette fois, avait cru bon de les garder pour elle, même s'il me les avait adressées toutes. L'horreur!

Trois ans plus tard, je me retrouvai en psychanalyse. Les larmes avaient mis tout ce temps à prendre le chemin de la vie. Et je venais enfin à la psychanalyse, moi qui n'y avais presque plus pensé depuis ma rencontre avec Mme Favez-Boutonnier, deux ans plus tôt, à Paris.

Ayant écrit les pages précédentes, je suis consciente

aujourd'hui, après les décennies me séparant de ces événements sombres, que l'amour qui se dit ou se pleure ou se crie n'est pas nécessairement ce que j'entends sous ce vocable. Amour. L'investissement massif, libidinal et fantasmatique de mon cher cousin Régis, fixé sur un seul et unique objet, moi-même, constitue plutôt le symptôme d'une carence ou d'une béance qu'il ne m'a pas appartenu, ni naguère ni hier, de comprendre.

Il fut cependant de mon devoir, de ma responsabilité, d'analyser comment j'avais, inconsciemment bien sûr, reçu ce trop-plein de déclaration amoureuse avec un certain plaisir — je veux dire, avant que les choses ne se gâtent, quand nous étions, comme en un jardin de délices, encore d'innocents enfants, avant que nos jeux de courtisans ne basculent pour Régis en une tragédie sans nom. Après, dans l'antichambre de sa mort, je ne me suis pas complu, bien au contraire, dans ce rôle de passionaria d'un gravissime opéra qu'un mystérieux metteur en scène m'aurait confié.

Ce fut une leçon pour le reste de mes jours. C'est ainsi que je sortis du romantisme. Là.

Qu'est-ce que l'amour, alors ? m'avait demandé un jour une amie française qui subissait, catastrophée, le déclin de son désir, de sa passion pour l'être qu'elle avait tant aimé. L'amour peut exister quand le désir ou la passion décline, lui avais-je répondu. « C'est quoi, l'amour, alors ? » avait-elle lancé sur un ton à la fois désespéré et vindicatif. Je me suis entendue répondre, est-il possible : « L'amour, c'est vouloir le bien de l'autre. Tout simplement. » Dans ce salon d'intellectuels cyniques, à leurs regards, je sus qu'on me prenait pour une tarée. Ici, au Québec, on dirait une niaiseuse. Je m'en fichais.

Et je m'en fiche encore éperdument.

Au temps de ma jeunesse, sans prétendre à une sagesse

prématurée, je pensais déjà, ce que les années vinrent confirmer, que l'amour était le résultat de deux composantes : la
passion-désir et l'amitié. Si l'un des deux termes manquait à
l'origine, on ne pouvait pas parler d'amour. Sans passion-
désir, l'amour ne serait même pas né. Et la disparition de la
passion-désir, sans l'amitié, signerait la fin de l'amour.

Dans cette compréhension des choses, la mort de Régis
m'aura fait avancer.

Mise à l'œuvre

Certains pensent, même plusieurs, que la psychanalyse a été inventée pour les grands malades ou bien pour les fous. Ils discourent sans en connaître grand-chose. On entend aussi que la psychanalyse, c'est pour les intellectuels et que la cure est un voyage de l'esprit. Au Québec, pays par excellence de l'anti-intellectualisme, ces préjugés font l'engouement des discoureux d'apéros, aux bars d'ardoise ou dans les salons vaniteux.

Après des années d'écoute légère de toutes ces sornettes, j'ai voulu me replonger en cette décennie 1960 quand, au cours d'une vingtaine à la fois heureuse et tumultueuse, dans les moments où la mort parfois m'invitait comme un vertige, la psychanalyse m'a semblé une porte ouverte sur la lente compréhension des choses intimes, un lieu de rencontre où ce sont deux inconscients qui dialoguent — à travers des déserts de silence — et non plus les bouches qui rabâchent des mots connus ou convenus grâce auxquels sont ressassés, comme dans un vieux grenier les meubles poussiéreux qu'on déplace de temps en temps, d'antiques préjugés et de fausses certitudes.

Au Québec, être une femme, et une femme intellectuelle qui, de surcroît, parle de psychanalyse, c'est l'affront suprême à la *bien-pensance* ambiante. S'il y avait ici un goulag, on m'y enverrait à coup sûr. Nos goulags à nous sont disséminés un peu partout, la censure est retorse. Il faut trouver sa respiration ailleurs que sur le marché général des idées dominantes.

Freud n'est plus à la mode, ni Jacques Lacan. Ou Serge Leclaire ou quelques autres qui m'ont mise au monde des sentiments véritables du corps souterrain. On leur doit, entre autres, le concept d'*intersubjectivité*. On leur doit les vocables pour nommer cette relation toute spéciale entre deux « sujets doués d'inconscient », comme l'écrivait Lacan.

Un ami psychiatre m'avait dit, au lendemain d'une deuxième fausse couche alors que mon amour semblait s'enfoncer dans une forêt sans issue, un jour sinistre où j'avais voulu mourir et, l'instant d'après, ne le voulais plus, ayant devant lui pleuré mon désespoir de n'avoir encore rien fait de ma vie, hormis mon enfant que je chérissais, de n'avoir encore rien créé, c'est à l'écriture que je pensais disant cela, d'être désœuvrée, j'avais du mal à trouver les mots pour dire le grand vide intérieur, cet ami m'avait dit : « Tu es intelligente. Tu as plein d'atouts. Pourquoi tu ne penserais pas à la psychanalyse ? »

La psychanalyse ! Ainsi me revenait-elle par un autre chemin que celui de la formation universitaire entrevu quelques années plus tôt. Elle me revenait par son chemin habituel, celui de la peine, du deuil et de la difficulté de vivre.

Qu'est-ce que ça prend pour désirer l'aventure psychanalytique ? Ça prend une capacité d'introspection doublée d'une volonté de résoudre les énigmes d'une vie ; ça prend un amour du temps long et lent, puisque les énigmes ont besoin d'un incommensurable temps à l'horizon, elles qui ont mis des éternités à se former. On peut facilement compter huit générations pour la configuration d'une seule énigme. Ça, c'est le psychanalyste Julien Bigras qui l'écrivit, mais personne ne le lit plus, nos siècles ne durent que cinq ans ces derniers temps. Toutes ces vérités, on ne les sait pas d'une science de la certitude. On les sent, on les pressent. En psychanalyse, les vérités sont singulières et subjectives, toutes traversées de fiction. Entre une énigme ayant taraudé un aïeul devenu fou, disons, de n'y rien comprendre et une autre énigme qui m'assaille, il y a des strates de concrétions imaginaires marquées par les histoires, collectives ou individuelles.

C'est ainsi que je voyais les choses, à vingt-six ou vingt-sept ans, et cela m'aida à sortir du gouffre qui me happait pour la mise à l'œuvre tant désirée dont j'ignorais la nature, même si je savais que cela tournait autour de l'écriture.

Parmi tant d'autres livres sur le sujet, il en est un, lu à l'époque, tout simple et pratique, écrit par le psychanalyste californien Karl Menninger, *What Is Psychoanalysis?* (Je n'ai plus ce livre mais m'en souviens comme si je l'avais lu hier.) Il y voyait l'aventure analytique essentiellement comme un contrat entre deux individus où les termes de présence psychique entre les deux, de durée de la cure, de fréquence des séances et de coût étaient fixés. Il y parlait de sa longue pratique et des cas les plus intéressants qu'il avait rencontrés. Point n'est besoin d'être intellectuel pour bien mener ce voyage intérieur — les préjugés sur l'intellectualisme de cette aventure étaient tenaces là aussi. Il y citait, *a contrario*, le cas d'une femme qui possédait la plus grande capacité d'*insight* (introspection) qu'il lui avait été donné de connaître. Une formidable femme, intègre et totalement dédiée à sa quête de connaissance — et de guérison — et elle était femme de ménage de son métier.

Je commençai ce long voyage psychique, qui dura des années, à raison de trois séances par semaine, je ne pouvais payer davantage. Mes revenus personnels étaient minces. Trois sources m'aidèrent : l'assurance maladie de l'Université de Montréal à laquelle les conjoints des professeurs avaient droit ; mes charges de cours additionnées de droits d'auteur versés par le magazine *Châtelaine* pour deux nouvelles que je publiai là (*Châtelaine* offrait alors 500 dollars la nouvelle de dix pages, sa politique consistant à « découvrir et encourager de jeunes voix ») ; et mon propre analyste, qui a su ajuster ses prix à mes moyens tout au long de la cure. J'ai failli oublier un téléthéâtre, présenté un dimanche soir à la télévision de Radio-Canada et qui m'avait rapporté 3 000 dollars, une fortune pour l'époque. C'est le réalisateur Jean-Paul Fugère qui, après avoir lu et aimé une nouvelle, *La Laide*, publiée dans *Les Écrits du Canada français*, m'avait proposé cette adaptation.

La lenteur du temps exigée pour l'aventure psychanalytique, outre que l'on continue de vivre et de voyager partout ailleurs pendant que celui-ci se déroule, fut indirectement proportionnelle à la vitesse extraordinaire de cette mise à l'œuvre que j'avais si ardemment souhaitée.

Sur le temps, j'appris aussi que celui de la séance pouvait en quelque sorte se mettre entre parenthèses, comme s'il possédait son propre rythme, son déroulement spécifique et ses finalités idoines, un peu comme en physique contemporaine l'on dit du temps qu'il passe « plus vite en haut sur les montagnes qu'en bas dans les vallées ».

Comme s'il m'avait été donné de débrancher facilement le temps de l'inconscient des séances pour entrer pleinement dans la grande vitesse qu'exigeaient les activités normales de ma vie.

Très tôt après le début de ce voyage, et grâce à Nana qui s'occupait le jour de Charles — celui-ci grandissait en beauté et en intelligence —, je pus m'adonner à l'enseignement, me remettre à l'écriture de ma thèse pour laquelle j'obtins une autre bourse du Conseil des arts du Canada, et en plus, miracle croyais-je, à l'époque, je commençai sérieusement à écrire. Pour l'écriture, j'entrais dans un autre registre temporel que je comprenais ainsi, et ma façon de le nommer n'a pas changé depuis : je volais du temps au temps normal. Ce vol, ou cet envol du temps de l'écriture, a fait que je n'ai plus aucun souvenir physique du lieu, ou des lieux où je me trouvais quand j'ai écrit mon premier livre, *Les Morts-vivants* (qui paraîtra en 1969) : à l'université dans un bureau ? À la bibliothèque, mais laquelle ? Chez moi, mais sur quelle table, dans quelle pièce ? Je ne sais pas et n'ai jamais su.

Alors que j'ai des souvenirs physiques pour tous les autres travaux d'écriture, thèse, livres ou articles, là, c'est le trou de mémoire. Le trou, comme ils disent en France. Je ne peux m'expliquer ce phénomène avec les outils seuls de la logique linéaire. Je me dis que les vannes de l'inconscient ayant été ouvertes, mais sous bonne garde vu le guide aguerri des barrages qui accompagnait l'autre voyage du temps long, il y avait une telle profusion de récits accumulés en aval que certaines eaux coulèrent libres, prirent fougueusement leurs petits chemins d'écritures sans frontières, hors du temps et de l'espace convenus, se déployant si vite dans les à-côtés de la vie, comme dans un *no woman's land* caché derrière les lignes d'horizon habituelles, que la mémoire normale n'en put par la suite retrouver les repères.

Parallèlement, comme dans une autre sphère cognitive, je repris aussi l'écriture de ma thèsc. Je me réfugiai naturellement à la bibliothèque de mes amours, celle de la tour de l'Université de Montréal, du temps de mes études de maîtrise en philosophie. J'avais fait le bond de Kant à Claudel. Malgré que le second fût un contcmporain, j'eusse pu sentir une régression par rapport aux très hautes sphères conceptuelles où s'était tenu Emmanuel Kant. Je ne m'arrêtai pas à ces motifs qui m'auraient sans doute bâillonnée. Je poursuivais, lisais énormément, prenais des notes, faisais des fiches. Ah ! j'étais fière de mes fiches : sur les *Cinq Grandes Odes* ; sur les études claudéliennes, sur le symbolisme littéraire et le symbolisme anthropologique, sur les analyses structurales d'œuvres littéraires (ou picturales) faites à ce jour, etc. Pas besoin de dire que les *Cinq Grandes Odes* de Paul Claudel, et le rôle des neuf muses grecques dans la formation de l'écriture poétique, je les savais à peu près par cœur, douée de cette fabuleuse mémoire que m'avaient léguée ma mère aussi bien que mon père, quelle chance !

Les livres, je les empruntais à la bibliothèque de l'université. Quant aux fiches, elles finirent par remplir tout un tiroir de classeur, qu'un jour, quand la soutenance fut derrière moi, un jeune professeur m'acheta et publia sous son nom. Autres temps, autres techniques, mais même ouvrage.

Cette soutenance eut lieu, en juin 1968, au Centre universitaire de Nice. À cause des événements de mai, toutes les universités françaises étaient encore fermées, y compris celle d'Aix-en-Provence. Mon directeur, M. Ruff, avait déménagé là, à Nice, ses dossiers. Le jury était composé, en plus de son président, M. Ruff, du charmant et sensible Guy Michaud et du détestable Jean Onimus. Ce dernier m'attaqua sur ma façon « gauche » d'exprimer les choses de l'esprit, en d'autres mots sur ma manière de parler, toute québécoise, ainsi que sur mon accent. Je me défendis mal. Il faut dire que j'étais en début de grossesse, enceinte de Christophe, j'étais engoncée dans une robe trop cintrée, j'avais des nausées, mon cœur était à couver et non à débattre. À cause de ce méchant homme, la soutenance fut un supplice. J'avais beau être entourée de Patrick et de quelques supporters amis, je me souviens d'avoir eu ce seul désir de n'être plus là, d'être dans mon lit, de rêver avec mon bébé, un bol pour les nausées à mes côtés, puis un petit verre d'eau citronnée, j'étais bel et bien là, face à l'ennemi que je rêvais de voir s'effondrer devant nous, ou bien s'éclipser comme par magie.

Heureusement que les deux autres jurés étaient là, et m'appuyaient, l'air navré tout de même.

Je passai, mais n'eus pas la meilleure note. M. Ruff me dit après coup qu'à la pause, au moment des délibérations du jury, Onimus continua de déployer son arsenal haineux. Les deux autres durent renoncer à la mention « très honorable », sinon il menaçait de faire un scandale. Le « très » fut donc biffé et ma thèse ne fut qu'« honorable ».

Après cette épreuve, M. Ruff annula la fête qu'il avait fait préparer à la faculté. Il avait été humilié et ne voulait plus jamais, au grand jamais, faire la fête avec un tel goujat, ce furent ses mots. Je le vis pleurer et il vint me dire : « Avec mon épouse, je vous invite à manger au restaurant, votre mari et vous. » Un grand repas eut lieu au cours duquel M. Ruff nous raconta, lui qui était doyen de la faculté et dont j'étais la dernière dirigée, qu'il allait prendre sa retraite dans quelques semaines. Jean Onimus s'était vengé de « quelque chose remontant à la guerre ».

Quelque chose de très grave s'était alors passé entre eux deux. Quoi ? On n'a jamais su. Puis, il dit qu'avant de quitter l'université, en choisissant Onimus comme lecteur et membre de son dernier jury, il avait voulu lui signifier que tout était pardonné. « Mais lui vieillit dans sa hargne et sa rancune », ajouta-t-il, l'air abattu. Il me redit sa confiance et son amitié.

Quelle étrange soirée que celle-là ! Je me souviens de la beauté du repas ainsi que des grands vins commandés. Je n'avais pas le cœur à boire — n'ai jamais pu boire d'alcool, enceinte — et je mangeai du bout de la fourchette.

De retour à Paris, en nous promenant un après-midi dans les rues de nos amours, Patrick et moi, nous fûmes pris tout à coup dans une foule affolée, fuyant en tous sens et suivie de CRS lançant à la volée leurs gaz lacrymogènes. C'était la fin d'une manif dont nous ignorions l'origine. Cela se passait boulevard Saint-Germain. Nous reçûmes quelques émanations. J'eus peur. Très peur pour mon bébé surtout. Nous avons couru et avons dévalé les marches de la première station de métro aperçue. Puis, le train arriva, ouvrit vite ses portes, la foule paniquée s'engouffra en même temps que nous et les portes se refermèrent très vite. Le train démarra.

Tenant mon ventre pour protéger le bébé, les larmes se mirent à couler toutes seules. Patrick aussi pleurait. Et tous les passagers de la rame. Je me rendis compte qu'il s'agissait là des effets des fameux gaz. Il est étrange de vivre un tel événement quand des dizaines de personnes, femmes et hommes, sans même se connaître, pleurent ensemble et forment, le temps d'un bref voyage, une drôle de communauté. Parmi nos compagnons et compagnes de hasard et d'infortune, peut-être que certains étaient fous de rage, peut-être que d'autres, au fond d'eux-mêmes, étaient pleins de joie, comment savoir ? Le fait pour tous de verser d'irrépressibles larmes rendait étrange notre solidarité soudaine.

Nous nous arrêtâmes dans un quartier excentré et choisîmes pour la nuit un autre hôtel que celui du Quartier latin, devenu inaccessible, où nous devions séjourner quelques jours et où se trouvaient nos effets personnels.

Le soir, avant de m'endormir, espérant que l'enfant ne conserverait pas de séquelles de l'aspersion chimique néfaste et de la course épouvantée de l'après-midi, je me demandai pourquoi j'avais voulu faire ce doctorat, écrire cette thèse et venir la soutenir ici où la vie me semblait si difficile et semée de tant d'embûches.

Puis il y eut l'enseignement. Cette première invitation à l'enseignement universitaire me ramena à l'expérience pédagogique originale et fondatrice de mes dix-sept ans alors que, révoltée des pensionnats à la suite du congédiement injuste par les Ursulines de Québec et me la coulant douce pour la première fois de ma vie à la maison d'Amqui, l'inspecteur des écoles, M. Guité, était venu demander une faveur à ma mère. Est-ce qu'elle ne pourrait pas leur « prêter Madeleine » pour aller remplacer une institutrice qui allait accoucher ? Il s'agissait d'aller m'occuper des sept classes du cours primaire dans une école de rang de Saint-Léon-le-Grand. Je venais de terminer ma versification, j'étais « bien instruite », disait M. Guité. Ma mère, sans doute dépassée par la jeune rebelle que j'étais devenue et par l'oisiveté que je cultivais à la perfection, saisit l'offre en me consultant tout de même. Je voyais bien sa joie.

J'acceptai le contrat, n'y voyant au début que bienfaits : je gagnerais de l'argent ; je m'en irais au fond de nulle part, comme dans les westerns dont je me régalais cette année-là ; enfin, même si ce n'était pas loin d'Amqui, quelque vingt kilomètres, je voyagerais. Je serais ailleurs. Je verrais du nouveau !

Dans une école de rang, petite maison de bois, avec une grande salle de classe, son poêle à bois, sa corde à linge au-dessus pour sécher les vêtements d'hiver des enfants, pupitres de bois bien alignés et immense tableau noir, je reçus au jour dit une ribambelle d'enfants qui avaient entre six et quatorze ans, de la première à la septième année, les petits à l'avant et les grands à l'arrière. Ils savaient tous où se placer, se tinrent debout sans trop chahuter et dirent en chœur : « Bonjour, mademoiselle. » Je les fis asseoir et leur parlai, leur disant surtout qu'après nous allions travailler. Et bien.

Je m'étais préparée. Quelques jours à étudier leurs programmes, à diviser le temps selon les travaux de chaque groupe. Il s'agissait de savoir quand enseigner à qui, qui faire travailler pendant que j'enseignais à l'autre, quels enseignements seraient pour l'ensemble et surtout comment retenir l'attention de tous et comment les amuser de temps en temps.

Le directeur de l'école m'avait signalé les moins bons et les meilleurs, les cruches et les étoiles, ainsi s'exprimait-il. Le pire de tous, c'était un garçon, il me le nomma, je ne devais rien laisser passer, et quand je n'en pourrais plus de ses mauvais coups, je devais l'envoyer à son bureau à lui. Ça se passerait au moins une fois par jour, il lui donnerait une volée avec la *strappe*. Je n'aimai pas ce directeur et ne lui envoyai jamais personne, surtout pas le « diable » en question qui se révéla un jeune garçon gentil et poli. Je le repérai facilement à son air à la fois fantasque et quelque peu effarouché de petit animal méfiant, je le saisis d'emblée. Il devait avoir dix ou onze ans, il avait l'œil vif et le cheveu en bataille, l'air d'un louveteau beau et fringant et qui me répondit par un sourire à crever les cœurs, un brin malicieux mais fou de charme quand je lui adressai la parole. Pendant que tous travaillaient en silence, je le fis venir à mon pupitre et lui dis que je le nommais *réglementaire*. Au pensionnat, les réglementaires étaient choisis parmi les meilleurs élèves et les plus disciplinés. Leur tâche consistait à faire respecter les règlements par le groupe quand la maîtresse ou le maître n'était pas là. Je lui expliquai brièvement ce que son titre signifiait. Lui dis que pendant les récréations dehors, je lui passerais ma montre pour qu'il voie à ramener à temps tous les enfants quand je sonnais la cloche.

Je n'oublierai jamais son regard ébahi la première fois que je passai ma montre délicate à son poignet de jeune fauve.

Cet enfant fut une merveille. Tous le respectaient. Il était devenu leur chef. Je ne le vis jamais se chamailler ou frapper un enfant. Il ne brisa pas ma petite montre et me la remettait fièrement après les récréations. Sans doute n'avait-il jamais eu de montre de toute sa vie. Ses notes remontaient. Lui qui avait traîné la patte depuis sa première année d'école s'était hissé ce mois-là parmi les meilleurs. Quand j'ai quitté mon emploi, l'ancienne institutrice ayant accouché était donc revenue, le directeur m'a demandé, parlant de son « malcommode » : « Comment vous avez fait ? » J'ai répondu : « Je lui ai fait confiance. »

Ces semaines toute seule dans une petite école de rang, loin de tout et de tous (c'est un monsieur du village qui apportait mon épicerie, ma lessive et qui voyait chaque matin à chauffer le poêle), je m'en souviens avec une certaine nostalgie comme d'une retraite en forêt remplie de sons d'animaux parfois terrifiants la nuit et d'étoiles brillant si fort jusque sur la neige que j'y percevais un avenir qui se dessinait, déjà au lointain, à la fois incertain et rempli de promesses. Je me souviens aussi de journées où de petits visages studieux penchés sur leurs feuilles ou leurs ardoises se levaient soudain, rieurs, pour les histoires racontées, les chansons à répondre et, dehors, les grands éclats des récréations.

Cela dit, je compris assez vite que devenir institutrice n'était pas ma vocation, je n'étais pas prête à cette ascèse, au grand dam de ma mère qui eût voulu me garder toute la vie au village où j'eusse pratiqué longtemps son métier à elle « puisque aujourd'hui, disait-elle, on pouvait *et* se marier *et* avoir des enfants *et* exercer un métier ». Je serais même devenue un jour son « bâton de vieillesse », ainsi disaient mes grandes sœurs avec une douce ironie en me traitant de « chou de maman ».

* * *

Ce fut là ma première expérience pédagogique. Je m'en suis souvenue quand Robert Browne, directeur du département d'études anglaises de l'Université de Montréal, m'invita, en 1966-1967, à titre de chargée de cours, à venir enseigner la littérature canadienne-française, et plus précisément le roman canadien-français. Je dis oui immédiatement. J'étais à peu près ignare en la matière. J'apprendrais. Personne, jamais, dans tout mon cursus scolaire, ne m'avait enseigné ce domaine. Mes étudiants étaient des Canadiens français, inscrits là pour apprendre la « littérature anglaise » (aujourd'hui on dirait *les littératures* pour parler de toutes celles, anglophones, qui se sont exprimées en anglais, et l'on comprend pourquoi c'est ce département d'« études anglaises » qui fut le terreau sur lequel germa la littérature comparée au cours de cette décennie).

Mes étudiants ne connaissaient pas plus que moi cette littérature, pourtant majoritaire en ce non-pays en train d'en devenir un, le Québec. Personne non plus ne leur en avait jamais parlé. Nous venons de loin, de si loin ! Toute ma gratitude à l'endroit de ce grand professeur et ami devenu, Bob Browne, qui avait saisi la nécessité de cet enseignement.

Mes étudiants et moi avons donc appris ensemble.

J'ignorais la littérature de mon propre peuple ? Je ne connaissais pas mon histoire telle qu'exprimée par ses œuvres romanesques ? Je pris mon inculture par les cornes et décidai de tout lire, à commencer par les commencements de cette littérature.

Nous avons donc débuté avec le tout premier roman de notre histoire, publié en 1837, *Le Chercheur de trésors ou l'Influence d'un livre,* écrit par Philippe Aubert de Gaspé fils. Puis, il s'agissait de suivre le courant, dans sa chronologie, de la mi-XIXe siècle jusqu'à la mi-XXe siècle. Franchement, je ne me souviens pas où nous nous sommes arrêtés. À André Langevin? à Gabrielle Roy? à Anne Hébert? Aucune idée. Sans doute n'avons-nous pas lu les toutes nouvelles voix des années 1960, les Marie-Claire Blais, Réjean Ducharme, Jacques Godbout et quelques autres. Nous n'avions pas le temps. Et c'est l'histoire qui nous intéressait. Un trimestre, c'est bref, et un cours de trois heures par semaine, ça passe vite. Et puis, la mode n'était pas encore aux « nouveautés ».

Nous avons lu l'*Histoire de la littérature canadienne-française,* de Tougas. Et des articles, des revues, d'autres livres d'histoire, sans doute.

J'ai en mémoire le grand émoi que nous avons éprouvé à découvrir le magnifique *Les Anciens Canadiens,* de Philippe Aubert de Gaspé père, ce livre écrit lors de sa retraite, à son manoir de Saint-Jean-Port-Joli, et publié en 1863, une vingtaine d'années après le livre de son fils. Magnifique roman épique dont la toile de fond est la conquête des plaines d'Abraham et la source, l'*Histoire du Canada,* de François-Xavier Garneau, publié entre 1845 et 1848, quelque vingt ans avant *Les Anciens Canadiens.* Pour mieux analyser le roman de Philippe Aubert de Gaspé père, nous nous sommes engagés dans la lecture de Garneau. Quelles découvertes!

Après ces lectures, je devins indépendantiste. Je le fus cette fois et je le suis encore. Quand on a compris l'histoire de son peuple, et surtout celle de sa conquête par l'armée britannique, c'est pour toujours que l'on continue de comprendre, en affinant ses apprentissages. Voir les tenants et aboutissants de l'histoire, disons classique, et voir aussi sa transposition romanesque, sa mise à l'œuvre par les vérités bien inédites de la fiction, donne une toile de fond, mouvante certes, mais qui accueillera par la suite sur une immense scène les travaux et les pièces qui viendront s'y jouer.

Un peu comme si le XIXe siècle historique et romanesque avait installé la scène sur laquelle par la suite les humains d'ici viendront créer leurs pensées et leurs rêves, « à l'œuvre et à l'épreuve ».

Dans cette perspective, nous avons lu aussi Laure Conan, Germaine Guèvremont, Ringuet, Félix-Antoine Savard et tant d'autres. Je n'avais pas pour mission d'enseigner la poésie. Mais aimant cet art ultime, avant chaque cours, je lisais l'un de nos poètes, de Louis Fréchette jusqu'à Saint-Denys Garneau, en passant par Nelligan, Eudore Évanturel, Blanche Lamontagne-Beauregard et Medjé Vézina.

Nous comprenions que l'histoire d'un peuple se donne à lire autant par ses re-créations romanesques que par ses illuminations poétiques. Qu'un peuple se connaît mieux par ses écritures que par ses slogans. Et mieux encore que par ses programmes politiques ou ses propagandes passagères.

Si j'avais été dépaysée en arrivant à Montréal, j'appris à me refaire un pays grâce à la connaissance de son peuple, de son histoire et de ses œuvres.

Je me rendais compte aussi qu'après six années passées hors du Québec, soit quatre en Acadie et deux en France, je me retrouvais, paradoxalement, en côtoyant des étrangers. Sauf Micheline L., qui fut ma grande amie à cette époque, mes anciennes camarades du collège et les membres de ma famille — un véritable clan —, j'avais comme amis les professeurs du département d'études anglaises de l'Université de Montréal, la plupart venus des États-Unis, et plusieurs objecteurs de conscience à cause de la guerre du Vietnam. Ils ne voulaient pas participer à cette guerre d'envahissement impérialiste. Nous discutions longuement des guerres justes : de défense pour les populations envahies par les dictatures ou bien en danger de génocide. Après cette sale guerre du Vietnam, ils auraient pu retourner sans risque aux États-

Unis, ils sont restés au Québec, intégrés pour la plupart à la culture francophone d'ici. Plusieurs sont morts, certains sont encore ici, dont quelques amis chers.

C'est avec eux tous que j'ai poursuivi mon apprentissage de la culture de nos voisins du sud. Culture historique, politique et littéraire, façon de vivre, d'élever les enfants, de manger et de faire la fête. Pendant ces années de la décennie 1960, nous étions tous jeunes et faisions beaucoup la fête, comme il se doit. Nous nous retrouvions en bande, chez les uns et les autres, et chez nous souvent, Patrick et moi. Il y avait des repas généreux — j'appris de nouvelles recettes, pour les buffets surtout —, des bars gigantesques installés en général au fond des cuisines où l'attroupement avait lieu, et des discussions jusqu'au petit matin et jusqu'à plus soif. Dans les partys d'Américains et de Canadiens anglais, ça discutait plus que dans les nôtres, Canadiens français, où la danse était reine.

J'ai appris tout de même leurs musiques, folk, blues, folk-rock, jazz. Certains avaient des guitares et chantaient. Parfois, chez quelques-uns seulement, des joints de cannabis circulaient. J'en ai aimé d'emblée l'effet. Puis, lentement comme va la vie, à la suite de certaines séparations de couples et de ma propre entrée à l'UQAM, le groupe se dissipa sans éclat, sur la pointe des pieds s'en alla, chacun chacune vers son destin.

Je n'oublierai jamais ce que j'ai appris d'eux tous : Bob et Marie, et plus tard Rebecca ; John et Connie, et plus tard John tout seul ; Dick et Barbara, Phil et Jacqueline, Bill et Theresa, quelques autres dont les noms et les visages se sont perdus dans les brumes mais que je reconnaîtrais si les brumes s'évanouissaient. Je n'oublie pas mes chers Dena et Alan Goldberg (celui-ci enseignait à McGill et faisait partie intégrante de la bande), Dena et Alan, morts beaucoup trop tôt, êtres à la fois tourmentés et lumineux, tous deux communistes, sans parti car anarchistes, tous deux indépendantistes pour qui le Québec de l'époque leur rappelait le Cuba imaginaire de ce temps, lieu où ils n'étaient jamais allés mais qui leur demeurerait jusqu'à la fin l'inaccessible idéal de la révolution humaine.

Ces années-là, tout en rédigeant ma thèse et en me risquant aux premiers poèmes et aux premières nouvelles qui paraîtront respectivement dans les revues *Liberté* et *Les Écrits du Canada français,* je fus invitée à donner un cours de français oral pour les étudiants anglophones du département de français de l'Université Concordia. Ces étudiants étaient soit anglophones de souche, soit allophones. À l'époque, on ne faisait pas la différence. Nous avions peu conscience des singularités ethniques. Existaient pour nous, à Montréal, les Français et les Anglais tout simplement, la ligne de démarcation géographique étant le boulevard Saint-Laurent : à l'ouest se trouvaient les Anglos et à l'est, les Francos, à peu d'exceptions près. Ma première rencontre avec les étudiants me fit vite comprendre qu'aucun d'eux n'avait franchi cette ligne de démarcation.

Je décidai donc, et le leur proposai bien entendu, et ils en furent ravis, qu'au lieu de parler de la pluie et du beau temps ou encore de jaser en pure perte de nos existences, une semaine sur deux nous irions voir un spectacle théâtral, ou bien un film, mais en français, et que la semaine suivante nous en parlerions et verrions ensemble ce qui se passait dans ce lointain proche, de l'autre côté de la fameuse ligne de séparation. J'obtins un budget spécial et nous sommes sortis. J'ai même emmené les étudiants voir des tableaux, au musée ou dans quelques galeries. Les tableaux, ça ne parle pas, leur ai-je dit, mais on peut en parler tant qu'on veut.

Ce cours fut une véritable fête, pour eux comme pour moi. Ces étudiants vivaient à Montréal depuis toujours ou depuis longtemps. Dans nos excursions, ils eurent l'impression de découvrir l'Amérique, pas celle qu'ils avaient apprise dans les livres, mais une autre, submergée jusque-là telle une Atlantide soudain désengloutie.

Si j'avais pu, j'aurais continué à donner ces cours durant des années. Un jour de l'automne 1968, je reçus un coup de fil d'un homme que je ne connaissais pas, du nom de Pierre Grenier, et qui me demandait si j'étais intéressée à devenir professeure à la nouvelle université, l'UQAM, en voie de formation. Je n'en revenais pas. Je n'avais sollicité aucun de ces postes offerts. J'avais écouté d'une oreille distraite tout ce qui concernait ce nouveau projet.

Je lui demandai : « Comment savez-vous que je pourrais être intéressée par un tel emploi ? » Il me répondit : « Les doctorats ne courent pas les rues, vous savez. » J'étais soufflée. Je rencontrai les membres du « comité de formation » pour les lettres. Et j'apportai mon curriculum.

Peu de temps après, je signai un contrat d'embauche en bonne et due forme. Le représentant de l'UQAM qui avait signé mon contrat s'appelait Louis Godefroy Cardinal. Je ne le connaissais pas.

Avant la signature, j'avais averti les membres du comité, mes futurs collègues du département d'études littéraires, que j'attendais un enfant et ne pourrais sans doute pas enseigner au moment où l'UQAM serait inaugurée — on parlait de juin 1969 —, et ceux-ci m'ont répondu, alors que le congé de maternité n'existait pas encore : « Il n'y a aucun problème. Nous vous attendrons le temps qu'il faudra. » Chose incroyable dans la pensée d'aujourd'hui. Heureux jours où tous les possibles nous appartenaient !

Ainsi, d'ailleurs, dix ans plus tard, fut nommée la revue *Possibles,* en 1978, par ses fondateurs qui pensaient encore réalisables nombre de nos utopies : les littéraires Gaston

Miron, Roland Giguère, Gilles Hénault, Gérald Godin et les sociologues, dont mon compatriote d'Amqui, le regretté Marcel Rioux, et Gabriel Gagnon qui, lui, vit encore, hommage lui soit rendu ; sans oublier ma sœur Raymonde, qui signait Savard, à l'époque.

Pauline

*Cette forêt au centre de laquelle se trouve la
pierre où s'abîment les cœurs.*

RICHARD MILLET, *Mouvement*

Le 11 octobre 2009, lors d'un voyage sur la Côte-Nord, je me
retrouve à Baie-Comeau en compagnie de l'amie Monique,
de Guy, qui était le mari de ma petite sœur Pauline, et d'Hélène, fille de Pauline et de Guy. Hélène est née la même année
que mon fils Charles, en 1963. Avec nous, il y a Yolande, la
seconde épouse de Guy, et Alain, le conjoint d'Hélène.

Il pleut des clous glacés, l'hiver va commencer, nous le
sentons, n'en parlons pas. Nous avons ouvert les vannes
de la chaleur de l'amitié entre nous. Nous sommes ici pour
commémorer la mort de Pauline. Pour célébrer sa vie aussi,
les souvenirs que nous avons d'elle. Nous nous racontons des
histoires, nous rions même, des morts sous les pieds.

Nous sommes au cimetière Saint-Joseph-de-Manicouagan, à Hauterive. C'est l'un des beaux cimetières de la Côte-
Nord. Une grille noire et une porte en ogive de fer forgé sur
laquelle les lettres du nom sont gravées. De la belle ouvrage
digne du tombeau de Pauline, me suis-je dit en entrant. Nous
sommes en pleine forêt, noire elle aussi, avec cette taïga de

conifères dressant leurs têtes chenues dans l'opaque ciel d'aujourd'hui comme autant de gardiennes pieuses dans l'antichambre de l'au-delà où les âmes de nos disparus se trouvent déjà. On sent la mer, pas très loin, et on entend la route 138 qui passe tout près. Dommage, me dis-je, le silence devrait être pur. Il faut bien que passent les routes, sinon nous ne serions pas ici.

Guy nous a d'abord conduits sur la tombe de la petite Sonia, leur seconde fille, à Pauline et à lui, morte à quelques mois seulement, deux ans avant sa mère Pauline, qu'elle n'aura pas connue puisqu'elle était née pour ne pas connaître la vie. « C'est un petit ange », avait dit son grand-papa Jean-Baptiste quand il est revenu des funérailles, des larmes plein la voix étouffée et ce mal de cœur qui ne voulait pas le quitter à sa descente du traversier Godbout-Matane, seul avec son mal de mer et son mal de peine d'une enfant en allée trop tôt comme il en avait vu, jeune homme, avec cette famille nombreuse, lui qui nous parla jusque dans son agonie de sa petite sœur Louise, « la plus belle », disait-il, qu'il avait bercée et qu'il avait vue s'éteindre quand elle avait quatre ans.

Puis, tout à coup, je vis face à moi l'épitaphe où le nom de Pauline était inscrit, avec ces dates qui parlaient toutes seules : « le 17-07-1967, à 27 ans ».

Ce n'est pas que j'avais oublié, mais la mémoire du deuil de mes vingt-huit ans avait forgé son grillage noir à elle, puisqu'il fallait bien continuer de vivre et puisqu'on ne peut pas mourir dans ses morts, sinon, à son tour, on s'en irait aussi. La mémoire brouillée est une protection parfois. Ceux qui se souviennent de tout sont des espèces de fous qui ne veulent pas sentir le reste.

Tout autant que l'amnésie, l'hypermnésie est une maladie.

Sur cette tombe de ma petite sœur, devant l'épitaphe,

tout m'est revenu. Sixième de la famille, Pauline se situait entre moi, la cinquième, et Françoise, la septième. Nous étions très proches, toutes trois. Françoise et moi avons été atterrées par sa mort. Nous formions le deuxième trio de la famille — il y avait trois trios, deux de filles et un de garçons, Paul-André était seul avec son chiffre unique, si nous comptons bien, ça fait dix en tout. Dix enfants dont le deuxième trio soudain se trouvait amputé d'un membre. Françoise et moi, pour toujours, appartiendrions à un trio orphelin.

Face au monument, la mémoire des mois précédant la mort de Pauline m'est revenue. Ti-Pou, c'était le petit nom que nous lui avions donné entre nous. Depuis toujours, elle avait été différente de nous. Moins jolie que ses sœurs, elle avait un strabisme accentué, les cheveux en désordre, la voix rauque, le parler trivial et les manières frustes. Nulle à l'école, elle redoublait sans cesse et s'est retrouvée une année dans la même classe que Françoise, deux échelons scolaires plus bas que la normale. Françoise la protégeait, ne voulut plus avoir de trop bons résultats pour ne pas l'humilier et parce qu'elle l'aimait. Nous l'aimions tous énormément. Elle incarnait, j'imagine, la révolte tapie au fond de chacun, cette zone sombre inexprimée et inexplorée chez les enfants supposés parfaits que nous étions, aux résultats scolaires mirobolants, hautement compétitifs en toutes matières mais ne le sachant pas, et voulant, de surcroît, l'humilité et la modestie. Nous étions même parfaits à ne pas vouloir briller et nous distinguer.

Comme chez les personnages de Dostoïevski, Pauline nous ramenait sans le vouloir à la part ténébreuse et tragique de la condition humaine, à tout ce qui n'est pas destiné aux succès et aux réussites où nous nous tenions tous, comme innocemment.

Et cela, pour elle, était vrai en tout. À la place d'une poupée, elle désirait un cheval pour fendre les espaces, foudroyer champs et montagnes, la cravache sifflante sur les flancs et le mors aux dents. À la place d'une montre, elle voulait une étable, d'un bijou, une paire de cordeaux, et d'aiguilles à tricoter, une épée. À peine sut-elle parler qu'elle sacra et, au lieu de pleurer, elle criait. Elle tirait nos cheveux, nous grafignait, nous pinçait, et nous l'aimions.

Un jour, sur la Côte-Nord où elle vivait avec son amour de mari Guy, sa petite Hélène et ses rêves de grands espaces, elle tomba malade. Elle disait que c'était le cœur, et le médecin consulté répondait que c'était l'imagination d'une « fille de riche » qui n'acceptait pas sa condition pauvre de femme de soudeur. Elle continua de se dire malade du cœur et ne voulut plus voyager, s'enferma chez elle avec son généreux Guy et son adorable Hélène. Avant de devenir malade, elle avait perdu sa petite Sonia qui, dit-on, s'étouffa dans son sommeil. Elle l'avait retrouvée sans vie, un matin, dans son petit lit.

Elle ne s'en remit pas, comme d'ailleurs du suicide de Régis, qui avait le même âge qu'elle. Elle aimait Régis profondément. Le suicide ? Elle ne comprenait pas. Elle ne se remit pas de la mort de sa petite ni de la mort de Régis. La maladie de la mort s'était emparée d'elle.

Un jour de cette année-là, au début de 1967, Pauline n'ayant pas voulu traverser en bateau le grand fleuve entre Godbout et Matane, comme elle et Guy le faisaient chaque année pour aller passer les fêtes avec leurs familles vivant toutes deux à Amqui, elle se sentait trop malade, disait-elle, maman m'appela à Montréal : papa et elle me demandaient de me rendre à Baie-Comeau, ils paieraient le voyage en avion. Ils voulaient que je voie de mes propres yeux son état, que je passe quelques jours avec elle : pour constater, pour juger et pour leur dire exactement ce que j'en pensais.

J'acceptai. J'emmènerais Charles, qui pourrait ainsi connaître sa cousine Hélène. Nous prendrions l'avion. Charles était fou de joie.

Depuis quelque temps, Pauline avait commencé à délirer. Plus personne ne comprenait les histoires qu'elle racontait. Tous s'inquiétèrent, nos parents les premiers. Nous sûmes par la suite que le manque d'oxygène au cerveau causait ce dérèglement qui avait tout l'air d'une paranoïa. Il s'agissait d'un délire de grandeur, dit mégalomaniaque, dans lequel elle possédait la Gaspésie au complet, villages et forêts. Elle y avait des moulins partout, de la baie des Chaleurs jusqu'à Sainte-Flavie, en passant par Gaspé, elle faisait le « grand tour » régulièrement. Elle était « millionnaire », extrêmement généreuse, distribuait ses propriétés, débonnaire, et déshéritait ceux et celles de la famille qu'elle n'aimait pas. Elle m'avait téléphoné un jour pour me faire part de ce qu'elle me donnait en héritage : une bonne partie de la Haute-Gaspésie, quatre ou cinq villages de cette rive nord de la péninsule, avec leurs forêts, leurs moulins et leurs cours à bois. J'étais contente et le lui dis. Je la remerciai. Et nous avons rigolé.

Étrange, tout de même : c'est dans la région, méconnue de moi à l'époque, que je passe mes étés depuis quelques années.

Quand j'arrivai dans leur petite maison de Baie-Comeau, ce que je vis me laissa sans voix. Je la pris tout simplement dans mes bras, puis la regardai de nouveau : le souffle court, les yeux cernés, le teint comme du papier de soie chiffonné, les lèvres bleues, je voyais son cœur battre follement sous sa blouse de coton. Elle était très malade. Je voyais. Elle sut tout de suite que je voyais. Nous savions, toutes les deux. Il y eut quelques larmes échangées, c'est tout. Je lui dis seulement que j'allais m'occuper d'elle. Que nous allions tout faire pour qu'elle guérisse : « Ti-Pou, tu vas t'en sortir, tu verras », ai-je ajouté.

Nous sommes passées à autre chose. Je suis restée là deux ou trois jours. Me suis occupée des repas, des enfants, de l'ordinaire d'une maisonnée, lui enjoignant seulement de se reposer. Nous avons parlé, je me souviens que, chaque fois, je voyais battre son cœur à tout rompre.

Elle n'a plus déliré, ces jours-là.

Pauline n'était pas particulièrement bonne cuisinière. Le dernier soir, elle a insisté pour faire sa fameuse recette d'omelette au four, « Tu verras, la meilleure omelette du monde », disait-elle. Elle était bonne, son omelette au four, et nous l'avons savourée. J'ai senti dans mon corps qu'elle tombait dans le bassin de larmes, emprisonnées là depuis mon arrivée dans cette maison.

Je suis repartie le cœur dans l'eau avec Charles en plein ciel à qui j'expliquais les nuages, les étoiles et les oiseaux, lui qui, comme tous les enfants du monde, posait des questions tout le temps.

La première chose que je fis en arrivant chez moi à Montréal fut d'appeler mes parents. Je communiquai à maman les symptômes que j'avais vus. Elle était cardiaque. Très malade. Il fallait convenir avec Guy de la faire venir à Montréal, à l'Institut de cardiologie.

En quelques jours, tout s'organisa.

Dans certaines familles, il arrive que des enfants se croient meilleurs que tous les autres, plus autorisés à agir, plus compétents, plus aptes et connaissants, à qui l'on a fait croire au fameux droit d'aînesse biblique, ils y ont cru parce que cela tombait en terrain fertile, terreau psychique où, pour toutes sortes de raisons, le désir de dominer est très fort, et très affirmée la volonté de pouvoir. Dans ma famille, cela s'est manifesté surtout quand la mort faisait signe, puisque le désir de pouvoir est intrinsèquement lié à la pulsion de mort. On le sait pour les guerres de conquête. On le sait moins pour les conflits intersubjectifs sur la scène familiale.

C'est bien connu quand on s'est donné la peine, la très grande peine parfois, d'analyser les arcanes du pouvoir épousé au désir de mort, dans les guerres plus particulièrement et dans les dictatures spécifiquement.

Je ne vis pas Pauline quand elle arriva à Montréal au cours de cet hiver 1967. Pensez donc! Quand on veut contrôler un événement, on ne confie pas une petite sœur délirante à une grande sœur aimante, et poète de surcroît. Quand est-ce qu'un poète a fait partie en ce monde des autorités pensantes et dirigeantes? Depuis toujours les poètes, comme les femmes d'ailleurs, furent exclus de l'agora des bien-pensants. Retournons juste à la *République* de Platon pour comprendre.

Le voyage à Montréal de Pauline avait été organisé dans la clandestinité par deux sorcières, la spécialiste en affaires psy et la donneuse de mauvaises nouvelles — elles sont deux, et depuis toujours et jusqu'à la fin. Pauline dut délirer d'autant plus qu'elle n'était pas tombée en présence d'alliées. J'avais d'ailleurs remarqué le déclin du délire lorsqu'elle se sentait aimée. Et comprise. Lorsqu'elle voyait qu'on la savait malade, malade physiquement, malade du cœur, elle ne délirait plus, ainsi que je m'en étais aperçue lors de mon passage à Baie-Comeau. En d'autres mots, en terrain hostile son délire décuplait.

Plutôt que de l'amener promptement à l'Institut de cardiologie, on lui fit rencontrer un psychiatre soi-disant ami qui la fit interner prestissimo à l'hôpital psychiatrique Albert-Prévost où lui-même travaillait. Paf! Il prescrivit une cure fermée pour bien ficeler le bouquet. Interdite de visite, du mari, des parents et de tous ceux de la famille qu'elle aimait pendant je ne sais plus combien de jours. Quand j'appris la nouvelle, comme d'autres qui l'aimaient, je fus atterrée.

Les supposées autorités compétentes familiales ont attendu que la boucle soit bien bouclée avant d'annoncer la nouvelle. Selon leur bonne vieille habitude, elles étaient convaincues d'avoir raison. Elles avaient le bon droit psychiatrique de leur côté. Et pas de procès, s'il vous plaît. Pas d'avocats de la défense. Pas d'aimants qui auraient pu témoigner autrement. Non ! Pauline était là toute seule. Coupée des aimants. Dans la nuit psychiatrique. Seule. En dedans !

Quand on l'avait traînée chez ce spécialiste du délire, combien elle avait dû délirer ! Là où, depuis toujours, depuis le petit médecin de sa petite ville, on ne la croyait pas malade, elle souffrait tellement toute seule qu'elle en devenait folle. On le deviendrait aussi, pauvre Ti-Pou, pauvre petite Pauline.

Arriva alors ce qui devait arriver : une nuit dans le noir de l'isolement intégral, le corps craqua et Pauline claqua un infarctus éclatant. Sirènes à tous vents, l'ambulance fendit la nuit jusqu'à l'autre hôpital, l'Institut de cardiologie, là où elle eût dû se trouver depuis son arrivée à Montréal. Pauvre humanité !

Les choses se sont passées très vite après coup. Les cardiologues de l'Institut ont voulu rencontrer Guy et mes parents. À cause de son travail, Guy n'avait pu monter à Montréal. Je me souviens d'une réunion en présence de Pauline, si fragile. Les grands yeux étonnés dans son fauteuil roulant. On la croyait enfin, il était temps. Se trouvaient là dans un silence inquiet, aux côtés de deux cardiologues, mes parents, ma sœur Raymonde et moi.

Elle n'avait plus voulu voir ses gardes du corps psychiatriques, on la comprenait. L'heure n'était ni aux disputes ni aux récriminations. L'heure était à la douceur ultime. Les médecins avaient averti son mari, sa mère et son père que Pauline n'en aurait plus pour longtemps. On nous l'a amenée trop tard, avaient-ils dit. Grâce à un dernier examen aux artères qu'ils voulaient pratiquer en vue d'un diagnostic sûr mais qui risquait de lui coûter la vie tant l'intervention s'avérerait violente, ils pourraient peut-être se prononcer sur une meilleure espérance de vie.

Nous étions là, tous les quatre, nos parents, Raymonde et moi, à saluer notre Ti-Pou, à l'embrasser doucement avant le départ pour cette intervention. Je n'oublierai jamais le geste de papa. Comme il le faisait au jour de l'An, il dessina une petite croix sur le front de Pauline et dit la formule, avec le signe de croix dans l'air : « Au nom de Jésus-Christ, Notre-Seigneur, je te bénis, ma petite fille, au nom du Père et du Fils-et du Saint-Esprit », et on l'amena. Personne n'avait pleuré, ni elle ni nous. On la vit s'en aller, poussée par un infirmier dans ce long couloir triste, et je me souviens d'un rayon de soleil d'avril qui avait traversé en oblique ce passage blanc, soleil venu saluer son anniversaire de vingt-sept années, ce même mois.

Nous avons attendu longtemps, tous les quatre. Nous n'avons pas pleuré. Puis, les deux cardiologues sont revenus. Elle n'était pas morte. Pas encore. Elle dormait. On l'a reçue trop tard, dirent-ils de nouveau. On ne peut plus rien pour elle. Toutes les artères des poumons sont bloquées. Elle a fait des embolies à répétition. Et pendant longtemps. Le cœur ne tiendra pas plus que quelque temps. Ils dirent : « Entre deux et six mois. »

En attendant, qu'elle se repose et mange peu. Qu'elle ne travaille plus du tout. Qu'on soit gentils et attentifs. Présents. Aimants.

Et si elle délire ? « Laissez-la délirer. » C'est l'oxygène qui se rend au cerveau avec peine. Fallait-il lui dire qu'elle allait mourir ? Si elle le demande, oui, et doucement. Au fond, elle sait. Elle le sent, elle le sait. Elle ne demandera pas. Elle n'a pas demandé.

Au sortir de l'hôpital, elle a désiré venir passer du temps chez Raymonde et chez moi. Elle voulait être chez nous, nous parler, nous mieux connaître depuis le temps que nous ne nous voyions presque plus. À cause de cette maladie qui avait pris tant de place, disait-elle. Elle voulait aussi mieux connaître nos enfants.

Elle désirait se rendre à Québec, voir ses quatre frères qu'elle aimait tant. Et Françoise, à Moncton, qu'elle adorait. Mais c'est si loin, Québec et Moncton.

« Je vais me reposer chez vous deux. Après, je retournerai à Baie-Comeau, voir mon Guy et ma petite Hélène. Quand je me sentirai mieux, nous irons ensemble, tous les trois, à Québec et à Moncton. Quand nous irons à Moncton, nous arrêterons à Amqui voir nos quatre parents. Nous aurons une riche roulotte, Guy et moi. Et nous irons partout. »

Raymonde et moi étions voisines. Nous lui avons aménagé une chambre, calme, mignonne et proprette, dans chacune de nos maisons.

Ces jours-là furent d'une douceur et d'une gravité sans nom.

Puis, Pauline est retournée à Baie-Comeau. Un jour, j'ai reçu d'elle une lettre dans laquelle elle m'invitait à partager l'immense roulotte qu'ils achèteraient, Guy et elle. « Tu auras une grande chambre, tu verras. Nous irons en Europe, je te promets. En Europe, nous irons où tu voudras. Nos enfants seront avec nous. »

Quand les gens comprendront-ils que nous sommes tous, et en même temps, passé-présent-futur ? Et que si l'un des termes manque, nous devenons des orphelins de nous-mêmes ? Il y a tant d'orphelins-de-soi sur cette planète. « Oublie ça, dit-on, ça fait bien assez longtemps. »

Il y a tant d'orphelins-de-soi sur cette terre. Voilà pourquoi les guerres. Voilà pourquoi les génocides. Voilà pourquoi les meurtres. Et les famicides.

« Oublie ça ! »

Non.

Vive ce grand métier de l'écriture qui sait redonner vie à tous les temps.

Sur la tombe de Pauline, au cimetière Saint-Joseph-de-Manicouagan, à Hauterive, j'ai déposé une rose. Une rose blanche. « Tiens, ma jolie Ti-Pou. »

1969

Le bout du chemin ne se voit qu'à la fin.

HÉRODOTE

J'étais entrée en psychanalyse en 1967 parce que plus rien ne se passait dans ma vie. Ou parce que tout se passait mal. À vingt-neuf ans, je me souviens de m'être sentie vieille, plus vieille qu'aujourd'hui où j'écris ces lignes. Je faisais des fausses couches alors que je voulais un enfant — malgré nos difficultés, nous désirions un autre enfant, Patrick et moi. Je ne parvenais pas à écrire, ni thèse ni poésie ni récits ni rien, alors que le désir de créer quelque chose demeurait aussi vif. Le sang coulait de mon corps en abondance. L'encre des mots ne coulait plus. Inondation d'un côté, sécheresse de l'autre dans un même corps, c'en était trop. J'étais à la fois mer ahurie et désert dépossédé, et je n'en pouvais plus.

Sur ma route enténébrée, j'eus la chance de rencontrer deux ou trois amis qui surent m'indiquer la bonne croisée et la possibilité de suivre cette étoile qui me guiderait long-temps.

Dès les tout premiers mois de l'analyse, les symptômes s'étaient évanouis. Il me restait à poursuivre le long et lent voyage intérieur pour comprendre en amont ce qui avait à mon insu installé ces symptômes à la place de toute création d'œuvre, quelle qu'elle soit, livre ou thèse, amour ou enfant.

Plusieurs humains vont se payer le luxe d'une excursion vite faite chez le psy et, en bons touristes des contrées énigmatiques du dedans, vont revenir dans leur chez-soi habituel dès qu'auront disparu les symptômes agaçants, se croyant guéris. Jusqu'à la prochaine crise.

La psychanalyse peut guérir les signes de la souffrance, mais elle n'est pas faite pour ça. Elle est faite pour comprendre. Pour suivre patiemment les méandres labyrinthiques d'une histoire subjective. Elle est faite pour saisir ce labeur particulier qui consiste à savoir « rendre l'énigme à l'énigme ». Elle est une interminable histoire.

Deux années après le début de l'analyse, en 1969 donc, se passent ces trois événements magnifiques et majeurs de ma vie : la naissance de Christophe ; mon contrat de professeure d'études littéraires à l'UQAM, qui prend une forme concrète en juin ; et la publication de mon premier livre à l'automne, *Les Morts-vivants*. Sans compter que, dès 1968, j'avais pu soutenir ma thèse de doctorat.

Un enfant, une mission d'enseignement, un livre et un doctorat, quelle aventure ! Et plurielle, et en si peu de temps. Il fallait tenir, maintenant. Être à la hauteur. Assurer. Persister. Persévérer.

Comme toutes les femmes de mon époque, assumer la double tâche — malgré l'aide à la maison, sinon c'eût été une triple ou quadruple tâche. Après ma journée de travail à l'université, je devais, comme toutes les mères, revenir à la maison en courant pour libérer Nana, et plus tard Mme Leblanc. À dix-sept heures, leur journée à elles se terminait, sans doute comme moi devaient-elles en commencer une autre chez elles. Dans une maison où il y a des petits, les heures autour du repas du soir sont les plus chargées : retrouvailles avec la maman absente tout le jour, repas, bain, histoires à lire ou à raconter, jeux, puis devoirs et leçons, et enfin dodo précédé d'autres histoires. J'aimais ces heures si vivantes, mais après, j'étais lessivée. Toutes les mères ont connu cet état de grande fatigue doublée du plaisir de l'accomplissement.

Je me souviens de mes collègues masculins qui, à cette heure précise d'une fin de journée à l'université, se retrouvaient dans l'un des bars environnants pour de longs apéros. Me revient en mémoire cette invitation faite par l'un deux, une fin d'après-midi après le travail : « On s'en va à l'apéro pendant que nos petites femmes nous mitonnent un bon repas, tu viens ? » Je le regardai droit dans les yeux et dis : « Je n'ai pas de petit homme à la maison, moi. » Je vis à son regard qu'il avait compris quelque chose. Mais quoi, au juste ? On ne sait trop. Mes collègues masculins n'étaient ni plus ni moins machistes que les autres. La terre entière à l'époque était remplie de machos. Sauf exceptions qui viennent confirmer la règle. Comme toujours.

Notre département comptait peu de femmes, et sur les cinq ou six, seules deux étaient conscientes des inégalités intersexuelles (on disait peu alors le mot *féminisme*), seules deux étaient féministes, ma collègue Anne et moi-même. Elle était mon homonyme, Anne Gagnon — pas parente, mais Gagnon tout de même. Elle avait fait son « doctorat avec Barthes », ce qui nous impressionnait fort. Brillante et très jolie, elle n'a pas fait de vieux os à l'université. Elle l'a quittée très vite, a vendu ou donné les livres de son immense bibliothèque — certains collègues étaient catastrophés —, est partie à l'aventure avec ses minces possessions bien rangées dans sa Westfalia et sa chienne racée. On ne l'a plus jamais revue. Triste ! J'ai enduré la tâche multiple et la difficulté d'être femme en ces professions, à l'époque, un peu plus longtemps qu'elle. J'ai démissionné en 1982. Je n'aime pas le terme *démission* qui ne me ressemble pas. Je raconterai plus tard.

Anne et moi avons fait la pluie et le beau temps au sein de nos assemblées départementales. Pas méchants, innocents en quelque sorte, nos collègues les plus évolués en matières sociales et en intelligence de la chose littéraire, et nos amis chers, nous en faisaient voir parfois de toutes les couleurs. Je devrais dire, nous en faisaient entendre, tant certains propos heurtaient nos oreilles et nos sensibilités toutes féminines. En plus d'être dédiées à l'étude des corpus littéraires que nous lisions et analysions, comme nos autres collègues d'ailleurs, nous étions *militantes* syndicales, travaillions toutes deux à l'émergence des premiers comités intersyndicaux et quadripartites sur la condition féminine. « Quadripartites », ainsi disions-nous tous pour les quatre parties constituantes des employés(es) : professeurs(es), chargés(es) de cours, employés(es) de soutien auxquels s'ajouteraient plus tard les cadres subalternes. Ainsi parlions-nous. Ainsi écrivions-nous.

La mise sur pied d'une toute nouvelle université exigea des quelques centaines de nouveaux et jeunes profs embauchés en bloc des milliers d'heures de réunions pendant lesquelles nous avons tiré des milliers de plans sur la comète, lancé des milliers d'idées que nous voulions toutes novatrices. Nous voulions inventer. De nouvelles manières de penser l'enseignement. De nouvelles façons, que nous supposions révolutionnaires, de penser le monde. Il faut imaginer cette génération dans la jeune trentaine à qui, du jour au lendemain, on avait confié d'immenses responsabilités. Alors que partout dans le monde, occidental en tout cas, naissaient des luttes et des indépendances de toutes sortes, ici, au Québec, se bâtissait, pierre à pierre, brique à brique, pensée à pensée, la Révolution tranquille.

Tout ça, en même temps que naissait la révolution féministe et que nous parvenaient, des pays d'Amérique et d'Europe, les premiers écrits de cette révolution. C'était la « Libération des femmes Année Zéro », comme le titrait un numéro de la revue *Partisans,* que nous lisions avidement, ma collègue Anne et moi, et dont les effets se faisaient sentir dans nos enseignements, mais aussi dans nos propos enflammés aux assemblées départementales.

Je me souviens de la première fois où nous avons osé lancer le mot *phallocratie,* et dû l'expliquer devant nos collègues quasi effondrés, certains blancs d'effroi.

Toutes ces tâches n'étaient-elles pas trop lourdes pour nos épaules ? Ces ouvrages multiples liés à l'éducation d'un enfant, à l'enseignement de même qu'aux engagements sociaux et à l'écriture proprement dite — sans compter les trois séances hebdomadaires qu'exigeait la psychanalyse — n'étaient-ils pas tous trop accablants pour que chacun soit bien conduit ? Je dirai qu'à l'époque je n'avais pas le temps de me poser ces questions. J'avais la santé de la jeunesse de mon côté.

Avec le recul, et bien franchement, je ne crois pas qu'en aient souffert ni ma façon d'être mère, ni celle d'être épouse et amante — et si échec il y eut en cette matière, la raison en est ailleurs, les raisons devrais-je dire —, ni encore la vie intense des amitiés en ce temps béni où la fête était assidue et où nous découvrions entre nous, femmes et hommes, filles et garçons, ce que nous nommions *camaraderie,* ce champ nouveau de nos relations où les luttes du monde, d'ailleurs et d'ici, tentaient de se comprendre aussi bien en dansant qu'en parlant.

* * *

Quant au livre, *Les Morts-vivants*, c'est comme s'il s'était écrit nulle part et tout seul. Peu de choses à en dire, sinon qu'il fut le fruit d'une nécessité.

Pas de difficultés dans l'écriture de ce premier livre. Sans doute un torrent surgissait-il sur cette terre vierge venue de sources souterraines longtemps emprisonnées parmi les masses invisibles de fer et de feu. Écrivant ces mots, je pense spontanément au *Torrent* d'Anne Hébert.

Mon livre fut plutôt bien reçu par la critique. Je me souviens d'une lecture élogieuse de Jacques Ferron, dans *Le Jour*. J'étais contente, sans plus. Je ne m'attendais à rien. Ne connaissant pas du tout le milieu littéraire — il était moins nombreux, moins encombré qu'aujourd'hui —, j'avais accepté de lancer ce livre dans la collection « L'Arbre », chez HMH, à l'invitation de Jacques Hurtubise qui avait lu deux nouvelles dans *Les Écrits du Canada français* (devenu *Les Écrits*). Je ne l'avais jamais rencontré, c'était ainsi à l'époque — il m'arrive de désirer le retour de ce paradis originel où les compétitions féroces et les disputes en coulisses mais non moins acharnées pour les concours et autres prix littéraires n'avaient pas encore lieu. C'était ainsi en ces années-là. Aucune école pour former des scénaristes et autres bricoleurs de fictions pour les ondes. On venait chercher les écrivains. Purement inconnus le plus souvent.

C'est en relisant, en cet été 2010, les *Contes* de Jacques Ferron que je compris pourquoi *Les Morts-vivants* lui avait plu. Il y a, chez nous deux, cette passion géographique de l'ensemble du territoire Québec de même qu'un amour de la campagne des aïeux depuis leur exode massif et consenti des vieux pays au XVIIe siècle. Au fin fond des choses, on peut considérer que l'appétit présent pour ce qu'on nomme *écri-*

tures migrantes touche notre corde sensible à l'endroit de la transhumance qui fait partie de nos imaginaires depuis la fondation même du pays.

Pour revenir à ce qu'écrivait Jacques Ferron à propos de ce premier livre — il fut l'un des seuls, à l'époque, à en proposer une vraie lecture, c'est pourquoi je m'y arrête —, loin de moi la pensée de rivaliser avec lui en matière de jugement esthétique à partir de mes propres écrits. M'est resté toutefois un doute qu'il souleva vers la fin de son article (que je n'ai plus sous les yeux) : cette jeune écrivain, disait-il, devra se méfier à l'avenir d'un style qui aurait tendance à devenir « alambiqué ». Sensible au reproche, parfois je m'en suis inquiétée, « suis-je alambiquée ? » me disais-je, dubitative. Souvent ma réponse était oui. Jacques Ferron avait raison. Au bout de toutes ces années, j'ai cru comprendre pourquoi.

Face au non-pays qui est nôtre depuis ses commencements, Jacques Ferron a répondu par les salves cyniques et les extravagances politiques. De mon côté, avec une même sensibilité jusqu'au sentiment de l'absurde adossé au mur de la non-existence, et allergique à l'impudence, j'ai réagi en me construisant un pays intérieur (une « archéologie du dedans », disais-je alors), en prenant comme terreau d'exploration l'inconscient et ses méandres en apparence illogiques, quitte à perdre parfois mes repères, sextant ou boussole, et à l'écrire. À persister dans la quête d'une écriture impossible basée sur le méconnu. Voilà pourquoi, deux fois plutôt qu'une, l'alambiqué. « Ce que l'on conçoit bien s'énonce clairement, et les mots pour le dire arrivent aisément », disait avec justesse Boileau. Sauf que ce dernier était né bien avant Freud. Et Kant. Et Spinoza. Et Nietzsche. Et Jacques Derrida. Et qu'il n'habitait pas un non-pays.

Qu'en est-il de ce qui se conçoit avec sa part nécessaire

d'ombres et d'obscurités ? Qu'en est-il de ce qui ne peut s'énoncer que dans un certain malaise, mais s'énoncer tout de même ? Parts d'ombres et d'énigmes relatives bien sûr, sinon rien ne s'écrirait.

Au non-pays qui est nôtre depuis ses commencements correspond un non-lieu d'écriture. S'y aventurer avec et par l'écriture risque de mettre en place une géographie de l'incertitude et de la pénombre. Pour arpenter ces territoires, l'explorateur doit affûter autrement ses outils. Qui sont « nuptiaux », écrivait le poète René Char.

René Char, l'un des miens depuis toujours. Comme le Jacques Brault du « petit chemin » et le Maurice Blanchot de la « communauté inavouable ». Et le Paul Bélanger de « l'encre noire des poètes ». Et le Paul Chanel Malenfant des « questions sans réponses ».

J'ai lu attentivement cette première critique. De façon générale, au cours de ma vie d'écrivaine et à chaque publication de livre, j'ai bien lu les critiques. Et j'ai appris d'elles. Je ne crois pas que les critiques littéraires soient des « ratés sympathiques ». Bien au contraire, souvent. À leur manière, ce sont des écrivains acharnés à débusquer le sens, les directions et orientations, boussole à la main, sextant à l'œil. Et parfois télescope. Car ce sont aussi des arpenteurs du ciel qui feront voir à travers le foisonnement d'un texte, d'un livre, l'étoile non encore repérée ouvrant des chemins jusque-là aveugles.

Bien sûr, il est, comme en tout domaine, de perfides critiques dont la méchanceté embrouille toute lecture ultérieure. Cela fait partie des risques du métier. De façon générale, je m'en suis peu souciée.

Avant la publication des *Morts-vivants,* qui m'a semblé s'être écrit comme par enchantement, j'ai eu à vivre, hélas, la bataille du nom. Une guerre privée de signature, si j'ose dire. Je voulais tout simplement signer de mon nom, Madeleine

Gagnon, et le mari, cela lui semblait naturel aussi, voulait que je signe du sien. Après moult discussions, négociations et larmes parfois, je proposai un compromis. Ce serait, comme il était courant à l'époque, le double nom. Avec un trait d'union. Pas un trait de désunion, ce signe de ponctuation étant inexistant. Ce serait donc Gagnon-Mahony.

Cela m'a nui et me nuit encore, on n'a qu'à voir dans les bibliothèques. Ce n'est pas si grave que ça, me dis-je parfois, un jour, ce livre sera réédité. Et redonné à son nom. En fait, en me donnant la double identité, on m'enlevait la mienne propre. Pas si grave, après tout. Sauf que.

Sauf que mon propre père, Jean-Baptiste, celui qui m'avait déjà dit : « Si tu signes des livres, honore ton nom, honore ta signature. Signer un faux livre, c'est comme signer un faux chèque », il était homme d'affaires, je l'ai souvent écrit. Celui qui m'avait bien expliqué, à dix ou onze ans, l'ordre du langage et le nom-du-père, des années-lumière avant que je ne lise Jacques Lacan, s'est dit outré de ce double nom sur la page couverture de mon tout premier livre. Je me souviens de lui avoir répondu, alors que j'en étais à mes premières mises à l'épreuve de mon carquois féministe, que, de toute façon, le nom du père n'était pas mon seul nom. Que l'histoire nous avait enlevé, à nous, les femmes, l'autre nom, celui de la mère. Je ne pus lui parler à l'époque du très beau livre *L'Ombre et le Nom*, de Michèle Montrelay, que je n'avais pas encore lu, mais je savais déjà les termes *continent noir* pour parler de l'univers féminin et de ses absences multiples dans tous les ordres du monde. Et quand il m'entendit lancer le mot *phallocratie*, il faillit s'étouffer. Après quoi, nous avons parlé, tous les deux. Et ma mère Jeanne, heureuse du sujet, s'était glissée dans la conversation.

Ma mère, à qui mes sœurs et moi passions ou donnions nos livres féministes, n'avait-elle pas déclaré à mon père, peu de temps auparavant, qu'« elle n'en pouvait plus de ce pouvoir clérical-patriarcal-phallocrate », ce furent ses mots et mon père n'en revenait pas : « Qu'est-ce qu'elle a, votre mère ? J'ai été bon avec elle. Je ne l'ai ni disputée ni battue... » Et c'était vrai. Ma mère, qui devenait féministe à soixante ans. Qui ne voulait plus aller à la messe. Ni voir ces curés « phallocrates », ces « vieux garçons », disait-elle, qui avaient exercé sur elle — et sur elles toutes, ses amies — un pouvoir matrimonial en les forçant à « recevoir leurs hommes en chaleur quand elles avaient mal » et en leur interdisant la contraception, même la plus douce, même la méthode Ogino, quand elles n'en pouvaient plus de porter des enfants et d'accoucher dans la douleur.

Ma mère Jeanne n'est pas demeurée mécréante toute sa vie. Née en 1910, on n'enlève pas facilement le pain de l'esprit dont on a été nourri depuis ses origines. Et elle aimait son homme. Et son Église se délitait. Jusqu'à la fin, un vacillement demeura. À force, sa foi pure d'enfance avait tremblé. Jusqu'à la fin, le corps et l'esprit s'en sont souvenus.

*   *   *

Comme les années précédentes de cette décennie, cette année-là de 1969, je n'étais pas indifférente aux outrances du monde. La guerre du Vietnam, je la vivais comme si elle se passait dans la cour arrière de notre maison. Nous la vivions, devrais-je dire, les amis et moi. En parlions. Avions tendance à nous décourager parfois d'une Terre qui ne pouvait rouler sans allumer sporadiquement ses incendies.

Ici même, nous sentions les violences monter. Déjà, il y avait eu des bombes, deux ou trois morts. Je me disais : quels sont ces individus qui ont besoin de tuer pour exister ? Je n'en connaissais aucun puisqu'ils étaient anonymes. Mon rêve de pays ne passait jamais par les armes et les meurtres. Ces « noces de sang » n'étaient pas pour moi.

* * *

Je me souviens qu'à l'automne 1968, et au début de l'hiver, ma pensée et mon regard se tournaient souvent vers le dedans. Je sentais mon enfant bouger dans mon corps, je mettais les mains sur mon ventre gros comme une mappemonde, je suivais le flot de cette mer qui la portait. On aurait dit que j'entendais les battements d'un nouveau cœur quand je palpais. Je me disais : il y a des rages humaines pas très loin de nous, il y a des désastres qui nous effraient, mais nous, nous sommes deux cœurs à battre et à vivre et nous ne mourrons pas jusqu'à la fin du monde.

Le grand jour vint, à l'orée de cette année-là : le 28 janvier 1969, les eaux du ventre cédèrent et les contractions du cratère en ébullition se firent sentir. Le travail commençait, durerait des heures et des heures, aussi pénible et insupportable que le précédent de 1963, jusqu'à l'arrivée au monde bénie de mon second fils, Christophe, qui allait naître à la toute première minute du 29 janvier.

J'ai de multiples mémoires de cet événement. Contrairement à l'accouchement d'Aix-en-Provence, il y avait face à la table, en haut sur le mur blanc, une grande horloge que je regardais sans cesse. C'est pourquoi je vis le passage, à une minute près, du 28 au 29. Il y avait là parmi la panoplie d'instruments modernes, nous étions à l'hôpital Sainte-Justine de Montréal, l'un qui servait, placé sur le ventre, à entendre battre le cœur de l'enfant, de même que les bruits tout autour, de sorte que je me sentais au beau milieu de l'océan. J'entendais les vagues et le ressac et j'entendais même les débris que les flots portaient jusqu'à la rive comme dans les tempêtes :

branches d'arbres, algues géantes et même bouteilles venant se fracasser sur une grève en moi.

Je me demandais si mon enfant entendait la même symphonique fulgurance puisque, tout petit en voie de formation, il avait des oreilles.

Je ne vécus pas le même carnage que lors du premier accouchement. La douleur ne fut pas moins intense et l'incompréhension tout autour, pas moins intolérable. Heureusement, Patrick était là et il accueillit ce second fils dans une incommensurable joie. Mais les autres ne furent pas plus brillants. Comme à Aix-en-Provence, le gynécologue arriva à la dernière minute, le temps de m'administrer une épidurale, de faire installer mes jambes sur les étriers de malheur et d'aller chercher la tête du bébé qui sortait : bonjour, au revoir, je ne le revis plus.

Mais les autres ! Il y avait là une infirmière qui faisait son boulot comme à l'usine, sans un mot, sans un sourire. Elle attendait que ça sorte. Elle semblait n'en plus pouvoir de travailler dans cette boîte où tant de nouveaux humains se pointaient tout gluants, sales et en sang, et où tant de jeunes mères souffraient et criaient à se fendre l'âme. Elle semblait épuisée. Harassée.

Et l'autre, l'autre ! Une sage-femme qui, elle, avait pour mission de parler. Trop. C'était une mystique du ventre qui n'avait pas eu d'enfants — je le lui avais demandé —, tournait sans cesse sa main autour de « l'utérus béni », disait-elle. Elle avait suivi « une formation » sur l'accouchement sans douleur et quand, en cours de travail, je criai « NON » parce que je n'en pouvais plus de souffrir, elle sembla scandalisée et me dit quelque chose comme : « Non ? Vous refusez de donner la vie ? » et le sermon à la psy-granole-macramé de l'époque continua, je n'entendis plus, c'était une espèce de torture morale tout aussi affligeante que celle du premier accouchement, mais sous des dehors doucereux, et je rageais. Peut-être cette rage m'a-t-elle aidée à traverser le désert innommable que constitue le travail de l'accouchement.

Et le miracle vint !

La tête de Christophe sortit, puis tout le corps glissant vite comme un poisson, et le cri après le difficile passage, à la fois cri de désarroi et cri de victoire. Enfin, la cérémonie du cordon qui devient, ô miracle ! un nombril. Et le bébé que l'on met sur le ventre enfin libéré de la maman. Et ces petits doigts que l'on compte, et ces petits orteils, tout est parfait, on a mis au monde un humain nouveau.

Ce regard, ce regard déjà noir brillant de Christophe, qu'il plongea aussitôt dans le mien. Je n'en revenais pas. C'était lui. C'était lui et pas un autre.

Il avait déjà sa personnalité. Et déjà je le reconnaissais. Avant de sombrer dans le sommeil, je me souviens d'avoir pensé combien un enfant, si petit soit-il, a d'emblée sa personnalité propre, et son tempérament. Autant le premier regard enroulé de brumes du premier enfant, Charles, m'avait semblé celui d'un doux rêveur, autant le regard du second vint me dire qu'il serait celui d'un joyeux conquérant.

Ces deux fils ont continué de grandir dans la différence. Ce sont deux hommes maintenant.

J'ai toujours pensé que cette œuvre de chair, plus haute que tous les livres écrits et publiés, constituait la plus belle réalisation de ma vie.

Mais de ne pas s'écrire, j'en suis convaincue, elle ne serait pas advenue à l'entièreté de son existence.

SIX

Me and Bobby McGee

En son âme, il demeure le même être de passions qui, à force de quêtes et de remous, a fini par devenir ce morceau de galet, battu, poli, mais irréductible.

FRANÇOIS CHENG, *L'éternité n'est pas de trop*

Rawdon

Avec mes amis de l'UQAM, nous avions loué, cet été-là de 1972, deux maisons de campagne à Rawdon, l'une plus grande et rouge où logeaient les quatre qui n'avaient pas d'enfants, l'autre vert forêt où je m'étais installée avec mes deux garçons et leur gardienne, Mme Lucien. Les deux maisons étaient situées à une centaine de mètres l'une de l'autre sur un terrain boisé de feuillus et de conifères, isolées de tout voisinage. Elles étaient composées de deux étages avec un nombre de chambres suffisant qui nous permit à chacun l'installation d'un bureau, de bibliothèques et de fauteuils de lecture. Les tables de travail donnaient toutes sur une fenêtre. Ainsi pouvions-nous nous évader vers la forêt, ses bruissements ou envolées d'ailes, ou bien vers le filet de rivière en bordure du terrain ou encore vers le vieux puits et sa margelle de pierre qui nous ramenaient à la vie paysanne d'autrefois.

Dans l'immense cour des propriétés, nous avions aménagé des espaces de jeu pour les enfants. Et pour nous, une table en bois et ses lourdes chaises pour les pique-niques et le travail, un terrain de badminton, une corde à linge, une lisière pour le potager que nous n'avons jamais eu le temps ou le talent de cultiver et, loin de toute vue, un parking pour nos voitures.

Je mangeais avec mes enfants le matin et le midi. À part quelques exceptions, nous prenions tous ensemble, les amis et moi, le repas du soir dans la grande maison rouge. Chaque soir fut une fête où coulait librement le vin et se dégustaient les plats qu'à tour de rôle nous concoctions, nous étions tous bons cuisiniers.

Nous, c'est-à-dire cinq amis venant de quelques départements de l'UQAM — histoire, sociologie, sciences politiques, études littéraires —, cinq camarades du début de la trentaine, comme nous disions alors, qu'une vive affection cimentée par un même travail syndical et une même ferveur politique liait. Nous vivions une époque d'espérances sociales et d'heureux tumultes. Comme plusieurs de nos connaissances, après des procès intérieurs plus ou moins houleux, nous avions balancé la religion, la catholique romaine dominante qui nous avait tant opprimés, disions-nous. Nous étions libres comme l'air, pensions-nous, et le mariage n'était pas notre affaire. J'étais en train, pour ma part, de traverser la jungle du divorce — les lois le régissant étaient alors rigides ; un autre du groupe se dirigeait bientôt vers cette solution ; et les trois autres vivaient d'aventures non contraignantes et d'amours libres, selon la toute nouvelle expression.

Nous cinq, c'étaient Anne Gagnon, Céline Saint-Pierre, Jean-Marc Piotte, Mario Dumais et moi-même.

Certains de nos amis, proches ou lointains, mus par les mêmes sentiments de révolte et de rejet des ordres anciens, religieux ou politiques, avaient opté pour la vie communautaire, ou encore pour le dérèglement des sens par le biais des drogues hallucinogènes.

Nous n'avions rien contre les drogues douces, certains d'entre nous ont même chéri la petite fumée magique de la marijuana nommée *pot* ou du haschisch.

Fondamentalement, nous avions choisi l'étude et le travail syndical et politique, sans nous engager dans aucun des groupes radicaux qui se formaient, le PCCML (Parti communiste du Canada marxiste-léniniste), En lutte! ou l'une ou l'autre des formations trotskistes naissantes. Comme nous avions rejeté la violence felquiste, quelques années plus tôt, tous cinq étions allergiques aux affiliations à des partis d'obédience gauchiste rigoureuse dont la rigidité à plusieurs égards nous rappelait les carcans de l'Église que nous venions de briser.

Nous pensions que nos jeunes contemporains révolutionnaires avaient opéré un transfert du religieux au politique sans trop d'analyses et qu'ils se cogneraient le front aux mêmes écueils. J'en connus d'ailleurs quelques-uns qui vécurent des tourments analogues à ceux des religieux « défroqués » quand le temps vint du réveil et de l'appel strident à la liberté. Certains, hélas, ne se réveillèrent jamais du cauchemar. Combien de suicides, de folie paranoïde ou de catatonie plate n'ont-ils pas résulté de ces transferts massifs jamais élucidés !

Nous cinq voulions donc étudier. Chaque après-midi, nous travaillions à nos bureaux et chaque fin d'après-midi, avant l'apéro que nous appelions de tous nos vœux, nous nous réunissions pour discuter, dans ce que nous nommions nos séminaires et que Mario, qui travaillait aussi à la CSN d'où il tenait le terme, avait baptisé GET (Groupe d'études et de travail).

Nous travaillions à la préparation de nos cours, à des articles pour des revues ou, pour certains, à de tout premiers livres destinés à la publication. Notre université était jeune et vue de haut, par l'intelligentsia du milieu, nous parut-il. Chez nos collègues des universités de Montréal et McGill, nous avions cru percevoir cette espèce d'arrogance, et même de mépris, qu'ont parfois les aînés pour les débutants. Tout était jeune et frais, à l'UQAM. Aucune tradition, aucune preuve donnée de nos compétences ne venait appuyer nos premiers essais. Nous avions pour nous l'assurance et la fougue d'une jeunesse qui croit révolutionner le monde et inventer des merveilles du seul fait de sa nouveauté. Innocents, nous avions les mains pleines et le cerveau en ébullition. De tout temps, la jeunesse, par définition neuve et récente, s'est donné l'illusion du renouvellement du monde et d'inouïes découvertes. Ainsi tourne la roue de l'histoire. Fort heureusement d'ailleurs. Autrement, comment là faire tourner encore, cette roue de forces créatrices, et en tous domaines il va sans dire, si la voix était accordée, seule, avec cela qui se décompose, se désespère et va bientôt mourir ?

Le renouvellement du monde commence toujours par un paquet d'illusions entre les mains de ceux et celles qui sont les forces vives de ce monde et à qui l'on doit procurer les moyens d'exprimer leurs inventions. Follement parfois. Le renouvellement du monde, de tous les mondes, physiques et psychiques, est chaque fois possible grâce à l'initiale illusion qui dit : tout peut changer. Tout va changer.

La vie qui coule ou qui s'égrène grain de sable à grain de sable se chargera bien assez tôt de dissiper une à une les fougues des illusions premières. Pour bien vieillir, et bien mourir, il faut toutefois en avoir cultivé plusieurs. Ceux qui n'ont jamais cru avoir en eux le don de l'invention et du renouvellement seront les plus tristes et vont aller leur chemin cahin-caha en se desséchant.

Nous cinq, à Rawdon, sans nous le dire et sans même le savoir, étions donc dans cette croyance fondamentale et fondatrice que nous allions changer quelque chose à ce monde dont nous avions hérité. Qu'en toute matière nous allions apporter de l'inédit et de la novation : grâce à nos travaux, à nos écritures, mais aussi à notre façon de concevoir et de vivre l'amour, l'amitié, voire la façon d'élever nos enfants. C'est ce que nous exprimions lors de nos longues soirées.

Nous nous savions à gauche, par affinités lors de nos fréquentations livresques ou avec des maîtres ou par tempérament, révoltés par les injustices, les iniquités et les disparités sociales. Nous nous disions socialistes. Quant à moi, c'est encore ce que je me dis aujourd'hui. L'un d'entre nous avait œuvré à la revue *Parti pris,* un autre, dans les instances syndicales politiques. Et Céline, à la revue *Socialisme québécois* pour laquelle elle écrivait et dont elle faisait partie du collectif de direction. Au cours de l'été, j'écrivis un article pour cette revue, dont j'ai perdu copie et trace. Je me souviens de m'être trituré la cervelle en tentant de faire rencontrer mes connaissances philosophico-littéraires avec mes nouvelles découvertes du côté de la sociologie politique.

Je ne sais pas du tout ce qu'ont donné mes élucubrations. Il devait y avoir là un je ne sais quoi de naïvetés fondées sur une gymnastique intuitive qu'il serait amusant de revoir. Pas facile de préparer une cérémonie des épousailles entre imagination transcendantale kantienne et poétique mystique d'un Paul Claudel en invoquant nul autre que Karl Marx à titre d'officiant. Et pourtant, tout ce brassage s'est fait en douce, comme sans conflits et sans aspérités, la jeunesse, je vous disais.

Sans compter que je devais me rendre à Montréal trois fois par semaine pour mes séances d'analyse. Pour passer aussi rapidement d'une culture à l'autre, de la catholique romaine intégriste à ces modes de pensée radicalement différents que je découvrais, heureusement que je vécus l'expérience du jeu de lucidité qu'est la psychanalyse. Je me suis toujours demandé, et me demande encore, comment ils ont fait sans elle, tous ceux-là qui s'en sont passés. Une énigme…

Et puis, je retrouvais mes enfants à toute heure de la journée. Charles et Christophe avaient maintenant huit et trois ans. Je les retrouvais dans la joie des conversations, des histoires, des chansons et des jeux. Avec bonheur, je jouais avec mes enfants.

Récemment, j'ai lu chez Edgar Morin, qui tenait cette phrase d'il ne savait plus qui : « Pour vivre vieux, il faut de l'humour, de la bonne humeur, et aimer. »

Quand je repense à cet été merveilleux, à d'autres étés et à d'autres années, traversés comme en toute vie par des heurts, des conflits et des épreuves, je me dis, m'y arrêtant parfois, que c'est ce qui m'a gardée heureuse — j'ose le mot tabou : l'humour et l'amour. L'amour d'amitié autant que le désir, ces deux-là ne s'opposent pas. Il arrive même qu'ils se conjuguent.

Quant à la bonne humeur, qui n'a pas exclu de vives colères, tantôt injustifiées, le plus souvent justes, elle s'est abreuvée à deux sources : la fréquentation assidue des œuvres d'art, tous domaines confondus, et le sens de la fête où les conversations débridées, le rire et la danse bougent les lignes, inclinent l'axe d'un quotidien devenu routinier, banal.

Pour vous conduire ailleurs, loin d'un chez-soi devenu haïssable ou ennuyant, il n'y a rien comme un livre, une musique ou un tableau qui savent dégager d'autres horizons, mener à d'autres sensations, à d'autres pensées. Ainsi dans la fête où la table offre des mets que l'on ne fait pas tous les jours, le vin coule libre jusqu'à la douce ivresse et les amis, trop rarement vus, se mettent à parler avec leur corps en dansant.

Là, dans la fête et sans doute plus qu'en tout autre événement, il faut tout de même la modération. Savoir atteindre l'ivresse, s'y tenir comme sur une fine crête, sans quoi l'on s'engouffre dans la folie des houles — ce qui ne fut pas toujours facile pour moi, car j'aimais le vin et l'ivresse mais ne voulais pas devenir alcoolique. (Je viens d'une famille où, des deux côtés, Beaulieu et Gagnon, il y en eut plusieurs, même quelques femmes. J'ai dépassé les bornes des fois mais, dans l'ensemble, j'ai tenu mon pari.) C'est pareil pour la parole : débridée dans la fête, oui, mais qu'elle demeure dans un certain cadre, disons poétique, par rapport à la norme journalière qui, elle, serait davantage discursive. Pour la musique et la danse, que cela persiste dans la mesure de l'œuvre d'art, qu'elles ne viennent pas censurer les paroles et les confidences qui, je l'ai déjà vu, se perdent et se brouillent dans le délire et la transe d'une discothèque tonitruante.

Cet été 1972 fut une fête, une grande fête. Au fil de ces semaines de réjouissances, nous avons aussi travaillé. En plus de préparer chacun nos cours et d'écrire nos articles promis à des revues, je me mis à l'œuvre d'écriture proprement dite, abandonnée depuis *Les Morts-vivants*. Comme il m'arrivera tout au long de ma vie, sans que cela fût programmé ou même réfléchi, je me déplaçais entre prose et poésie à la fortune de la plume. Au cours de ces deux ou trois mois, dans de grands cahiers que je traînais toujours avec moi, j'alignai des phrases et des phrases pour m'apercevoir au fil de la course qu'il s'agissait de l'ébauche de mes deux opuscules de poésie qui, quelques années plus tard, deviendront livres sous les titres respectifs *Poélitique* et *Pour les femmes et tous les autres*. Écrits en partie en joual — je me souviens de m'être dit que je désirais donner ses lettres de noblesse à la langue de notre peuple —, truffés de citations glanées chez les révolutionnaires dits de gauche, avec quelques incursions dans les rêves et les fulgurances poétiques, j'ai compris assez tôt dans ma vie qu'il s'agissait là de brouillons ou, plus généreuse parfois avec moi-même, d'études qu'il eût mieux valu conserver dans mes archives personnelles. Ces deux petits livres sont le résultat de ce que je vivais alors : une séparation douloureuse semée de dangers ; le début d'une traversée du long désert psychanalytique où les joies de la découverte étonnante d'une géographie intérieure jusque-là méconnue rencontraient, et pour les mêmes raisons, d'inédites frayeurs ; le côtoiement quotidien de camarades que j'aimais profondément.

Et les lectures, dont l'une, qui fut bouleversante.

Lors d'une réunion, car nous faisions chaque jour ce que nous appelions une réunion, avant et pendant l'apéro, il fut décidé que nous lirions tous un même livre sur lequel nous tiendrions un séminaire un après-midi par semaine. Et ce livre serait *Le Capital* de Karl Marx. Oui, bon, non, pas l'été, et pourquoi pas ? L'idée fut adoptée. Nous lirions donc *Le Capital,* un chapitre par semaine. À tour de rôle, chacun serait responsable d'un résumé écrit du chapitre ainsi que de l'animation de la discussion au cours du séminaire hebdomadaire.

Au début, ce devoir dérangeait mes plans de vacances, d'écritures et de lectures choisies. Je voyais *Le Capital* comme une très haute montagne abrupte que je devrais escalader sans avoir les outils, pic et cordage, qui me manquaient. J'entrevoyais un fastidieux labeur et j'avais peur, comme j'eus peur la semaine qui précéda l'entrée à la petite école. Mes craintes s'évanouirent dès les premières pages. Dans mon souvenir, nous en sommes restés au premier chapitre du premier livre. Ce que j'appris là, par exemple sur le rôle de l'idéologie, sociale ou religieuse, pour que tourne sans grincements la roue du capitalisme, me dessilla les yeux. Je ne lirais plus jamais « bienheureux les pauvres » de la même façon ni ne comprendrais la charité des riches comme avant, cette fameuse vertu qui leur donne bonne conscience et leur permet de ne pas dénoncer les inégalités sociales, ni les iniquités, ni le système entier conçu sans levier de redistribution saine des richesses accumulées par quelques-uns au détriment de la masse des exploités.

Avec ce livre essentiel que tous les instruits de la terre devraient lire à temps perdu, mais qui serait du temps gagné pour tous, je compris aussi la mécanique de l'exploitation des travailleurs, productrice de plus-value par le temps de travail même. Je ne veux pas donner de cours ici, je n'en ai d'ailleurs pas toutes les compétences. Je veux simplement indiquer le moment de la naissance d'une conscience sociale. Le *kairos*. Ce nucléus formé qui eut des conséquences sur l'écriture poétique elle-même.

Après coup, plusieurs critiques littéraires m'on traitée de marxiste. Oui, traitée. C'était à la fois une insulte et un prétexte pour ne pas me lire vraiment. Ou pour dire que j'étais devenue illisible. Cette réputation m'a collé à la peau longtemps. Et encore. En plus, on me traitait de nationaliste. Cela aussi se voulait un affront. Dans mes deux premiers opuscules, j'ai écrit des vers tels que « Vive le Québec libre ! » La liberté ne fait pas de nous, Québécois, des nationalistes étroits, fermés. Je n'ai jamais été nationaliste, encore moins « national-socialiste ». J'ai toujours été, et le suis encore, pour l'indépendance du Québec.

Je ne pense pas non plus que mes quelques lectures de ce côté des choses font de moi ce qu'on peut appeler une marxiste. Je les nomme : le premier chapitre du premier livre du *Capital*, comme j'ai dit. Les géniaux *La Sainte Famille* et *L'Origine de la famille, de la propriété privée et de l'État*, écrits avec Friedrich Engels. Leurs grands inspirateurs français, Saint-Simon, Auguste Comte, Fourier et, surtout, Flora Tristan, l'extraordinaire Flora Tristan. Puis, quelques héritiers, des textes glanés au gré de mes travaux, dont ceux de Louis Althusser.

Cette longue parenthèse dans ma formation intellectuelle et ses échos dans certaines publications n'auront en rien entravé cette quête poétique amorcée, quelques années plus tôt, avec la lecture des Symbolistes et de Paul Claudel. Ni mes lectures ni mes écritures ultérieures n'en furent atrophiées. Les preuves écrites demeurent. Et en poésie, les preuves sont des « outils nuptiaux », comme l'écrivit l'un de mes chers, René Char.

Avec mes premiers « outils nuptiaux », j'ai en quelque sorte fait feu de tout bois. Notre jeunesse flambait, exultait, explorait. Je ne regrette pas. Je ne renie rien.

Le recul des ans me fait voir combien cela me coûta cher sur le plan de la réception critique. On ne se promène pas indûment de Paul Claudel à Karl Marx.

Avec *Les Morts-vivants*, je racontais des histoires, somme toute dans la voie de la tradition. C'était un livre normal, si je puis dire. Un jour — autour des années 1980, je crois —, un vieil écrivain intellectuel d'ici m'a franchement demandé pourquoi je n'avais pas poursuivi dans la ligne de ce premier livre, pourquoi j'avais bifurqué sur des sentiers moins lisibles, disait-il, tout cela proféré comme un reproche. Je ne sus quoi répondre — j'ai toujours eu l'esprit d'escalier. Des années plus tard, et maintenant en tout cas, je lui répondrais ce qu'en dit Pasolini lors d'une question analogue : l'artiste ne doit jamais prendre un chemin où on l'attend. L'artiste, et l'écrivain est un artiste, doit toujours explorer des voies de renouvellement. De transformation. Des voies exploratoires, voir « là-bas si j'y suis », disait le grand journaliste radiophonique français Daniel Mermet. Explorer l'inconnu pour trouver du nouveau. Rencontrer l'Autre de soi. Entrer en amitié avec l'Autre en soi. Au jeune poète qui lui demandait conseil, Jean Cocteau répondit : « Étonnez-moi ! »

Sinon, pourquoi écrire ?

Mozart

Je revins à la musique classique au début de la décennie 1980. Je dis revins car, fondamentalement et mis à part le country, c'est par la musique dite classique que je fus mise au monde de la musique. D'une certaine façon, mise au monde de la pensée aussi. C'est en 1984, après la mort de Mireille, ma grande amie Mireille Lanctôt, que j'écoutai d'abord, inlassablement, le *Requiem* de Mozart. J'ai écrit sur ces notes le *Requiem pour une Abeille* — l'abeille, comme le soleil avec deux ailes féminines, soleille, étaient les surnoms avec lesquels elle signait ses textes.

Ce *Requiem pour une Abeille* fut publié dans *La Lettre infinie*. Ce texte, écrit dans le deuil étonné, Mireille étant morte dans un accident d'auto à l'âge de trente et un ans, raconte en quelques blocs de poèmes en prose l'éclat et la beauté d'une jeune femme en allée trop tôt. Comme tous les textes de ce livre, il fut jugé obscur, labyrinthique, illisible. Je me souviens d'une rencontre avec Georges-André Vachon, directeur de la revue *Études françaises*, qui avait voulu donner le prix éponyme à ce livre. Et qui ne le voulut plus. La rencontre eut lieu chez lui. Je m'y étais rendue avec mon fils Charles que j'allais justement chercher à son école, pas très loin de chez Georges-André. Je me rappelle la foudre qui me tomba sur la tête lorsqu'il se mit à invectiver mon livre, le traitant de tous les noms, dont celui de *barbot,* qu'il compara aux « barbots de Borduas », nous peignions et nous écrivions pour une élite perdue, disait-il, loin du peuple et loin de tous, nous étions de détestables « faiseurs », nous irions à notre perte « comme tous les surréalistes de la terre ». J'étais éberluée, d'autant plus choquée qu'il m'avait tenu de suaves propos au téléphone. Ce qui me consola fut la comparaison avec Borduas. Mon Borduas depuis mon premier regard sur ses tableaux, à vingt et un ans. Après le verre qu'il m'offrit et que je bus jusqu'à la lie, nous partîmes, Charles et moi. Dans l'auto, Charles me dit : « Comment tu fais, Madeleine, pour voir du monde qui te traite comme ça ? » Nous avons parlé. Dans ses paroles, il allumait souvent de nouvelles lumières sur les choses. Et sur les êtres.

Pour ce même livre, *La Lettre infinie,* je reçus peu de temps après une lettre de Bernard Noël qui disait avoir démissionné de la collection qu'il dirigeait en défendant ces textes, refusés par la haute direction de Flammarion.

Mozart, donc. Tout Mozart. Et tous les autres, Bach, Beethoven, Schubert, Brahms, Schumann, Chopin, Liszt. Et Wagner. Et Mahler. Tous les autres de cette insurpassable musique classique. Je refis ma discothèque, perdue lors d'une séparation et quand je passai, hélas, du disque vinyle au disque compact.

Mozart et la mort de Mireille l'Abeille. Mozart et *La Lettre infinie.* Mozart et le début des années 1980. Et le livre *L'Été 80,* de Marguerite Duras. Tous les Duras, livres et films. Duras et le voyage à Québec, avec Yann Andréa et Henri Barras, équipée décrite dans deux de mes livres, *Le Deuil du soleil,* en 1998, et *Donner ma langue au chant,* en 2011.

Mozart et Borduas. Et l'écriture lisse, limpide, à la source de l'enfance, au-delà des apparences.

Écriture lisse limpide et cette amitié avec Annie Leclerc,

son écriture à elle, fluide. Son amitié, qui traversa des décennies, de 1975 au vendredi 13 octobre 2006, jour de sa mort. D'un cancer. Annie et Mozart. Annie, Charles et Christophe. Annie et Ariane, sa fille chérie. Annie et Mireille. Avec toutes deux, je suis allée à Ottawa, en 1978. Nous y donnions une conférence à l'université, Annie et moi. Nous étions dans la petite auto de Mireille, qui conduisait. Avions relu nos notes et préparé notre conférence sur les femmes et le pouvoir, cette demande nous était souvent adressée. Avec Mireille, mettions à l'épreuve nos idées. Annie exposait sa pensée sur le pouvoir partagé entre les hommes et les femmes, ce qui donnerait plus tard le livre *Hommes et Femmes,* j'ai encore l'exemplaire qu'elle m'avait dédicacé : « À toi, Madeleine, ma chérie pour toujours. » Quant à moi, j'avais élu la pensée de Maurice Blanchot que je lui empruntai longtemps : celle de l'impouvoir !

Que je pourrais aujourd'hui résumer ainsi, en l'appliquant au féminin, ce qui n'était pas le souci de Blanchot : n'ayant jamais occupé le pouvoir, ses postes, ses enjeux, son autorité et ses directions, le pouvoir n'était pas l'affaire des femmes. Venant de l'ombre et de l'envers du pouvoir, elles sortiraient de l'ombre et parviendraient au nom (ça, c'est Michèle Montrelay) et à la transformation du monde en disant, et en actualisant, ce qu'elles avaient vécu, ce qu'elles vivaient de l'autre côté des pouvoirs, des guerres, des dominations : meurtres, dilapidations, viols. Elles se tiendraient dans l'impouvoir. Sans compromis.

Pas grand monde ne comprenait grand-chose à mes propos. Que je tenais, bien sûr, en n'étant sûre de rien. Cela étant dans ma nature : j'affirme vigoureusement, mais sur un puits sans fond de doutes.

Quoi qu'il en soit, ce voyage avec Annie et Mireille fut merveilleux. Mireille elle-même préparait un mémoire de maîtrise sur la parole des femmes, que je dirigeais et que les livres d'Annie avaient inspiré. Elle ne se gênait pas pour apporter son grain de sel, ne craignait pas les deux « plus vieilles » que nous étions.

Au cours de ce voyage, nous avions échangé des vêtements : Annie portait un chandail que je lui avais donné. En coton ivoire, tricoté par Geneviève, amie de Mireille, et de moi maintenant. Et moi, je portais la jupe de coton noir d'Annie, que j'avais trouvée ravissante et qu'elle m'avait donnée.

Annie et Mireille aujourd'hui sont mortes.

La mort existe-t-elle quand le vivant s'écrit ?

Le mourant, la mourante, eux, n'existent plus.

Dans la petite auto de Mireille, nous avions écouté Mozart.

Une autre fois, Annie et moi étions allées à Québec, en train. Invitées par cette autre grande amie, en allée elle aussi, Jeanne Lapointe. Pour donner une conférence, là aussi, sur « Les femmes et le pouvoir ». C'était au début des années 1980. Ce sujet intéressait vivement, à l'époque : intellectuels et intellectuelles, chercheurs et chercheuses, artistes, journalistes culturels, chacun voulait saisir, mieux comprendre en tout cas, où se situaient les femmes par rapport aux pouvoirs politique, économique, sexuel. Nous, écrivaines invitées, nous posions en présence de ces divers auditoires les mêmes lancinantes questions. Nous n'avions pas de réponses toutes faites. Parfois, nous lisions des extraits de nos livres et analysions avec eux tous, elles toutes nos propos.

Dans les dernières années de la vie d'Annie, notre amitié a connu une éclipse. Une éclipse du Soleil, ou de la Lune, ne signifie pas que ces astres n'existent pas. Cette pensée est apaisante. Annie est morte pendant l'éclipse. Le deuil du départ définitif dans un tel état est malaisé.

Comme j'en suis à mes mortes et morts, aussi bien me remémorer ma dernière rencontre avec Georges-André Vachon. C'était en 1994, au lancement d'un de mes livres. J'étais près de la table de signatures, lui se trouvait un peu plus loin avec Paul-Marie Lapointe et Yves Préfontaine. Ils riaient et parlaient en vers, ils s'amusaient. J'ai alors vu Georges-André se détacher du groupe, me regarder et s'en venir vers moi. Il avait mon livre dans les mains et désirait une dédicace. Il semblait triste. Après la dédicace, tout en me regardant intensément, à brûle-pourpoint il m'a demandé : « As-tu peur de la mort, toi ? » Il ne badinait pas, voulait une réponse. J'ai répondu à peu près ceci : « Pas peur de la mort. J'ai peur de la vieillesse, de ses maladies et de mon déclin. »

Nous n'avons plus beaucoup conversé. Il quitta tout ce beau monde et partit. Seul. Avec, intégrale, sa peur de la mort dans le regard et sur les épaules. Juste avant, il avait murmuré : « Moi, j'en ai peur. » Après coup, je crois avoir compris cette demande de dédicace et cette question sur la mort. Il y avait là un geste de reconnaissance à l'endroit de mon écriture doublé d'une admission voilée de son erreur méchante, dix ans plus tôt, au sujet de *La Lettre infinie*. Et, plus profondément, cette ultime confidence sur son épouvantable frayeur de sa propre fin, je la reçus tel un cadeau pacifiant. Un don avant de partir. Dans ce don, il y avait demande de pardon.

(L'autobiographie est une maïeutique. Une sage-femme. En écrivant ma vie, je m'accouche de moi-même et de ma propre vie. Puisse-t-elle avoir le même effet sur ma propre mort ! Aussi, sur toutes les morts en moi qui furent mes aimants. Mes aimantes, puisque *mort* est féminin, au singulier comme au pluriel. Imaginons. Rêvons.

Georges-André Vachon et moi étions aussi liés par nos amours claudéliennes. Lui avec son livre, *Le Temps et l'Espace dans l'œuvre de Paul Claudel,* que j'avais lu en préparant ma propre thèse sur Claudel. Il avait aimé savoir ça. Je n'aurais jamais pensé avant d'écrire ce chapitre que cet homme avait eu de l'importance dans ma vie.

Oui, l'autobiographie est une maïeutique.)

Création

On dirait que je suis loin du titre de cette partie, *Me and Bobby McGee*. Non, non, c'est là tout le temps, en arrière-plan, comme en coulisses. S'il y avait un chant emblématique de la décennie 1970 et même dans les décennies suivantes et encore aujourd'hui quand la fête reprend ses droits, c'est bien celui-ci : *Me and Bobby McGee*, interprété par Janis Joplin, mais aussi par les Grateful Dead. *Me and Bobby McGee* sur lequel nous avons tant dansé, dans nos partys du Syndicat des professeurs de l'Université du Québec à Montréal, le SPUQ, ou chez des amis, dont ceux du département d'études littéraires de l'UQAM.

Autant ceux que l'on écoutait sans nécessairement danser, les Léo Ferré, Brassens, Brel, Barbara, Félix Leclerc, Bob Dylan et Leonard Cohen — j'oublie Rezvani et tant d'autres sans doute —, autant ceux que l'on dansait nous resteraient collés à la peau du cœur jusqu'au dernier souffle : Otis Redding, Jimi Hendrix, The Moody Blues, Santana, les Stones, Hopkins et d'autres encore que ma mémoire sème à tous vents quand elle s'en va batifoler.

Nous avons enseigné, transformé les programmes de lettres, remplacé le découpage de la littérature selon les siècles par ce que nous nommions les *approches méthodologiques* de base : sociologie-histoire, psychanalyse et linguistique littéraire. Plus tard, nous ajouterions les études féministes et le *profil* création littéraire. Nous avons œuvré des heures et des heures dans les salles de cours ou dans les assemblées départementales et les comités d'étude que nous inventions pour chaque question, chaque problème. Nous désirions transformer le monde, à commencer par le nôtre, à l'université. Nous avions nos familles aussi. Nos enfants. Nos amours.

Dès que le temps nous gratifiait d'une plage où nous arrêter, nous faisions la fête. Nous avions l'amitié généreuse, n'étions pas indignés, comme il faut l'être aujourd'hui. Nous étions révoltés. Et iconoclastes. Et festifs. Nous désirions, nous allions changer le monde. Jetions par-dessus bord les carnets bénits et les oripeaux de la religion. Et nous faisions la fête. Comme en des jeux cycliques et bien ponctués entre deux labeurs, nous avons dansé. *Me and Bobby McGee* était de la fête avec nous.

Tout autour, il y avait des ruptures de couples, des divorces et des unions libres. Les amours pleuvaient au rythme de chansons. Nous aurions raison aussi des institutions bourgeoises et cléricales dont le mariage nous semblait l'exemple le plus retors.

Notre génération était issue en grande partie de familles nombreuses. On l'a qualifiée de *lyrique* ou de *baby-boomiste*, c'est juste dans les deux cas. Une chose est certaine : nous formions une multitude de jeunes, disons une masse-jeunesse, qui était née à la conscience sociale en même temps que la Révolution tranquille, à l'orée de la vingtaine. Nous avions maintenant trente ans et voulions ardemment que les choses se transforment. Nous, filles scolarisées, ne voulions plus reproduire ce que nous avions vu chez nos mères et grands-mères, le sempiternel tablier sur la petite robe bien repassée, corsage ouvert pour l'intarissable tétée, « le corps attaché à la patte du poêle », comme nous disions. Bien sûr, j'exagère. Ma propre mère ne correspondait pas à cette caricature. Il s'agit plutôt d'une métaphore. Dans ce registre, qui n'exagère pas peut égarer la lampe-tempête qui lui permet de voir loin devant. Les hommes de notre cercle, camarades ou amis ou amants, approuvaient. En fait, ils n'avaient pas le choix tant nous étions déterminées.

Quelle chance fut alors la nôtre : partout, ailleurs en Occident comme chez nous, naissait le féminisme. Les lectures venues d'Europe, de l'Ouest surtout, et des États-Unis déboulèrent sur nos tables. Les conversations et les discussions s'ouvrirent à cette nouvelle conscience de la condition féminine. De nouvelles exigences avaient désormais des répercussions sur nos contenus de cours de même que sur notre vie syndicale et sur certains articles de notre convention collective. Un comité intersyndical sur la condition féminine fut créé auquel siégèrent des étudiantes. Nous fûmes tous bouleversés, garçons et filles, de ce que nous venions de mettre en place. Des professeures, employées de soutien, chargées de cours et étudiantes discutaient ensemble de mêmes questions brûlantes. Naquirent des problèmes que nous avions ignorés jusque-là, liés au harcèlement, aux dominations indues, aux séductions violentes. Comme les navigateurs anciens sur les océans vastes, nous explorions, souvent stupéfiés, un nouveau continent.

C'étaient nos Indes, notre Amérique à nous.

Nous étions galvanisés. Passionnés. Soulevés.

À peine entrés dans les effets bénéfiques de la Révolution tranquille, nous éprouvions notre jeune histoire en état de jubilation.

Cette décennie 1970 nous a vus lire, relire et lire encore. Tout y passait. Nous étions, chacun dans nos domaines, assoiffés de connaissances nouvelles que nous allions chercher autant chez les anciens que chez les modernes. En études littéraires, nous avons démultiplié nos quêtes et nos labeurs, selon nos aptitudes : analyses sociolinguistiques, structuralisme (ah ! la fastidieuse mais intéressante analyse des *Chats* de Baudelaire, par Jakobson et Lévi-Strauss !), sémantique, interprétations psychanalytiques des œuvres et du monde (avec moult indiscrétions et profanations), études féministes nombreuses, et j'en passe. Jusqu'à la sémiotique qui, telle une tornade, emporta sur son passage bien des lectures à la fois incertaines, inquiètes, mais nécessaires. Avec la sémiotique, la relation écriture-lecture fut bousculée. L'empire des signes, mais surtout l'empire des grilles, était né.

J'allais quitter l'UQAM peu de temps après. Je partis en 1982, plus précisément.

En attendant, je me retirai dans mes quartiers. Je débarquai du navire et m'en vins sur une île où je me trouve encore, celle de la création littéraire. Quelques collègues, dont Noël Audet, et moi nous sommes battus pour qu'existe la possibilité d'enseigner ce qu'on a appelé, faute d'un meilleur terme, la *création littéraire*. Le verbe *se battre* n'est pas trop fort. Plusieurs professeurs étaient contre nous. Ils ne nous prenaient pas au sérieux. Certains, dont les collègues de l'Université de Montréal et de McGill, riaient hautement de nous. Nous étions des Don Quichotte franchissant les barrières des grilles d'analyse, défendant l'œuvre littéraire, poème, roman, essai ou récit, tels des amants qui la chérissaient et voulaient la ramener sur nos sentiers d'explorations et de découvertes. À l'époque, je parle de la seconde moitié de la décennie 1970, nous nous sommes trouvé un seul allié, c'était Joseph Bonenfant, de l'Université de Sherbrooke. Ces deux-là sont morts, Noël et Joseph. Avec émotion, je leur rends hommage ici.

Je ne raconterai pas toutes les péripéties de ce combat qui

nous semble déjà d'un autre temps. C'est sa résolution qui m'importe. Un jour, un cours vit le jour qui s'intitulait *Atelier de création littéraire*. Puis, il y en eut d'autres. Ce qu'on nomma d'abord *Profil de création littéraire* fut instauré, ce qui signifiait quelques cours au baccalauréat. Puis, après nombre de luttes et débats, une *maîtrise en création littéraire* fut admise au programme. Je me souviens des rigolades condescendantes dont les échos nous parvenaient des grands littéraires savants et sérieux de toutes les universités avoisinantes — et même des universités françaises. « Hou là ! Une création littéraire qui s'enseigne ! » Nous avons poursuivi. Nous, les « pro-création », faisions l'hypothèse que les étudiants, qui commençaient à ne plus vouloir lire, reviendraient à la lecture par l'amour de l'écriture et sa pratique. C'est ce qui advint, on le voit depuis.

Cependant, pour le mémoire de création et face à nos savants collègues, il fallut prouver notre sérieux en convenant que le mémoire comporterait deux parties : la première étant l'œuvre elle-même, la seconde, un essai critique ou analytique de la première. Je me souviens d'un étudiant, François Charron, qui refusa cette dichotomie qu'il trouvait absurde, néfaste. Comme j'étais directrice du mémoire, je l'appuyai et dus défendre son travail auprès des collègues. Travail qui s'intitulait *Qui parle dans la théorie ?* et qu'il publia après coup aux Herbes rouges.

Je salue ici ceux et celles qui ont fréquenté mes séminaires, qui ont publié et qui, par conséquent, lisent encore : Madeleine Monette, Rachel Leclerc, Élise Turcotte, Danielle Laurin, André Lamarre, Louise Desjardins, Louise Warren, Simon Harel, Anne-Marie Clément, Gaétan Soucy, Micheline Morisset. D'autres n'ont pas publié, mais ils savent lire. Pour certains, lire constitue l'écriture de leur vie. Je pense à une étudiante, devenue amie, Johanne Voyer. Bourrée de talent, elle promettait une œuvre exceptionnelle. Elle en a créé une autre en mettant au monde quatre enfants. On ne peut pas tout faire dans la vie.

L'impouvoir

Pendant que sur la scène départementale se jouait le destin de plusieurs étudiants et étudiantes, il y avait l'ouvrage syndical qui requérait temps et dévouement. Nous étions, là encore, la première génération à fonder un syndicat universitaire d'enseignants affilié à une centrale syndicale, en l'occurrence la Confédération des syndicats nationaux. Pensez-vous, « des professeurs d'université qui se prennent pour des travailleurs ordinaires » ! (Je l'ai entendu.) Ils sont fous. Des gauchistes. Des anarchistes. Des révolutionnaires. De dangereux provocateurs. Nous avons continué sous les invectives et les quolibets. Nous avons été formés par les délégués syndicaux qui nous furent affectés par la CSN, Paul Doyon et Paul Thibault. Ils nous ont enseigné patiemment le b.a.-ba de la lutte syndicale. Michel Chartrand est venu nous donner une conférence dans laquelle il nous a engueulés et traités de noms, comme *petits-bourgeois privilégiés, égoïstes,* et d'autres encore. Poliment, nous l'avons laissé nous admonester. Avons aussi rencontré Marcel Pepin, qui fut avec nous d'une politesse exquise. C'était un homme de raffinement et de culture profonde.

Je fus d'abord déléguée par mon département d'études littéraires au Conseil syndical du SPUQ. Après quoi je fus déléguée au Conseil central des enseignants de la CSN, la

FNEEQ (Fédération nationale des enseignantes et des enseignants du Québec), dont Francine Lalonde était présidente. Francine Lalonde, femme intelligente et suave qui possédait le sens de l'organisation et de la direction, mais en douce, et tout autant le sens de la fête.

Je me souviens des week-ends de formation syndicale qui eurent lieu sous sa délicate gouverne à l'hôtel Rond-Point, de Lévis, où nous travaillions ardemment le jour et faisions fiévreusement la fête le soir. Là aussi, *Me and Bobby McGee* était présent. Hommage soit rendu à tous les amis du SPUQ avec qui j'ai travaillé et fait la fête.

Vers la fin de la décennie 1970, je fus aussi élue vice-présidente du SPUQ, responsable de la rédaction et de l'application de notre convention collective. Lorsque nous avons négocié, j'étais l'unique porte-parole syndicale parmi mes huit ou dix collègues de tous les départements, qui m'ont bien aidée à défendre tous nos articles. Ils étaient de sciences politiques, religieuses ou de l'éducation, ou encore de mathématiques, d'administration, de sociologie et de linguistique. Ils m'ont soutenue, m'ont « briefée », comme nous disions. Nous défendions des « premières » : sur la tâche, le congé parental, le traitement équitable entre femmes et hommes. Nous avons fait accepter bien des principes et des modalités de fonctionnement qui semblent aujourd'hui aller de soi.

Face à moi, le porte-parole patronal était nul autre que l'actuel recteur de l'UQAM, Claude Corbo. Nous ne nous sommes pas conduits en ennemis. Claude Corbo était un homme raisonnable, intègre. Nous n'étions pas en guerre. Nous avons discuté. De chaque article. De chaque clause. Cette fois-là, la convention collective fut signée sans grève. L'année suivante, il y eut des élections à l'exécutif syndical. Pour la première fois depuis la fondation du SPUQ, qui avait toujours été dirigé par la gauche, ainsi parlions-nous, une équipe de droite, bien organisée et coriace, issue en grande partie des sciences de l'éducation et de l'administration, se mettait bruyamment en ordre de combat. Les élections eurent lieu. Dans une salle bondée comme on n'avait jamais vu, nerveuse et surchauffée. Comme si le sort du monde allait se régler ce jour-là.

Arriva ce qui devait arriver : l'assemblée, totalement divisée et polarisée « gauche-droite », assista, éberluée, au dévoilement des résultats du vote secret. Tous les membres de l'équipe de droite étaient élus, sauf une personne de la gauche à la vice-présidence : moi ! Je me réjouissais d'avoir ainsi déjoué le clivage et, au bout du compte, de me trouver la seule à être élue par tous, mais en même temps j'étais catastrophée à la pensée d'avoir à travailler avec une équipe d'adversaires. Je me souviens d'être allée faire la fête ce soir-là avec ma « gagne », les miens, qui avaient tous subi une cuisante défaite. De toute façon, les autres, à la victoire hautaine et insolente, ne m'avaient pas invitée. Ils étaient sortis avec leur candidat à la vice-présidence vaincu. Savent-ils seulement faire la fête, ces droitistes mal élevés ? me disais-je par-devers moi.

Je ne travaillai pas longtemps avec cette équipe. D'une part, mes collègues de gauche m'avaient demandé de leur transmettre les politiques néfastes fomentées par la droite en exécutif et, de l'autre, les membres de l'exécutif tenaient devant moi des réunions bidon, je ne tardai pas à m'en apercevoir. Ils décidaient et réglaient tout avant (ou après) les réunions. L'atmosphère était sinistre. Je démissionnai au bout de quelques semaines.

Et la gauche encaissait mal sa défaite. Elle ne remettait absolument pas en question la façon dont elle avait conquis, puis exercé le pouvoir. Elle se divisait en mille factions. Se perdait dans des analyses que je trouvais le plus souvent fumeuses, tronquées et héliocentriques, le soleil étant évidemment la façon de voir de chacun et, au bout du compte, la façon de reconquérir le pouvoir, seul objectif qui semblait les mobiliser.

Je me retirai de tous ces débats.

Je chantonnais dans ma tête « Fais du feu dans la cheminée… » je reviens chez moi… Je revins à l'écriture.

J'écrivis un long texte sur l'impouvoir, dans lequel je citais Maurice Blanchot, mien depuis des années. Je citais aussi Claire Lejeune et son « esprit d'atelier ». J'envoyai le texte au syndicat en lui annonçant mon départ et lui demandant de bien vouloir lire ce texte, l'imprimer et le distribuer à tous les membres du SPUQ.

Je n'eus jamais ni réponse ni écho. Ni de la gauche ni de la droite. Blanchot et Lejeune (et peut-être Paul Valéry, je ne me souviens plus bien, ce texte est perdu), et l'impouvoir ? Tu parles ! Ils ont dû ne rien comprendre. Ils avaient d'autres chats à fouetter.

Non ! Un seul a compris de quoi il retournait. C'est Thierry Hentsch. Le grand Thierry Hentsch, qui, lui, avait été battu à la présidence et qui demeura mon ami de toujours jusqu'à la fin de ses jours et, en moi, là où le silence règne, encore aujourd'hui. Thierry est mort d'un cancer fulgurant au cours de l'été 2005.

Avec ce texte sur l'impouvoir, je revenais véritablement à l'écriture. J'avais traversé les terres arides de la rédaction des clauses de convention collective et des procès-verbaux. Une clairière à l'horizon promettait de plus heureux passages vers les mots. Ce serait bientôt l'année sabbatique, en 1978, pendant laquelle j'écrirais ce livre qui allait ouvrir un cycle d'écriture et une autre décennie : *Lueur,* bientôt suivi de ceux-ci : *Au cœur de la lettre, Pensées du poème, La Lettre infinie, Les Fleurs du catalpa* et *Autographie.*

J'écrivis *L'Impouvoir* dans les tourments d'un amour en train de se défaire. Tous ceux qui me côtoient me savent amoureuse. Depuis l'âge de sept ans, je n'ai jamais vécu sans amour. La décennie 1960 aura été marquée par ma vie avec Patrick, père de mes enfants. La décennie 1970, par celle avec Jean-Marc, que j'allais quitter en 1980. La décennie 1980 fut marquée par la vie avec Jean. Il y eut plusieurs séparations entre nous jusqu'à la rupture que je parvins finalement à accomplir, en 1990. Après, l'histoire amoureuse fut si complexe qu'elle m'obligera à un chapitre entier. C'est archiconnu de tous, je n'invente rien, il n'est jamais facile de se séparer d'un être qu'on a déjà aimé. Le plus difficile pour moi fut chaque fois ce moment du désamour, moment qui peut s'étirer dans le temps, moment-couloir, trouée dans le temps où il devient visible à la conscience que ce qui était aimé ne s'aime plus. Il s'agit d'une cassure, d'un fracas de l'être, où l'être doit admettre que ce qu'il avait chéri est devenu détestable. Fracas du désir. Mort préfigurant l'autre mort, la vraie, l'ultime au bout du passage.

Dans ces séparations, d'un amour, du syndicat et d'un espoir politique, *Lueur* s'est écrit.

Dès le début, j'ai décrit ce livre comme une « écriture de nuit ». Je l'écrivis aussi la nuit : pour être présente jusqu'au coucher des enfants et à leur lever, jusqu'à leur départ pour l'école.

Tout ce temps-là, les enfants s'aimaient et s'élevaient. Ils grandissaient, comme tout un chacun, entre heurts et bonheurs.

Et moi qui les ai tant aimés et qui les aime encore, comme toutes les mères, parfois coupable, je me dis que j'aurais peut-être pu leur épargner d'inutiles épreuves. Puis, je ne me dis plus rien, laissant leur vie à l'énigme de toute vie. Malgré tout confiante.

SEPT

Moi-Je

Rencontre

C'est le nom que nous avions donné à notre groupe de femmes, en 1975 : Moi-Je. Nous disions, par exemple : « Notre réunion de Moi-Je est à quelle heure, mercredi prochain ? » Ou bien : « Je vais devoir manquer le Moi-Je dans deux semaines, je serai en voyage. » Nous, ce furent, au début, Denise Boucher, Patricia Nolin, Odette Gagnon, Marie-Francine Hébert et moi-même. S'y ajouta, un peu plus tard, Pauline Julien.

Le groupe était né après la Rencontre québécoise internationale des écrivains, dirigée alors par Jean-Guy Pilon, qui s'était tenue au Mont-Gabriel, sur le thème « La femme et l'écriture », 1975 étant l'Année de la femme. Quelques hommes étaient présents à cette Rencontre. Jean-Guy Pilon, bien sûr, mais aussi Jacques Godbout, Fernand Ouellette, Gaston Miron, Naïm Kattan, André Belleau. Yves Navarre était aussi invité. J'oublie certainement des noms. Après tout, je ne suis pas chroniqueuse ici.

Il y avait surtout plusieurs femmes, vu le thème — honneur oblige ! Je me souviens d'Anne Philipe, de Fernande Saint-Martin, Nicole Brossard, Madeleine Ouellette-Michalska. Spontanément, un groupe s'est formé qui voulut à la fois rompre la monotonie des colloques savants et montrer que les femmes, ayant depuis peu accès à la parole publique, pouvaient conduire les débats autrement, les rendre moins rigides et statiques, plus vivants. Aux femmes officiellement invitées à prendre la parole, Marie-Francine Hébert et moi-même, se joignirent bientôt, lors de réunions clandestines, Denise Boucher et Patricia Nolin, qui, sans être invitées, se trouvaient dans l'assistance. Ce fut d'ailleurs la dernière année où le public fut invité à cette Rencontre. L'événement que je vais raconter suscita cette réaction de fermeture de la part de la Rencontre, qui, encore aujourd'hui, se déroule annuellement en cercle fermé.

Aux quatre Québécoises concoctant à l'abri et en douce l'hallali des colloques monotones, s'unirent bientôt les Françaises et une Belge : Christiane Rochefort, Annie Leclerc et Claire Lejeune. L'idée était simple : Marie-Francine Hébert et moi-même allions céder notre temps officiel de communication à quelque chose que nous ne savions pas très bien définir et qui ressemblait à une improvisation théâtrale, un *happening*, comme ça se disait souvent en ces années-là.

Le jour et l'heure de nos communications vinrent. Nous avions chacune deux phrases à déclamer, Marie-Francine et moi. Je me souviens des deux miennes : « Je ne veux plus mes textes seuls. Je veux d'autres paroles dans mes mots », que je scandai d'un ton grave et que je répétai en cadence pendant que Marie-Francine enfilait légèrement les siennes et qu'avait lieu la scène suivante : Denise et Patricia sont arrivées en courant et se sont placées dans le grand rectangle vide entre les quatre longues tables, espace devenu scène où Denise Boucher, tenant une bouteille de scotch à la main (qu'elle avait piquée au bar de la Rencontre), chantait *La Vie de factrie* de Clémence et où Patricia Nolin, déguisée en femme de ménage, époussetait les tables avec un plumeau, passant sur les cartables, les papiers, les stylos. Parmi nos alliées européennes, Christiane Rochefort et Annie Leclerc rigolaient comme des enfants, la première chantonnant *Le Temps des cerises* et la seconde, qui avait sorti son tricot, œuvrant comme nos mères. Claire Lejeune, elle, rouge comme une tomate, voulut s'effondrer, mais reprit ses esprits, se jeta sur ses notes et, le lendemain, nous donna l'une des belles conférences de nos vies. Elle était éblouie. D'évitée, comme celles qui n'avaient pas fait partie des invitées authentifiées, elle s'autorisait enfin à s'inviter dans ce cercle d'initiés et à raconter ce qu'il en fut de son éviction de l'ordre du discours depuis toujours, de sa folie quand les mots l'abandonnèrent et du retour maintenant, avec les paroles du « tiers exclu » et de l'esprit d'atelier qui soufflait aujourd'hui jusqu'à ses propres paroles.

Notre esprit d'atelier à nous, « invitées et évitées », comme disait Claire Lejeune, notre improvisation, somme toute innocente, eut l'effet d'une bombe.

Un homme sortit en claquant la porte et en criant que nous étions des « mal baisées » (c'était, en ce temps-là, l'insulte suprême). De sa petite voix, Christiane dit : « Mal baisées, mal baisées, mais c'est vous, messieurs, qui nous avez baisées ! »

Un autre envoya sa femme me dire que si nous n'arrêtions pas nos folies, nous serions responsables de l'infarctus que son cœur faible de poète risquait de subir.

Un autre m'invectiva, d'un bout de couloir à l'autre, je me rendais je ne sais plus où : « Madeleine Gagnon, vous ne nous volerez pas notre phallus. C'est à nous ! » Je ne sus trop quoi répondre tant j'étais sidérée. Je crois me souvenir d'avoir dit quelque chose comme ça : « Le pouvoir phallique est symbolique. Nous n'attaquons pas l'intégrité des corps… »

Yves Navarre, lui, fit bel et bien son *coming out*, ce jour-là. Dit combien, nous, femmes, l'avions remué. Parla de sa bisexualité, du fait qu'il ne se sentait ni homme ni femme, mais les deux. Il pleura devant tous, et le soir, il m'invita à danser. Dans l'autobiographie qu'il publia peu de temps avant sa mort, il est revenu sur cet événement. Il y relate tout le contraire de ce qui fut vécu lors de cette Rencontre de 1975. Je lui ai écrit à ce sujet. J'ai voulu remettre les pendules à l'heure. Il ne m'a pas répondu. Tant pis pour lui.

Quant à Gaston Miron, toujours aussi solidaire et original, il s'était levé et, sans micro, nous avait fait l'un de ses discours désopilants : « Je vous comprends, les femmes. Je suis moi-même une femme. Je change les couches de ma fille. Et j'ai un vagin », ce à quoi ses copains avaient rétorqué qu'il exagérait, comme d'habitude. Que tout ça n'était pas sérieux. Et Gaston s'était bien marré. J'ai rarement rencontré un homme ayant si peu peur des femmes.

Après cette Rencontre du Mont-Gabriel, plusieurs amitiés se nouèrent pour moi, et pour toujours. Avec Claire Lejeune et Christiane Rochefort, mais aussi avec Annie Leclerc, qui, elle, avait la mission de me proposer le projet de livre pensé par Hélène Cixous et elle-même, dans lequel elles imaginaient un texte de moi. Nous avions ressenti, Annie et moi, ce que nous nommions un *coup de foudre d'amitié* — et Julien Bigras, rencontré au cours des années ultérieures, nous appelait toujours, dans le courant de ses fêtes bien arrosées, ses « deux chéries, lesbiennes inconscientes », ce qui nous faisait bien rigoler, et peut-être avait-il raison. Et toutes trois avons écrit ce livre, *La Venue à l'écriture*, en trois parties distinctes, qui, hors le style de chacune, étaient de la même eau. Publié en 1976, il fut plutôt mal reçu en France. Critiqué, entre autres, par Annie Lebrun. À peu près ignoré au Québec. C'est aux États-Unis et au Canada anglais, dans les universités et leurs départements d'études des femmes — les *women's studies* —, ainsi que dans les cercles de femmes savantes qui ont été fondés au cours de cette décennie sur le modèle des « salons littéraires » qui avaient essaimé en France dès le XVIIIe siècle des Lumières que ce livre fut lu et abondamment commenté.

Hélène Cixous et Annie Leclerc poursuivirent, chacune, une œuvre admirable. Hélène fut d'abord publiée aux éditions des Femmes, du côté d'Antoinette Fouque. Grande intellectuelle doublée d'une poète à la James Joyce, marquée aussi par les écrits de Henry James sur lesquels elle fit une thèse de doctorat, elle s'en vint par la suite du côté de Derrida et dans ses propres écrits s'éleva aussi haut, aussi loin que lui, Derrida : son ami, son frère, son compatriote d'Algérie, son semblable. Le lectorat français (et québécois) la lisait peu, au début du parcours, la trouvant illisible, élitiste, abstraite, absconse, refrain trop connu hélas. Lentement, quelques-uns, quelques-unes se mirent à la lire, y découvrirent le génie de cette « sphinge » — traduction, pour elle, de « sphinx » —, la suivirent en une déroute et une envolée verbale comme suivent en s'y perdant les aficionados d'un Joyce. C'est une grande. Une très grande. Le *Rêver l'autre* d'un René Major, elle le met en action dans sa propre écriture tout en se rêvant mieux que tout autre.

Quant à Annie Leclerc que je suis heureuse d'avoir fréquentée pendant toutes les années de notre jeune maturité, chez moi à Montréal ou bien dans ses chez-elle de Paris, de Saint-Sulpice-Laurière ou de Quinson, d'une saison à l'autre alors que nos enfants ensemble grandissaient, je suivis de près son parcours d'œuvre. Je la connus au moment de l'apogée de son œuvre, *Parole de femme* venant d'être publié en 1974. Des dizaines de milliers d'exemplaires s'étaient vendus, des traductions voyaient le jour un peu partout sur la planète, à l'égal de ce qu'il advenait pour *Ainsi soit-elle* de Benoîte Groult, autre grand livre fondateur pour la cause des femmes. De nous trois, Hélène, Annie et moi, c'est Annie qui avait la prose limpide. Cette fluidité de son écriture à laquelle elle tenait tant fut le gage d'un lectorat nombreux en même temps qu'elle fut son écueil. Comme on comprenait aisément ses propos, son écriture prêta flanc à bien d'acerbes critiques. Les livres suivants furent attaqués sur tous les fronts, y compris par un romancier dont nous admirions les romans et *L'Art du roman*, Milan Kundera. Nous ne l'avons plus jamais lu de la même façon, débusquant dans ses livres les jeux de pouvoir machistes dans les relations hommes-femmes où les méandres intrigants du désir tenaient lieu d'un amour dont nous ne voulions plus.

Il est vrai qu'avec *Épousailles, Hommes et Femmes* et tant d'autres titres, Annie Leclerc, appuyée par son sempiternel modèle Jean-Jacques Rousseau, persistant à faire l'éloge indiscutable jusqu'à l'orthodoxie parfois dogmatique de l'hétérosexualité et de la nécessité intrinsèque d'un homme et d'une femme pour faire l'amour, ne s'est pas aidée. Elle fut attaquée de tous côtés. Aussi bien par les philosophes ayant dépassé depuis longtemps les barrières étanches entre les genres que par les radicales homosexuelles qui ne lui pardonnèrent pas l'option éthique pour la prééminence amoureuse de l'hétérosexualité.

Son étoile pâlit. On se mit à moins la lire. À ne plus vouloir la publier. J'assistai au déclin.

Jusqu'au jour où une jeune femme et grande écrivaine, Nancy Huston, éprouvant envers Annie le même « coup de foudre d'amitié », lut intégralement son œuvre, la fit découvrir ou redécouvrir en s'occupant affectueusement du destin des livres à venir. Les éditions Actes Sud publièrent les derniers titres. Après sa mort, Nancy Huston y publia une mise à l'honneur, dans un émouvant livre intitulé *Passions d'Annie Leclerc*.

Moi-Je

Revenons à nos brebis : notre groupe de Moi-Je. Je crois me souvenir que le nom a été trouvé par Patricia. Il fut spontanément adopté par les quatre autres. Il signifiait, comme l'expliquait sans autre démonstration la parleuse Patricia, que nous ne ferions ni théories ni analyses politiques au cours de nos délibérations. Nous avions convenu de nous rencontrer une fois par semaine, chez l'une ou chez l'autre, et chacune parlerait d'elle et d'elle seule, en relation bien sûr avec celles et ceux, intimes, qu'elle voudrait bien évoquer : mère, père, enfants ou amants. Trois d'entre nous vivaient avec un homme et deux avaient des enfants. Pendant nos rencontres hebdomadaires, nos hommes ne devaient pas être présents dans la maison, ni les enfants, d'ailleurs (où étaient-ils ? je ne m'en souviens plus). Ces exclusions causèrent les premiers problèmes et l'une des sources des conflits larvés, on peut facilement l'imaginer.

Avant la Rencontre, nous ne nous connaissions pratiquement pas. Pour ma part, l'une, Patricia, était ma voisine, et c'est tout.

Nous formions au début un groupe drôle et léger. Des affinités nous rassemblaient que nous avons d'emblée saisies tant notre besoin de regroupement était vif, tout comme chez des milliers de femmes de notre génération. Nous nous savions venir d'une civilisation patriarcale et en grande partie machiste. Même si la plupart d'entre nous étaient des privilégiées dans leur vie avec les hommes — pères, frères, amants et amis —, nous étions conscientes des injustices et des inégalités ainsi que des violences faites aux femmes. Nous avions toutes connu autour de nous, ou bien tout près pour certaines, la soumission des mères, l'asservissement de certaines, la honte des filles-mères ainsi que l'opprobre jeté sur elles.

Nous avions toutes observé de près les violences sexistes, les traitements misogynes, privés ou au travail. Les viols impunis, nous en connaissions toutes dans notre entourage. Nous savions aussi que nos mères avaient enfin obtenu le droit de vote à l'orée de la quarantaine. Que les femmes n'étaient pas encore des personnes juridiques : pas le droit de propriété sans l'assentiment du mari ou du père ; pas le droit d'être juré à la cour de justice, pas le droit de ci, pas le droit de ça.

Et nous découvrions une liberté toute jeune. Dans une large mesure à cause de la contraception, depuis dix ou douze ans à peine, nous pouvions disposer de nos corps, de nos relations amoureuses et du choix d'avoir des enfants.

Nous étions un groupe heureux, enthousiaste et rempli de projets. Nous avions toutes beaucoup lu. Nous voulions, sur la lancée des révolutions sociale, religieuse et sexuelle de notre jeunesse fraîche, poursuivre les résistances, débusquer le moindre symptôme d'oppression et d'assujettissement, nous voulions approfondir notre conscience de la condition des femmes, mais sans luttes et sans révolte engagée. Notre slogan, trouvé là aussi par Patricia : *Douceur ultime et colère justifiée.*

Nos rencontres furent drôles et animées. Avec la vitalité de chacune, elles ressemblaient à des feux de joie.

Nous ne buvions pas ni n'écoutions de musique ni ne dansions. Nous parlions. Nous avions sans doute chacune tellement besoin de parler.

Nous parlions de nous. Chacune parlait d'elle. Chaque soirée tournait autour d'un thème, ils furent nombreux, éclatés : ça pouvait aller de « Ma première expérience amoureuse », sujet qui pouvait s'avérer gravissime, à « Qui fait le ménage chez moi ? », ce qui se terminait en théâtre de boulevard, nous faisions de l'impro avant la lettre.

Des « groupes de parole » avaient vu le jour un peu partout en Occident. Le nôtre, Moi-Je, commença à faire des petits. Je me souviens d'une réunion où, par le bouche à oreille, nous avions convoqué quelques amies qui voulaient voir comment ça fonctionnait et, sans doute, fonder leur propre groupe. Nous nous sommes retrouvées avec une foule d'environ quatre-vingts femmes. Ne savions plus trop comment gérer tout cela. Quoi dire ? Comment faire ? Comme nous nous étions interdit tout propos à teneur théorique ou analytique et comme nous ne voulions pas non plus exhiber nos « moi-je », si je puis dire, nous avons raconté. Denise et Patricia étant d'excellentes conteuses, la soirée se passa dans le chahut et la rigolade. Dans la salle, il y avait, entre autres, Pauline Julien et Pol Pelletier.

Pauline est d'ailleurs entrée dans notre petit groupe la semaine suivante.

Je me souviens des plans tirés sur la planète lors de cette rencontre. Certaines voulaient fonder leur groupe de Moi-Je. Une autre avait dit : « On devrait sortir de Montréal et en fonder partout au Québec. » Ce à quoi Denise, riant comme toujours, avait ajouté : « Allez ! multipliez-vous ! »

Comme nous ne voulions absolument pas devenir une organisation politique — les groupuscules gauchistes pleuvaient en ces années-là —, nous n'avons pas suivi les traces de ce que nous-mêmes avions disséminé là. Nous sommes rentrées dans nos foyers.

En France, Christiane Rochefort avait lancé son propre groupe de Moi-Je, ainsi disaient-elles. J'y fus invitée un jour que je me trouvais à Paris. C'était trop drôle. Incapables de ne pas théoriser, elles dérivèrent, elles, six ou sept qui se disaient « anars » et revenues de tout, dans d'infinies discussions savantes que j'écoutais à la fois ébahie et dubitative. Au fond, j'avais besoin de me refaire une tête, un outillage de pensées et de savoirs qui me manquait dans mon bien-aimé groupe montréalais.

Ces Françaises avaient beau théoriser et déployer toutes leurs connaissances dans une joute virevoltante, le moment vint où elles s'envolèrent dans la fête : les bons vins furent débouchés, la petite fumée magique se mit à voluter, bientôt la table regorgea de bontés, et la danse, la danse enfin.

C'est dans ce groupe que je rencontrai la jeune ethnologue Jeanne Favret-Saada, qui publia ce sublime livre *Les Mots, la Mort, les Sorts* (Gallimard, 1977), après un séjour chez les sorciers du Bocage où elle fut envoûtée, puis désenvoûtée, pour revenir à Paris rédiger cette thèse de doctorat sur la sorcellerie. Jacques Lacan l'ayant abandonnée — elle est aussi devenue psychanalyste —, c'est le Laboratoire d'ethnologie et de sociologie comparative du Centre national de la recherche scientifique qui la soutint dans la réalisation et la publication de son travail. Ce livre fait partie des peu nombreux de ma bibliothèque, ni donnés ni vendus, ceux-là que je conserverai jusqu'à la fin de mes jours.

Christiane Rochefort, revenue à Paris « éblouie par les Québécoises », avait donc fondé ce groupe de Moi-Je. Quelle personne originale et vive, cette Christiane ! Elle m'a souvent fait penser à Job. D'abord très riche à cause des centaines de milliers d'exemplaires vendus de son premier roman, *Le*

Repos du guerrier, qu'elle avait écrit pendant des mois dans une « piaule » où elle s'était réfugiée après s'être procuré une machine à écrire avec ses maigres économies. Cette fois-là, elle était allée comme chaque jour au bistro du quartier pour s'acheter des Gitanes quand elle eut un flash digne de l'illumination de saint Paul, jeté en bas de son cheval sur le chemin de Damas : en allumant sa première cigarette de la matinée, au zinc sirotant son café, elle sut qu'elle ne reviendrait pas chez elle, chez son mari, qu'au fond elle n'avait jamais vraiment aimé (elle ne le revit d'ailleurs jamais plus). Elle s'en irait vers son destin. Vers le rêve qu'elle avait toujours caressé. Elle écrirait.

Ce fut, dès *Le Repos du guerrier* écrit en une année de totale solitude, la gloire et la fortune. Elle s'acheta une voiture sport, une décapotable rouge, et descendit à Cannes où *Le Repos* était devenu film. Puis, une petite maison de rêve, en Bretagne, qu'elle dut quitter le cœur brisé après la marée noire sur son terrain. L'*Amoco Cadiz* s'était échoué. Son rêve maritime avait fait naufrage sur les côtes du Finistère un jour de printemps 1978. En plus d'être anarchiste, mais pacifiste, Christiane fut une écologiste convaincue tout au long de sa vie. Après le désastre, elle acquit une vieille et sympathique et vaste maison de pierres du XVIIIe siècle, sise sur un immense terrain qu'elle laissa en friche et qui devint un « ciel pour les chats », disait-elle, sur les hauteurs de Ménilmontant d'où était imprenable la vue sur tout Paris. Un jour de la fin des années 1970, des promoteurs, par je ne sais plus quelle combine, achetèrent ce terrain à la ville. Christiane en fut expulsée sur ordre de la cour. Elle vit les grues maléfiques démolir sa maison. On y construisit des tours d'habitation qu'elle ne voulut jamais voir.

Elle s'acheta une « petite chose » dans un arrondissement populaire du sud de Paris.

Puis ses livres ne se vendirent plus beaucoup.

À partir du moment où son écriture témoigna de son engagement pour la cause des femmes — et des enfants, elle publia aussi *Les Enfants d'abord* —, où elle raconta bien des drames, dont celui des viols qu'elle subit durant l'enfance aux mains d'un oncle notable, et d'un curé. Comme le reste de ce qui lui avait appartenu, son œuvre déclina. Elle devint pauvre. Elle demeura cependant drôle dans son écriture. Elle avait l'humour diamantaire. Comme elle : insécable. Irréductible.

La dernière fois que je l'ai vue, elle avait tellement rapetissé que je dus me pencher pour lui parler. Souffrant d'une dégénérescence osseuse, elle n'en avait plus pour longtemps, et le savait. Elle était triste. Parce que l'idée de la mort prochaine ne lui souriait guère. Et parce qu'elle savait que notre groupe montréalais de Moi-Je s'était dissous dans les disputes et les animosités. Elle nous avait crus, nous du Québec, de l'Amérique neuve et des grands espaces libres, à l'abri des vieilles chicanes et des arguties étroites de la vieille Europe. Je ne trouvai pas les mots pour la consoler, prise moi-même par les tourments de mes propres adieux.

Eh oui ! notre groupe de paroles s'était dissous. Des inimitiés avaient surgi des profondeurs pour éclater un soir en un fracas théâtral de larmes et de ressentiments. Le groupe s'est scindé. Je me suis retrouvée avec Denise. J'avais invité ce soir-là à la réunion Liliane Wouters, géniale poète flamande d'expression française, et sa compagne Françoise Delcarte — philosophe belge, morte dans un accident de voiture depuis. Nous avons terminé la soirée chez Denise, essayant tant bien que mal de comprendre ce qui avait bien pu se passer et comment, par tous les dieux, nous en étions arrivées là.

Difficile de comprendre sur le vif quand, depuis ses commencements, ce groupe avait banni l'analyse. Avec le recul, plus facile de voir que les confidences, sans le nécessaire recul analytique, basées sur les rêves, les rêveries et les fantasmes et donnant lieu à des improvisations, aussi fulgurantes fussent-elles, allaient finir par se briser le crâne — et tout le corps et l'âme — contre « le roc de la vie quotidienne ». Je ne regrette rien de cette fabuleuse expérience, même si, comme en toute rupture, sa fin causa bien des peines.

Denise et moi avons voulu assez tôt en faire un livre. Ce fut *Retailles*. Ce livre, loin d'être le chef-d'œuvre que nous rêvions de faire, demeure intéressant et instructif pour quiconque veut saisir un peu, de l'intérieur, certains drames vécus par les femmes engagées de ces années-là, certaines beautés aussi. Nous désirions changer pour le mieux les relations entre les hommes et les femmes. Entre les femmes aussi. Nous avons cru remplacer les rivalités par les solidarités nouvelles. Comme nous venions de loin, nos sentiers ne furent pas toujours bien éclairés. J'écrivais, dans un chapitre où je citais Bob Dylan : « *I've been thrown down into the nights of your sorrow* de là me parlera désormais aussi notre sororité. » Et Denise écrivit des poèmes où les éclats brûlants d'une fauve farouche venaient s'échouer sur les rives du simple bon sens :

— *Vous êtes là, avec vos mercredis de femmes, comme des anarchistes dans le noir qui préparent une bombe qui va éclater dans la face des gars, au moment où on ne s'y attendra pas.*

— *Vous vous êtes pas toutt' dit, les p'tites filles ? Lâchez-vous.*

Toutes-ensemble

En 1974, sous l'impulsion de Patrick Straram, nous avons fondé la revue mensuelle *Chroniques*. L'équipe était composée de Straram et de moi-même, auxquels nous avons bientôt ajouté Philippe Haeck, Céline Saint-Pierre, Jean-Marc Piotte, Laurent-Michel Vacher, Thérèse Arbic, chacun de nous étant responsable d'une chronique sur des événements politiques, sociologiques ou culturels prenant en compte nos compétences et nos centres d'intérêt respectifs. Nous avions défini nos objectifs fondamentaux au cours de longues réunions que nous tenions dans un local loué à nos frais, un étage d'un petit duplex, rue Wolfe, avant la gentrification de ce quartier, chez les « vrais prolétaires ». Nous voulions nous distancier de notre situation de classe de petits-bourgeois, selon nos dires de l'époque.

Nous voulions être des « intellectuels organiques », soudés avec lucidité au peuple dont nous étions issus. Cette appellation, nous la tenions de Jean-Marc Piotte, qui, lui, l'avait apprise au moment de l'écriture de sa thèse de doctorat sur Gramsci.

Nous voulions être franchement à gauche, mais pas gauchistes comme les groupuscules Mao ou PCCML ou encore comme le groupe En lutte ! Nous avons d'ailleurs été attaqués par l'un d'eux, qui signa un texte incendiaire à notre encontre, dans la revue *Stratégie*. Nous étions contents. Nous ne parlions pas dans le désert. Quelqu'un nous avait lus. Nous avons donc répondu « par la bouche de nos canons » littéraires. Je fus chargée de la réplique par le « collectif de production ». Nous ne voulions ni direction ni comité de direction. Je m'exécutai, un peu à reculons, mais devoir oblige… Et j'écrivis un long texte, fastidieux et sans doute ennuyeux — sauf pour nos moines de *Stratégie* qui ont dû minutieusement l'éplucher. Je n'ai pas relu cette prose et grand bien m'en fit.

Nous ne voulions pas non plus œuvrer à droite avec les hurluberlus de *Mainmise* et de la contre-culture. Là aussi, des polémiques enflammèrent certains esprits et les chicanes allèrent bon train.

Nous avons célébré *Refus global,* nous nous sentions de ceux-là. Avons ressuscité certains textes, dont quelques-uns de Paul-Marie Lapointe, et avons fait la fête à l'oublié *Les Sables du rêve* de Thérèse Renaud. Ce travail archivistique, nous le devions au poète Philippe Haeck.

Plus tard, France Théoret et Léandre Bergeron se joignirent à l'équipe. Ce fut vers la fin, la revue mourut de sa belle mort en 1976.

Ma chronique s'intitulait « Entre folie et vérité ». Marquée par mes lectures du côté de l'antipsychiatrie et me préparant à devenir psychanalyste sous l'élan de Julien et Élisabeth Bigras et de leurs « séminaires de la Maison rouge », mes textes ont traité des femmes et de la folie, des déviants criminalisés ou psychiatrisés, de l'asile, du délire et des paroles libérantes. Je relirai peut-être un jour ces chroniques. Pour en faire un livre ? Ne sais pas. Pour l'instant, les numéros aux couleurs pastel dorment dans des cartons, au fond d'un Securespace de Montréal.

J'écrivis ma dernière chronique au printemps 1976.

Cette année-là, j'avais été choisie par mon département de l'UQAM pour représenter notre université dans les échanges interuniversitaires Québec-France, programme financé par le réseau de l'Université du Québec et par le ministère des Affaires extérieures du Canada.

J'irais enseigner la littérature québécoise — le roman, si mon souvenir est bon — à l'université Paris XIII, de Ville-taneuse, en banlieue de Paris.

J'arrivai fin prête à Paris, en mars. Je m'installai et mis au point mon premier cours, qui devait avoir lieu début avril.

Or, le 1er avril, une grève générale des universités fut déclarée, qui dura pendant tout mon séjour parisien prévu pour trois mois.

Le premier jour de grève, je me rendis sur les lieux pour voir de mes yeux, et comprendre, comment se vivait une grève sur un campus français. Je fus étonnée de constater qu'il n'y avait pas, comme chez nous, de piquets de grève. Des groupes de jeunes déambulaient en tous sens, certains avaient des pancartes, tous circulaient à leur guise dans les édifices où, normalement, se donnaient les cours. Je m'infor-mai, demandai où se trouvait mon département et, surtout, quoi faire, moi professeure venue d'ailleurs et ne connaissant pas les us et coutumes de la grève française.

À ce qu'on m'apprit, il était conseillé de se rendre, au jour et à l'heure du cours, au local attribué pour ce cours. Et de discuter des « enjeux du conflit » avec les étudiants présents. Je m'y rendis deux fois, les salles de cours étant toutes vides, ne m'y rendis plus. Le dernier après-midi que je m'y trouvai, il faisait si beau, c'était un doux soleil de mai, je fis comme tous ces inconnus du campus, m'assis dans l'herbe, lus et pris des notes dans mon carnet de voyage. J'écrivis un texte inti-tulé « Un après-midi à Villetaneuse » que j'envoyai à la revue *Chroniques*. Ce fut ma dernière contribution au mensuel, en train d'ailleurs de vivre ses dernières heures de l'autre côté de l'Atlantique, comme je l'appris au retour chez moi.

Tant qu'à être en vacances et n'aimant pas être oisive alors que j'étais rémunérée, d'un chèque que j'allais chercher au ministère des Affaires extérieures, je décidai de m'instruire. Je voulais connaître de près le mouvement des femmes de France : ses écrits, ses combats, ses objectifs. Je fis le tour de tout ce qui bougeait et s'animait de ce côté-là des choses, tentai d'explorer ce que nous nommions le *continent noir*. Chaque jour, je quittais mon charmant petit hôtel de la rue du Cardinal-Lemoine et je m'aventurais, munie du carnet que je remplissais dans les cafés, dans le tout-Paris des femmes.

Je rencontrai des éditrices, des directrices de revue, des libraires et des écrivaines. J'allai à des réunions, parfois nombreuses, comme à la Mutualité, parfois plus modestes, dans des cagibis tenant lieu de locaux militants. J'assistai à des conférences, à des tables rondes et à des réunions sans nom où l'on m'invitait parfois à parler de ce qui se passait au Québec. Je lisais goulûment des montagnes de livres, d'articles, de pamphlets. Je voyais mes amies et en rencontrai d'autres. C'était à la fois l'étude et la fête, et c'est ainsi que j'aimais la vie vivante de ces mois effervescents.

Un jour, invitée par mes amies du groupe de Moi-Je de Christiane, je me rendis à Jussieu, dans un grand amphi où tout ce qu'il y avait de groupes et groupuscules s'était donné rendez-vous pour tenter d'organiser une « Manif unitaire des femmes », en vue de la grande manif du 1er mai. Elles ne voulaient plus s'y rendre divisées, « pour ne pas se faire tabasser par les mecs des organisations syndicales ». Elles voulaient être « toutes-ensemble », nombreuses et fortes, unies.

Il y avait de tout dans ce rassemblement hétéroclite. De toutes les couleurs et de toutes les tendances. Les Mao, marchant au pas, habillées du costume militaire kaki chinois ; les anars, habillées de mauve, des fleurs à la main ou dans les cheveux, chantant à tue-tête au grand dam des guerrières ; il y avait les lesbiennes, les trans et les travs, habillées de rose pimpant, certaines gracieuses, les seins dégagés, et d'autres dansant collées à bouche que veux-tu. Soudain une grande femme, l'air sévère, s'en vint au tableau, tentant d'écrire un ordre du jour. Ordre du jour ? Tableau ? Tu parles ! On lui fit savoir sur tous les tons qu'on ne voulait pas de « chefs » chez les femmes, ni de directives, ni même de micros.

(Chez nous, au Québec, lors d'une réunion du même type, organisée au Conventum dans le cadre de la *Quinzaine des femmes,* nous avions assisté à un tel carnaval. Je me souviens de Marie Savard, chantant l'un de ses poèmes, assise par terre en fond de scène : sans préavis, en plein milieu de son numéro, elle relâcha le micro qu'elle envoya ostensiblement loin d'elle en déclarant : « Cet objet est phallique, on n'en veut plus, nous autres. » À bien y penser, il est normal qu'après des siècles d'ombre et de silence les femmes soient venues à la parole publique dans le fou désordre des premières tentatives.)

La grande au tableau alla donc se rasseoir et se le tint pour dit. Dans le brouhaha, personne n'osant inaugurer cette réunion, un petit groupe s'en vint au pas de charge, mes amies me dirent qu'il s'agissait des « trotskistes de la reconstruction féminine de la quatrième internationale », elles avaient des pancartes. L'une voulut proposer une liste de slogans à scander lors de la « Manif unitaire ». Elle avait à peine terminé la lecture du premier slogan (que j'oublie) qu'une petite voix s'éleva du fond de la salle et dit, je reconnus la voix de Christiane, qui portait malgré tout du haut de ses trois pommes : « Ton slogan, tu peux te le foutre au cul. Ça fait pas jouir. »

Ce fut l'émoi. Les cris. Les chants. Les départs. Je tentai de parler. J'étais assise sur le bord d'une fenêtre, en plein soleil de fin d'après-midi, à l'arrière de l'amphi. On m'écouta à cause de mon accent. Je leur dis qu'il était ridicule de se disputer de la sorte quand on voulait organiser une manifestation unitaire. Une voix me répondit : « T'es bien sympa, Québec, mais ce que tu nous dis, c'est trop beau. »

Nous sortîmes aussitôt, mes amies et moi, et allâmes deviser au bistro.

Le 1er mai, à la grande manifestation, il y eut des centaines de femmes que le service d'ordre avait refoulées en queue de défilé. Le soir, on a vu à la télé que plusieurs d'entre elles avaient été tabassées.

*   *   *

Après ces semaines d'explorations et d'errances, j'avais hâte de rentrer chez moi. De revoir les miens. Surtout mes enfants.

Internet n'existait pas encore. Ni la webcam. Ni rien qui nous eût permis de rendre visible l'absence. Cela ne nous manquait pas puisque nous ne savions pas. Chaque semaine, j'avais parlé au téléphone avec Charles et Christophe. Chaque jour, j'envoyai à chacun une carte postale : à Charles, sur les planètes et la voûte céleste ; à Christophe, avec une histoire de chats. J'avais mis en place à la maison une stratégie de gardiennage de proches et d'aimants qui sauraient les entourer avec intelligence et affection. Mais rien ne pouvait me remplacer. Je le savais et commençais à avoir une envie folle de les prendre dans mes bras. Comme toute mère normale, je m'étais sentie un peu coupable d'une aussi longue absence. Et j'arrivai les bras chargés de cadeaux.

*   *   *

Revoyant tout mon monde au retour, je découvris que cette longue absence me coûterait cher. On me la fit payer de bien des façons, le plus souvent inconscientes, l'enfer est pavé de bonne intentions, c'est bien connu, hélas.

Notre groupe de Moi-Je se délitait, je l'ai dit. Mon « congé » parisien ne fut pas étranger aux pleurs et aux grincements de dents de la rupture brutale de la dernière rencontre. Il est difficile d'être une femme affranchie.

Je répondis encore à quelques invitations publiques. Me revient en mémoire une rencontre-débat à la Librairie des femmes d'ici, rue Rachel. En ce lieu sympathique et intransigeant, les hommes n'étaient pas admis, comme en plusieurs lieux, en France, aux États-Unis, au Canada anglais et partout ailleurs, les femmes, souvent violentées, opprimées ou assujetties, se sentaient plus à l'aise, plus libres de parler entre elles seulement. Cette fois-là, je devais parler et répondre aux questions de l'assistance. Marie Cardinal avait aussi été invitée. Elle était là, chaleureuse comme toujours, à mes côtés. Nous étions assises sur de hauts tabourets. De jeunes vidéastes nous filmaient. L'une nous posa des questions sur le fait que nous vivions avec « l'ennemi principal » des femmes, un homme. Nous avons conversé, pris cette remarque un peu à la légère. On me demanda si j'avais des enfants. J'ai répondu oui, deux garçons.

À ces mots, la foudre tomba. Ce furent les cris et les invectives. J'avais mis deux mâles au monde et les avais portés dans mon ventre ? Je n'étais qu'une traître. Et nous avons entendu, incrédules, Marie et moi, la sentence : « Tu as introjecté le désir phalliquc ! Comment oses-tu te dire féministe ? »

Nous n'en revenions pas.

Tout s'est embrouillé. La salle n'était plus que clameurs et vociférations, insultes et lamentations.

J'ai lancé une tirade sur les hommes que j'aimerai toujours : grands-pères, oncles, père, frères, fils, amis, amoureux. On m'entendit à peine. Rien ni personne ne réussit à ramener la paix et le calme dans la pièce.

Nous n'étions pas des gourous et ne voulions pas en être. Nous n'avions aucune prédication salvatrice. Marie Cardinal et moi assistions, médusées, à cet opéra désaccordé. Quand le bâillon installé depuis des siècles saute, les bouches s'ouvrent comme des torrents. Des foudres que les voix, tant bien que mal, essaient de canaliser avec les mots nouveaux. Des vocalises d'inédits.

La réunion se termina dans la cacophonie.

Comme toujours, nous sommes sorties par petits groupes.

Marie, quelques amies et moi nous sommes dirigées vers la Charade, dans le Vieux-Montréal, pour prendre un verre et manger. Et jaser tout notre soûl.

Nous nous disions que le problème des féministes n'était pas tout à fait le même en France et au Québec. Chez les premières, c'était la multiplication des groupes et groupuscules politiques qui constituait leur écueil. Chez nous, au Québec, c'était le clivage irréductible, la frontière infranchissable pour l'instant entre les hétéros et les lesbiennes radicales.

Une seule osait penser la bisexualité dans le corps même de son écriture, c'était Hélène Cixous.

HUIT

Ailleurs si j'y suis

Le train sifflera trois fois

Avant de voir ce western, c'est le titre que j'aimais. Dans ma tête d'adolescente, *Le train sifflera trois fois* était une invitation au voyage, à tous les voyages. Je traduisais : *Le train sifflera pour moi*. De ma maison d'enfance au bord de la rivière, nous entendions siffler le train. Plusieurs fois par jour et même la nuit, les sifflements berçaient notre sommeil. Avant que les mastodontes, camions et bus, ne s'emparent de nos routes pour les défoncer, tout ou presque transitait par le train, passagers et marchandises. De l'Océan limité au Local qui faisait quelques allers et retours en une même journée, les arrivées et les départs du train rythmaient le temps. Et les trains sifflaient toujours trois fois en rentrant en gare et en la quittant.

Cette musique a baigné ma vie d'enfance et de jeunesse. Musique et sifflements qui ont ouvert mes premiers rêves de voyage, mes premiers désirs de partance. Le train, plus que tout autre moyen de locomotion, venait régulièrement me dire, en un joyeux sifflement, qu'il était possible de partir ailleurs et qu'il était possible de revenir de loin. Avec le cheval ou l'automobile ou encore le *snowmobile*, j'avais parcouru de petites distances, un maximum de soixante-dix kilomètres si je songe à Rimouski, à Matane ou encore à Matapédia. Dans mon âme d'enfant, ces distances étaient minimes quand j'entendais les histoires de tous ceux-là qui avaient pris le train, soit pour venir d'horizons si éloignés que leurs noms mêmes requéraient le secours du livre de géographie, soit pour s'en aller vers des lieux tout aussi étranges — comme la mer que je n'avais jamais vue et que l'on pouvait voir de ses yeux, par exemple à Halifax où le train terminait l'une de ses courses ou bien à Gaspé d'où il devait revenir étant donné que les rails n'allaient pas plus loin, autrement le train serait tombé dans l'eau.

Quant aux bateaux, je n'y songeais pas encore. Je n'avais vu dans mon village, glissant sur la Matapédia, que de légères embarcations à deux rames, canots ou chaloupes, et qui voguaient d'une maison ou d'un quartier à l'autre. C'était beau, j'aimais les regarder, mais ça ne faisait pas de longs voyages, et mon imagination s'éteignait aussitôt. Sauf pour ce jour où un adulte (j'ai oublié lequel) me fit comprendre que la rivière débouchait sur une autre rivière, la Restigouche, et que cette dernière se jetait dans la baie des Chaleurs, qui elle-même se fondait plus loin dans l'océan Atlantique, avec la baie de Gaspé et ses trois grandes rivières à elle. Et là, on peut commencer à rêver.

Aller là-bas, aimer traverser d'inconnus territoires, ne reconnaître personne car tout m'est étranger, poursuivre la route, devenir passant chez l'autre, choisir parcimonieusement un, une, ou deux compagnons de route. Commencer, sous d'autres cieux, à me méconnaître, moi, à ne plus me reconnaître moi-même, pour enfin me retrouver. Me comprendre mieux à partir du méconnu. De l'inconnu qui m'a traversée alors que je croyais franchir ses paysages et ses visages.

Ce rêve de partance a pu pleinement se réaliser à partir du début des années 1980. Pour deux raisons.

La première raison concerne les enfants. En 1980,

Charles et Christophe avaient seize et onze ans. L'un était en pleine adolescence tourmentée et l'autre entrait dans la puberté, cavalier et révolté. Ils étaient intelligents et beaux, mais difficiles à élever. De mon côté, je travaillais fort à l'université, vivais une deuxième et douloureuse séparation et n'avais pas beaucoup d'autorité sur ces jeunes aventuriers qu'étaient devenus mes fils. Je n'ai d'ailleurs jamais été autoritaire, les garçons m'avaient depuis toujours surnommée Maman Bonbon.

Leur père, quant à lui, semblait filer une vie calme et heureuse. Il s'était remarié et vivait dans une maison cossue d'Outremont. Moi qui m'étais tant battue dix ans plus tôt pour obtenir la garde légale des enfants, je commençais à me demander s'ils ne seraient pas mieux avec lui maintenant.

Par ailleurs, je songeais que le temps était peut-être venu pour moi de quitter mon poste de titulaire à l'université, la tâche étant devenue trop lourde pour ce que je voulais accomplir surtout : écrire. J'étais consciente que cela signifierait un déclassement économique, mais pas au point que j'ai dû le subir par la suite, ça, c'est une autre histoire.

Je me disais donc en mon for intérieur que le temps était sans doute venu de redonner les fils à leur père. Nous renverserions les rôles, en quelque sorte. Celui qu'ils aimaient tout autant qu'ils m'aimaient et qui était à leurs yeux ce héros inaccessible et le Dieu lointain qu'ils voyaient seulement un mois l'été, une semaine aux fêtes et une fin de semaine sur deux, celui qu'ils rencontraient pour les sorties amusantes, les jouets et les gâteries, ils le retrouveraient désormais dans le réel de la vie quotidienne. Le légendaire Ulysse deviendrait tout simplement un père normal, qui veille aux devoirs et exerce l'autorité. Les fils seraient soumis à la loi du père pendant que moi, libérée de cet ordre, je redeviendrais moi-même : celle qui reçoit ses garçons pour les congés et les fêtes et qui pourrait les choyer.

Je mis du temps — quelques mois — à mûrir ce projet. Je consultai mes aimants tout autour. J'en parlai doucement à mes fils. Leur dis cent fois plutôt qu'une que c'était parce que je les aimais vraiment que j'avais songé à cette solution. C'était l'amour le plus pur et le plus fort qui me faisait penser à la réunion entre eux et leur père. (D'ailleurs, si je n'avais pas été certaine de l'amour entre ces trois-là, je n'aurais jamais songé à cet échange.)

Je pensais à *L'Échange* de Paul Claudel. Je pensais aussi à cette phrase de Maurice Blanchot : « Dans tout abandon, il y a le don. » Et je pensais à ce chapitre d'Annie Leclerc, dans *Parole de femme,* dans lequel elle dit à peu près ceci : si nous, les femmes, voulons vraiment que les pères s'occupent des enfants, cessons de nous lamenter. Apprenons à les leur donner.

Ce furent des mois à la fois tumultueux et heureux. Le jour où j'ai fait part de ma décision à Patrick, il a pleuré et il a dit : « C'est le plus beau jour de ma vie. »

Cette nouvelle vie, de même que mon départ de l'UQAM qui allait suivre, en 1982, me donna plus de temps, d'immenses plages de temps pour accomplir ce que j'aimais le plus au monde — à part aimer : écrire. Écrire et partir. Voir ailleurs si j'y suis. Et l'écrire.

Je considère que les années 1980 marquent le véritable commencement d'une œuvre littéraire qui se poursuit et s'achèvera avec mon dernier souffle — si le cerveau tient, évidemment. Et que ce que j'écris maintenant est aussi jeune, plus jeune même, que tout ce que j'ai pu écrire dans les décennies 1960 et 1970. Ce que j'écrivais alors était vieux, comme est souvent vieux ce que les jeunes écrivent, pour la simple raison que les premières ébauches contiennent les scories et les poussières des histoires anciennes que l'on traîne avec soi tant qu'elles ne sont pas passées par le filtre de l'analyse et de la lucidité. Je trouve aussi déplorable que bien des histoires littéraires, des anthologies ou des manuels en soient restés, en ce qui me concerne, à mes premières publications, aux textes qu'ils qualifient de *manifestaires,* textes que, bien souvent, j'ai désavoués et n'ai pas repris dans mes propres rétrospectives.

Quitter le département d'études littéraires de l'UQAM a créé plus de remous que le fait de redonner mes fils à leur père. J'ouvre tout de suite une parenthèse pour dire que, à leur majorité, mes deux garçons sont revenus chez moi. Mais autrement. Ils étaient majeurs et avaient conquis leur propre liberté, chacun de dure lutte et chacun à leur façon, aux prises qu'ils furent avec la loi du père.

J'ai sans doute annoncé brusquement ma décision de partir aux collègues du département, dont quelques-uns étaient des amis chers. Ils étaient éberlués. Ne comprenaient pas. Il faut dire que je ne comprenais pas intégralement moi-même ce que j'étais en train d'accomplir. Certains ont chuchoté que j'étais peut-être « devenue folle », les murs m'en ont rapporté des échos. D'autres furent si tristes — ils me trouvaient courageuse et m'avouaient vouloir en faire autant, mais la vie chère, l'insécurité… — qu'ils pleurèrent sur mon épaule. Et d'autres étaient carrément fâchés. Lors de l'assemblée départementale où l'on m'enjoignit de m'expliquer, je me souviens de mes deux réponses. Dans la première, je disais vouloir « prendre un congé de maladie préventif » et, dans la seconde, je me souviens de mes mots exacts : « Quand vous voyez quelqu'un sauter entre deux falaises, vous vous taisez et vous retenez votre souffle. Ne lui demandez surtout pas un discours. »

Je quittai donc l'UQAM. Sans prime de départ. Sans rien.

J'étais certainement innocente et naïve. Je ne m'attendais pas à autant de difficultés financières par moments. Le désir de partir d'un lieu fixe fut plus fort que tout.

Je ne partais pas parce que je n'aimais pas ces lieux et ces personnes, bien au contraire. Je ne partais pas pour fuir quelque chose ou pour me fuir moi-même. Je ne partais pas pour *mourir un peu,* comme le veut le dicton. Comme jeune, très jeune, à quatre ans lorsque j'ai voulu partir loin de ma maison, ce n'était pas que je n'aimais plus ma maison. J'ai aimé ma maison familiale, je l'ai chérie ; j'ai aimé ses pièces, ses chambres, son grenier, ses lucarnes et sa cave ; j'ai aimé ses fenêtres, sa cour, son jardin et sa rivière. Et j'ai aimé mon enfance. J'ai vécu ce qu'on appelle une enfance heureuse, avec de bons parents et une fratrie joyeuse et une vaste famille élargie qui, avec ses heurts et ses bonheurs, m'enchantait. Aucun de nos parents ou de nos grands-parents ne nous a maltraités. Aucune des onze tantes ne nous a malmenés. Aucun des neuf oncles ne nous a violentés, ce qui est rare, avouons-le. Ce qui ne fait pas des best-sellers, mais qui s'écrit quand même. Ce qui ne vous envoie pas à *Tout le monde en parle,* et alors ?

Et malgré toute cette beauté, chez moi ou dans mon département, j'ai désiré partir, allez donc savoir.

Je quittais une institution universitaire en partant de l'UQAM, mais je ne quittais pas l'enseignement. Ce sont les nombreuses tâches et occupations administratives — réunions, délégation à diverses instances, direction de modules, de départements ou d'études supérieures auxquelles nous devions tous donner du temps — que j'abandonnais, pas les rencontres avec les étudiants dans le cadre de cours ou de direction de travaux. Le métier d'enseignant me paraît l'un des plus nobles qui soit. Transmettre un savoir, partager des connaissances, discuter des enjeux d'une discipline m'a toujours semblé une passionnante aventure. Cet amour de la transmission est sans doute logé dans mes gènes : l'un de mes frères et deux de mes sœurs furent professeurs de collège ou d'université. Notre mère fut une institutrice de l'ancien régime — excellente pédagogue, disait-on —, de même que l'un de ses frères et deux de ses sœurs aînées. Trois, même, puisque l'aînée, Marie-Anna, religieuse appelée sœur Ange-de-Gethsémani, a passé sa vie à enseigner aux sourds-muets, à l'institut montréalais des Sœurs de la Providence (deux choses m'intriguaient fort chez elle quand j'étais petite : son nom, Ange-de-Gethsémani, et le fait qu'elle sache parler la langue des signes dont elle nous faisait parfois la démonstration). De plus, notre arrière-grand-père, Louis Desrosiers, père de notre grand-mère Ernestine dont j'ai parlé dans la première partie de ce livre, fut lui aussi instituteur.

À partir de 1982, j'ai enseigné dans plusieurs universités, à titre de professeure invitée ou d'« écrivaine en résidence », toute nouvelle fonction et appellation que le Québec a héritée de l'anglophonie, au grand dam des puristes académiques littéraires, français surtout. Combien de fois n'ai-je pas entendu : « L'écriture littéraire, la création, ça ne s'enseigne pas ! C'est la théorie, l'histoire et l'analyse littéraires qui s'enseignent à l'université ! » Je répondais à peu près toujours la même chose : je passe un trimestre ou un semestre entier à enseigner à mes étudiants que la création ou le talent ou le génie, en effet, ne s'enseignent pas. Mais que l'on peut en discourir, en parler et écrire là-dessus pendant des semaines, des mois et des années.

Que l'on peut aussi lire les concepteurs et les créateurs d'œuvres, tenter de comprendre ce que les meilleurs d'entre eux ont pu penser, dire et écrire au sujet des écrivains dont ils se sont inspirés : par exemple, Valéry sur Mallarmé ; Blanchot sur ces deux-là ; Barthes sur Stendhal ; Victor Hugo ou Joyce sur Shakespeare ; Dylan Thomas sur John Donne ; Victor-Lévy Beaulieu sur Shakespeare ou Melville ou Joyce ou Foucault. Et retourner lire les inspirateurs. Cette bibliothèque est immense. Inépuisable. Je ne peux pas nommer ici tous les écrivains inspirateurs et tous les écrivains lecteurs dont nous avons traité dans mes séminaires. J'en écrirais mille pages. Ces mille pages déborderaient le cadre de ce livre.

Peut-être m'y mettrai-je quand je serai vieille-vieille.

Me reviennent tout de suite en mémoire les enchantements qui ont aimanté mes cours lorsque je fus libérée des tâches, fastidieuses pour moi, qui faisaient tourner la roue de l'institution. Je pense à Edmond Jabès et à l'Écriture avec une majuscule, car chez lui l'écriture est biblique. Je pense à Deleuze et à l'instantanéité de l'éclat poétique. À Derrida qui a décloisonné, ouvert nos territoires conceptuels jusqu'à l'ultime issue d'une vérité de l'écriture, qui est poème et danse comme chez Nietzsche. Derrida dont nous avons fréquenté les textes, mes étudiants et moi, depuis les commencements de son écriture, au cours de la décennie 1960, jusqu'à *La Carte postale, poïen* en action, et encore après *La Carte postale,* jusqu'aux tout derniers écrits.

Dès 1984, je fus invitée par Joseph Bonenfant à l'Université de Sherbrooke, en remplacement de Richard Giguère, l'un de nos grands lecteurs de poésie, qui était en année sabbatique. J'y donnais deux cours par semaine, l'un sur l'écriture des femmes et l'autre sur la poésie. Joseph avait concentré ma tâche sur deux journées consécutives, de sorte que l'université n'ait qu'une nuitée d'hôtel à défrayer. L'hôtel s'appelait L'Ermitage et portait très bien son nom. Sis dans une petite forêt, tout y était silencieux sous les branches et le pavillon de verdure. J'y préparais mes cours, j'y rêvais et j'y écrivais. C'était une campagne improvisée en plein centre-ville. C'était trop beau pour survivre en notre époque d'intégrisme économique — l'expression est de Jean-Claude Leclerc du journal *Le Devoir*. En 2011, ils ont tout rasé : chalets-motels, arbres, sentiers. Quand j'ai vu le lieu, passant à Sherbrooke, j'eus la tristesse au cœur : on aurait dit qu'un foudroyant obus s'était occupé du ravage. La coupe à blanc avait fait son œuvre. Au Québec, on n'a pas besoin de guerre pour détruire paysages et visages des lieux. L'implacable machinerie au service des puissants suffit.

De 1990 à 1995, où je fus invitée à l'Université du Québec à Rimouski, j'ai eu la chance de rencontrer des étudiants qui n'avaient pas encore jeté le passé par-dessus bord. Qui n'avaient pas encore mis aux oubliettes l'histoire — générale et littéraire. N'avaient pas tourné le dos aux ascendants, aux prédécesseurs, aux aînés. Qui n'étaient pas convaincus que leur génération inventait tout à partir d'eux-mêmes, que jeunesse signifiait automatiquement renouveau, que renouveau signifiait changement, transformation radicale et, finalement, révolution. J'ai eu la chance de connaître des étudiants qui savaient encore d'où ils venaient.

La carence en histoire n'est pas la faute des jeunes. Ce sont les adultes, leurs maîtres, qui les ont déformés : enseignants, professeurs, faiseurs de programmes dont la qualité première est d'être nouveaux, comme si la nouveauté était garante en soi d'une valeur d'excellence. Les guerres ont bien sûr décapité des civilisations, mais aussi, et davantage peut-être, des générations devenues aveugles à ce qui les avait engendrées. La plupart du temps, ce sont des générations perdues dont plus personne ne parle. Elles seraient comme des trous noirs dans le ciel de la connaissance. Peut-être sommes-nous dans l'un de ces moments perdus ? Peut-être annonce-t-il l'époque suivante qui sera une époque de Lumières ? Il faut l'espérer.

En 1984, donc, j'arrivai à l'Université de Sherbrooke. J'y

rencontrai des étudiants assoiffés de connaissances, curieux et studieux. J'étais habitée par une jeune morte, en plein deuil de l'amie Mireille qui vivait en moi. Je lisais ses dizaines de textes, de lettres et de manuscrits. Sa mère et amie Maryse faisait de même chez elle. Avec le père Benoît Lacroix et le professeur Joseph Bonenfant, Maryse travaillait dans la peine du deuil à rassembler tous les écrits de sa fille pour en faire un livre, qui parut avec sa calligraphie originale et ses dessins, en 1985, sous le titre *Pomme de pin*. Puis, en 1994, Maryse Trottier-Lanctôt fit paraître son propre livre, *Terre d'origine*. Elle y chante sa fille tant aimée, celle qui, par sa mort, a donné vie à ces signes tapis depuis toujours en elle et qu'on appelle écriture.

Elle y cite Frédéric Mistral à l'orée de son livre : « Bien que son front ne resplendît — Que de jeunesse ; bien qu'elle n'eût — Ni diadème d'or ni manteau de Damas, — Je veux qu'en gloire elle soit élevée comme une reine et caressée. »

À son tour Maryse est morte, en 2006, entourée de ses quatre autres filles, Martine, Diane, Dominique et Sophie. J'étais à Espalion, en Aveyron. Comme l'infirmière me l'avait demandé — « Elle ne peut plus parler, mais elle vous entendra » —, je lui ai parlé au téléphone. L'infirmière lui avait placé le combiné à l'oreille, Maryse était dans son lit d'agonie et vivait ses dernières heures. Je me trouvais dans une petite pièce du Vieux-Palais qui faisait office de secrétariat. Je voyais le Lot couler et j'entendais ses vagues frapper les parois de pierre du bâtiment. Les étoiles étaient ce soir-là d'une clarté transparente. L'air était limpide. Je n'ai pas voulu parler trop longtemps pour ne pas fatiguer Maryse. J'entendais sa respiration et son silence qu'on aurait dit plus profond du fait de sa traversée de l'Atlantique et de son dépôt, maintenant, sur le Lot.

J'ai arrêté de parler un moment. J'écoutais ce silence et la respiration de Maryse. L'infirmière a repris le combiné et m'a dit : « Continuez de parler, elle vous écoute, elle sourit. »

Je lui ai parlé de Mireille, de l'eau du Lot que j'entendais. Je lui ai parlé de l'océan Atlantique et des étoiles. Je lui ai décrit l'étoile dans laquelle Mireille se trouvait. Et lui ai dit qu'elle s'en irait bientôt la rencontrer. Là. Qu'elle la prendrait dans ses bras, « comme une reine, et caressée ».

J'ai doucement et longuement parlé.

Deux jours plus tard, à l'aube du 19 février, Maryse mourait.

* * *

Entre 1986 et 1988, je fus invitée au département de littérature comparée de l'Université de Montréal, pour y donner des séminaires sur l'écriture au féminin (on n'y parlait pas encore de *gender studies*) et sur la création littéraire. J'avais connu le département première mouture de la fin de la décennie 1960, avec ses grands intellectuels fondateurs venus d'universités américaines, les Eugenio Donato, Eugene Vance, entre autres. C'est grâce à eux que, toute jeune enseignante en rédaction de thèse, j'étais entrée en contact avec les intellectuels français qui ont marqué les *cultural studies* des universités américaines : Roland Barthes, Jacques Derrida, Jacques Lacan, Michel Foucault et Paul de Man. Grâce aux Donato et Vance, j'avais, à l'époque, lu les livres des Français et assisté à quelques conférences, dont celles de Roman Jakobson, Jacques Derrida et Michel Foucault.

Le département nouvelle mouture ne décevait pas. Composé de jeunes érudits, je me liai d'amitié avec quelques-uns. Wladimir Krysinski, polyglotte émérite, en était le cœur, si je puis dire. J'aimais converser avec lui. Il venait parfois assister à mon séminaire et j'assistais au sien avec grand intérêt. Un jour, il me demanda de préparer une conférence sur la poésie québécoise pour la communauté universitaire des lettrés. Puis, il voulut la publier. Le livre parut sous le titre *La Poésie québécoise actuelle,* dont il écrivit l'avant-propos et que nous avons publié aux éditions Le Préambule (collection « L'Univers du discours »). Quelques poètes m'ont parlé de ce livre : Gaston Miron, Paul Bélanger, Paul Chanel Malenfant. Je ne pense pas qu'il s'agisse d'un grand texte, mais plutôt d'un modeste essai. D'une voix de poète avec son interprétation idoine, parfois approximative. Mais, comme souvent au Québec, il est tombé dans le désert de l'oubli, à travers des dunes de méconnaissances et des chemins enfouis. Être un intellectuel au Québec est souvent une tare. Et si vous êtes une femme, une maladie honteuse.

Lors d'un séminaire dans lequel se réunissaient chaque semaine tous les professeurs et tous les étudiants diplômés de maîtrise et de doctorat et où chacun des cours devait être assumé par un professeur et un étudiant sur un sujet établi d'avance, il fut décidé par les étudiants que le trimestre entier serait consacré à l'étude d'un livre. Un gros livre difficile, disaient-ils. Ils avaient constitué une liste des titres à partir de laquelle ils en avaient élu un seul. Il y avait, par exemple, *Écrits* de Jacques Lacan, *Histoire de la folie à l'âge classique* de Michel Foucault, *De la grammatologie* de Jacques Derrida et même, avait suggéré une voix solitaire, *Le Capital* de Karl Marx. Finalement, le titre choisi par les étudiants fut *Mille Plateaux* de Gilles Deleuze et Félix Guattari. Les professeurs ont agréé.

Chaque semaine, il y eut donc deux exposés sur ce livre préparés en collaboration par un professeur et un étudiant.

Quelle ingénieuse méthode d'approfondissement d'un texte majeur !

Étant écrivaine en résidence cette année-là (j'avais été

professeure invitée l'année précédente), j'eus l'idée d'écrire sous forme de brefs poèmes ce que je considérais comme les soixante concepts fondamentaux de *Mille Plateaux*. J'en donnai lecture lors de la dernière rencontre de cours. Ils apprécièrent. En voulurent des copies. Certains désirèrent même que cela fût publié. Le livre, intitulé *L'Instance orphe-line* — expression de Deleuze pour ouvrir au poétique —, fut publié aux éditions Trois, sous la direction de la regrettée Anne-Marie Alonzo. Les poèmes sont accompagnés de mes « Lettres illisibles », lettres inventées en forme de dessins, à l'encre de Chine et au pinceau.

Il fut publié en 1991. C'était le temps où la plupart des critiques me reprochaient l'illisibilité de mes textes. Depuis *Lueur*, en 1979, les attaques allaient toutes dans le même sens.

Les « Lettres illisibles » illustrant les textes de *L'Instance orpheline* furent ma façon inédite de protester. Je n'eus pas plus de lecteurs que pour tous les livres précédents. On me reprocha l'obscurité de mes écritures. On pensa même — et on me le dit, parfois avec colère — que je faisais exprès d'écrire pour le petit nombre. Que j'étais élitiste, vouée à ma perte. Ces reproches me blessèrent, c'est vrai. Mais jamais ne me découragèrent. Ni ne m'empêchèrent de poursuivre ma route. Comment peut-on sciemment vouloir perdre en chemin ses lecteurs en traçant d'obscurs chemins ? Il faut avoir l'esprit tordu pour penser ainsi.

J'ai toujours écrit. Comme mes voyages en pays lointains où même traverser les territoires sans comprendre les langues m'enchante en me perdant, je ne saurais trop dire pourquoi, j'ai écrit comme on se perd dans l'étrangeté, tentant de faire advenir au sens, même obtus, ce qui vient de la nuit même du sens, ce qui n'a pas encore rencontré « les mots pour le dire », car aucun mot courant n'a encore touché cette part de l'énigme du monde.

Je ne crois pas qu'il y ait, d'un côté, les artistes et les intellectuels et, de l'autre, le peuple. Les artistes et les intellectuels appartiennent de plein droit au peuple. Je suis une fille du peuple qui écrit ses voyages en pays étrangers, loin sur la mappemonde ou loin au fond de soi.

Comme Nicolas de Staël et comme Tàpies, comme Soulages et comme Fernand Leduc, comme Angelopoulos et comme Rothko ou Michel Brault, je suis une fille du peuple qui dessine *Mille Plateaux* en forme de poèmes et d'encres de Chine, à la fois illisibles et d'une clarté déroutante.

Vancouver

En 1988, Dorothy Livesay, qui habitait Vancouver, organisa une tournée pour moi dans les trois universités de Colombie-Britannique : Simon Fraser, UBC et l'Université de Victoria. Depuis ma préface de son anthologie de poèmes *The Phases of Love* que nous avions traduite par *Les Âges de l'amour,* nous étions devenues amies. Dorothy voulait ardemment que mes livres soient connus au Canada anglais. Les « deux solitudes » canadiennes la révoltaient. Elle trouvait injuste que certaines œuvres du Québec, dont la mienne, soient à ce point ignorées. Née à Winnipeg, en 1909, descendante d'une famille des *Eastern townships,* région à laquelle elle était viscéralement attachée, elle était une fervente fédéraliste. Elle avait été une enthousiaste socialiste, amie des intellectuels socialistes et communistes ontariens. C'est la venue à l'UQAM, à titre de professeur, de son cher compagnon de lutte Stanley Ryerson qui la ramena vers ses origines québécoises. Par Ryerson que j'avais côtoyé au syndicat des professeurs, elle fit ma connaissance et lut mes livres.

De plus, Dorothy Livesay, féministe convaincue depuis sa soixantaine, avait traversé le siècle en vivant librement ses histoires amoureuses, ses *love affairs* dont elle parlait maintenant du haut de sa septantaine avancée avec une lucidité parfois cinglante mais toujours avec un humour fin. Elle avait mené d'épiques luttes dont elle pouvait raconter pendant des heures les péripéties enflammées, parfois cocasses.

Couronnant sa vie d'engagements sociaux, il y avait la poésie, et quelle poésie ! Elle était une grande, et reconnue comme telle, de Vancouver à Halifax. Au Québec, on fit sa connaissance au cours de la décennie 1970. Il y eut d'abord la revue *Ellipse* où on la présenta en compagnie d'une autre grande méconnue, Medjé Vézina (1896-1981), à la poésie amoureuse elle aussi et comme Dorothy Livesay, mais en plus lyrique, emportée par la passion amoureuse, voluptueuse ainsi que l'on disait à l'époque. Tout aussi lucide. Volontairement détachée des pouvoirs patriarcaux qui, au Canada français on le sait, étaient cléricaux. Ce qui lui coûta sa renommée.

Dorothy Livesay, qui jouissait d'une grande notoriété d'un océan à l'autre — sauf au Québec, hormis chez les spécialistes ou les poètes bilingues —, ne comprenait pas ce fossé entre les deux cultures et n'admettait pas plus l'ignorance de ses compatriotes anglophones à l'endroit des écrivains québécois, dont moi-même. Elle avait donc organisé cette tournée des trois universités de la Colombie-Britannique et avait alerté tout son monde pour qu'on vienne m'entendre.

Je fus extrêmement bien reçue : hôtels ou résidences universitaires cossues pour les professeurs ou les écrivains invités, repas conviviaux, rencontres de petits groupes choisis par les organisateurs, en compagnie de Dorothy, réceptions officielles dans des maisons privées, cocktails et vins d'honneur, je fus accueillie avec bienveillance et à grands frais. Nous étions dans un temps où le Canada bilingue était vécu comme un rêve, une utopie même, chez les intellectuels et les artistes canadiens. Ce n'était pas ce qu'on entend aujourd'hui par bilinguisme, cette espèce de *désespéranto* d'une mondialisation vouée au Babel de la spéculation boursière par le nivellement des cultures distinctes où le franglais *canadian* est baragouiné, enseigné même par des non-anglicistes qui n'ont jamais lu Shakespeare.

Comme toujours lors de mes rencontres publiques à l'étranger, je lis, bien sûr, de mes textes et Dorothy en lisait les traductions. Mais surtout, je parlai du Québec. Et du Canada français que j'avais connu pendant les quatre années de mes études à Moncton. Je leur parlai de notre histoire et de notre littérature. De la Conquête dans un cas et de la déportation dans l'autre. Par l'armée britannique des conquérants dans les deux cas. Je situai l'émergence des deux littératures, du Québec et de l'Acadie. Dis, en français et en me traduisant au fur et à mesure, l'isolement de ces littératures par rapport à l'Anglophonie dont ils et elles étaient tous, baignés qu'ils étaient par le vaste océan états-unien surnommé l'Amérique à lui seul. Leur parlai aussi de notre isolement par rapport à la France entière qui n'avait jamais voulu, et ne voulait toujours pas, reconnaître l'entièreté, le volume et la valeur de nos littératures francophones d'Amérique du Nord. À l'exception de certains poètes, car les poètes sont toujours, et sous toute latitude, plus reconnaissants. Plus ouverts aux voix étrangères. Et les poètes souvent traduisent.

Et je lis certains de mes textes. J'ai toujours aimé lire. On dirait que c'est naturel chez moi. J'ai fait longuement du théâtre et de la lecture publique. Je lis aussi d'autres poètes. Je me souviens d'avoir lu un poème d'Émile Nelligan. Un autre de Medjé Vézina. Un de Claude Gauvreau, deux d'Anne Hébert. Et quelques contemporains.

Durant tout ce voyage, j'étais sur un petit nuage, au pays d'à côté que l'on disait « mon » pays.

La veille de ma dernière conférence, je fis ce rêve. J'étais avec Patrick Straram, Janou Saint-Denis et Denise Boucher. Les trois rigolaient, buvaient une bière et fumaient un joint.

J'étais triste. Patrick m'a tendu bière et joint et m'a dit : « Allez, la Lionne — c'est le surnom qu'il m'avait donné —, prends une bière avec nous. Fume aussi ! » Soudain, je l'ai regardé intensément, il est devenu livide, il ressemblait à un mort, mais un mort debout. Je lui ai dit : « Patrick, je ne peux ni boire ni fumer avec toi. Tu es déjà mort. »

Au matin, j'ai noté ce rêve dans mon carnet de voyage. J'étais bouleversée.

Quand je suis arrivée à l'aéroport deux jours plus tard, l'amie Marie-Claire qui venait m'accueillir, comme il était entendu, m'a dit, d'un air gravissime : « J'ai une mauvaise nouvelle à t'annoncer. Patrick est mort, il y a deux jours. » J'ai sorti mon carnet. Lui ai lu mon rêve au milieu des bagages. J'ai vérifié l'heure. À l'heure de mon rêve, Patrick mourait d'un infarctus dans l'ambulance qui le conduisait à l'hôpital. Sa dernière compagne, Jacqueline, à ses côtés. Il a voulu que l'ambulance s'arrête au dépanneur. Il voulait une bière. Sa dernière phrase fut pour dire qu'il avait besoin d'une gorgée de bière.

Je ne l'avais plus vu les derniers mois. Parce qu'il buvait trop. Et parce qu'il m'en voulait d'être entrée à l'Académie. Il disait que j'avais opté pour le pouvoir. Que j'avais trahi. Que j'étais devenue une petite-bourgeoise universitaire corrompue. Au début, il m'appelait la Gentille Lionne. Puis, d'un ton sermonnant, il se mit à m'appeler la Lionne-lueur.

Quand il suppliait pour obtenir une dernière gorgée de bière, il a dû, en une lueur fracassante, penser très fort à moi, qui reçus sa demande dans un rêve de nuit, à Vancouver.

Je n'ai pas plus répondu à sa demande que Jacqueline et les ambulanciers. Car il était mort. Je l'ai vu. Et le lui ai dit.

La veille de mon départ de Vancouver, Dorothy m'a amenée en bateau sur l'île Galiano, qui était son paradis terrestre et où vivait l'un de ses anciens amants devenu ami. Il avait son âge et s'appelait Anthony. Il vivait seul dans un camp qu'il avait aménagé pour pouvoir dormir au chaud à longueur d'année, manger, lire et rêver au milieu d'une forêt d'arbres multicentenaires — je me souviens d'un énorme pin qui « datait d'avant l'arrivée de Christophe Colomb », disait Anthony —, d'oiseaux de tous les chants et de toutes les couleurs pour lesquels il avait accroché aux arbres des cabanes, et il les nourrissait. Il avait un chauffage au bois et un vieux poêle de fonte sur lequel une bouilloire d'un autre temps sifflait en permanence. Il passait la majeure partie de ses journées à couper du bois et à nourrir les oiseaux qu'il appelait par le nom qu'il leur avait donné à chacun.

Anthony était très beau. Ces deux vieux formaient un couple d'inséparables amis qui avaient à peine besoin de se parler tant ils se connaissaient « sous toutes les coutures », m'avait dit en français Dorothy.

Nous étions arrivées là dans l'avant-midi. Nous avions apporté des fleurs, des chocolats et du vin. Nous ferions des courses sur l'île — Dorothy conduisait encore sa voiture — si nous en avions besoin. Je m'étais proposée pour cuisiner le repas de midi. Anthony n'a jamais voulu. C'est lui qui ferait le repas, c'est lui qui connaissait sa cuisine et son poêle. C'est lui qui composerait le menu. Je me souviens d'une délicieuse omelette au lard et aux pommes de terre, comme on pouvait en faire chez les anciens Canadiens. Nous l'avons mangée accompagnée d'un vin rouge que Dorothy avait apporté.

Nous avons parlé. De leur vie surtout. Et de la mienne lorsqu'ils me posaient des questions. Ils ont parlé des « deux Canadas », l'anglais et le français. Tous deux regrettaient la Conquête, disaient-ils. Anthony avait été dans sa jeunesse un militant syndical et un communiste. Il voyait tout ça maintenant du haut de ses quatre-vingts ans. Et à la bonne distance que donne la poésie qu'il avait commencé à écrire depuis une décennie. Il nous a lu un poème, qui ressemblait à un manifeste, mais amoureux. Et les deux m'ont chanté des *protest songs* de leurs années militantes.

Ils ont voulu faire la sieste après le repas. J'ai fait la vaisselle, nettoyé le comptoir, rangé et balayé.

Je suis allée marcher dans la forêt centenaire, touffue, aux nombreux sentiers bien peignés. J'ai écouté une symphonie d'oiseaux, caressé des arbres, humé des feuilles, senti l'humus et déambulé sur le doux tapis de mousse. Je me suis assise sur un vieux banc et j'ai écrit.

Quand je suis rentrée, ces deux-là ronflaient, chacun dans sa chaise berçante, le vin ayant sans doute alourdi leur sommeil. Je me suis sentie comme une fille de la maison fraîchement adoptée. J'étais la survenante d'une province lointaine où mes racines faites de poèmes s'étaient emmaillées aux leurs, le temps d'une journée.

Londres-Édimbourg-Dublin

La tempête gicle dehors. La tempête bat mes fenêtres givrées. Nous sommes au plus profond de l'hiver, dans ce mois le plus court qui pourtant semble le plus long. Interminable février qui nous aveugle de tous côtés : l'été dernier ne se voit plus et l'été qui vient ne s'aperçoit pas encore. Nous sommes dans la noirceur boréale de l'infinie blancheur de cette neige d'hiver qui bouche par ses bourrasques tous les horizons. Février 2012, à Montréal. Le temps gèle et j'écris ces temps antérieurs de ma propre vie, pourquoi ?

Le temps gèle mais celui des rêves, lui, bouge sans cesse. Le temps des rêves remue et se déplace, le temps des rêves est sans frontières, ne connaît ni les années ni les semaines, le jour pour lui peut être obscur et la nuit s'éclairer toute seule. Le temps des rêves danse et s'ébroue comme dans les contes.

La nuit dernière de ce février de tempête, en un songe qui s'effrite dès le réveil quand on se met à y penser, je fus ramenée à ce temps d'inquiétante liberté nouvelle et d'horizon si dégagé qu'on n'en voit plus le tracé des routes à venir. Avec le vent menaçant qui frappait à mes vitres, je fus projetée trente ans plus tôt exactement.

* * *

En 1982, je venais de quitter l'UQAM, j'étais libre comme l'air et commençais à éprouver ce que c'est que d'être pauvre. J'étais au début de la quarantaine et je ne m'en faisais pas outre mesure. Vers la mi-novembre, le secrétaire de l'Union des écrivains du Québec m'appelle et me demande si une tournée européenne m'intéresserait. Je partirais en février. J'irais faire des lectures et parler de littérature québécoise en Angleterre, en Écosse et en République d'Irlande ; puis, en Espagne et, enfin, en France. Le voyage durerait trois mois. L'UNEQ l'organisait, du début à la fin : achat des billets d'avion et de train, choix des hôtels, itinéraires précis, choix des lieux où je parlerais et des personnes qui, dans chaque ville, m'accueilleraient et me serviraient de guides. En plus, je recevrais des cachets pour chacune des prestations. Le tout subventionné généreusement par le ministère des Affaires étrangères du Canada. Comment refuser une telle invitation ? J'ai dit oui tout de suite, et dans le ravissement. Mais pourquoi cette proposition m'est-elle faite à moi ? ai-je demandé. « Nous avons discuté, m'a répondu Jean Yves Collette, ton nom nous est venu à l'esprit. Nous pensons que tu es une excellente candidate. » Je n'en revenais pas.

Avec le recul du temps, on peut à juste titre considérer comme miraculeuse cette façon d'agir.

Autres temps, autres mœurs.

(Il m'arrive de penser que la génération des jeunes écrivains et écrivaines a raison de s'indigner du peu d'appuis donnés à leurs œuvres créatrices par les organismes subventionnaires. Sauf qu'ils se trompent de cible parfois. Ce n'est pas à nous, artistes et intellectuels qui ont profité des largesses d'antan, qu'ils devraient en vouloir. Nous ne pouvions prévoir le désastre actuel. Et si nous avions pu le prévoir, aurions-nous dû nous priver et pleurer en pensant à ce qui arriverait aux jeunes quelques décennies plus tard ? Notre sacrifice collectif eût été vain. En plus, nous nous étions battus vaillamment pour obtenir le peu que le capital financier consentait alors à la culture. Nous ne pouvons aujourd'hui qu'être solidaires à l'endroit d'une jeunesse qui se sent lésée par une caste à la voracité d'une amplitude gargantuesque et dont la richesse devient innommable. Inqualifiable presque. Basée sur des avoirs innombrables qui dépassent tout entendement normal.

Les disparités entre quelques riches et de nombreux pauvres ont créé un tel fossé que l'horizon nous promet un vaste champ de désolation. Ère d'afflictions et de ruines, si rien n'est fait avant qu'il ne soit trop tard. C'est-à-dire bientôt.

Cette jeunesse frustrée dans laquelle je connais plusieurs aimants doit à tout prix, à l'aide d'analyses sociohistoriques solides, convertir l'indignation en révolte. Et la révolte en révolution. En actions non-violentes. Sans guerres. Sans viols. Et sans effusion de sang.)

Je suis donc partie en mission culturelle, début février 1983. J'arrivai à Londres. C'est Colin Hicks, de la délégation du Québec à Londres, qui m'accueillit. Homme affable, ouvert au Québec, à sa culture et à sa littérature, il veilla à ce que mon séjour fût agréable.

J'étais logée dans un immense hôtel du Piccadilly Circus, petite ville dans l'immense cité de Londres distribuée sur quelques étages où les couloirs exhalaient les odeurs des cuisines asiatiques, indienne et pakistanaise surtout. Certains résidants y avaient converti leurs chambres en résidences privées. Ils vivaient là et y mangeaient. J'en croisais aux abords des ascenseurs, à la peau mate et aux allures hâtives ; ils semblaient courir partout pour rejoindre au plus vite la ville agitée où ils travaillaient. De ma chambre, j'entendais aussi les bébés pleurer et les enfants piailler. J'étais au centre-ville, à distance de marche de ce que je voulais visiter : essentiellement des rues et des gens, la Tamise et un seul musée, la National Gallery. Je revenais à ma chambre après le repas, pour écrire, lire et dormir, rêvant au son de la ville grouillante.

Parfois les femmes de chambre, qui, elles, étaient toutes noires, frappaient discrètement à ma porte pour y faire le ménage et m'apporter un plateau, avec du thé et des *cookies*. Nous parlions un peu, ne voulions pas mutuellement nous déranger.

À Londres, j'ai donné une communication à l'Alliance française, sur la littérature québécoise, ainsi qu'une lecture de quelques poètes contemporains : Saint-Denys Garneau, Claude Gauvreau, Anne Hébert, Gaston Miron, Jacques Brault, Josée Yvon et Geneviève Amyot. On a voulu que je lise certains de mes textes, ce que je fis avec plaisir.

Les conférences et autres lectures auraient lieu la semaine suivante, à l'université de Reading, où je me rendis en train et fus accueillie par quelques professeurs qui m'emmenèrent boire une bière au pub. J'étais logée sur le campus dans une belle résidence réservée aux professeurs invités, vieux bâtiment fraîchement restauré où les muses de l'histoire ont accompagné mes pages d'écriture et mon sommeil.

C'est à Reading qu'une professeure d'origine française demanda à me rencontrer. Elle vint à ma chambre, après s'être annoncée par un mot. Elle m'avait entendue la veille, lors d'une causerie-lecture, et m'apportait un cadeau. Elle était la sœur de Serge Doubrovsky, que je n'avais encore jamais lu. Elle s'appelait Janine et enseignait la littérature française à Reading. Elle tenait à la main, tel un trésor, le livre *Fils* de son frère Serge qu'elle aimait et me l'offrit affectucusement avec une dédicace d'elle à mon intention (ce livre a disparu de ma bibliothèque, sans doute piqué comme quelques autres, ou passé et jamais rendu, comme dans le

temps). Elle avait une admiration et une tendre
frère comme j'en ai rarement vu — quand on lit D
on comprend pourquoi. J'ai lu *Fils* pendant ce voya
adoré. Après coup, j'ai lu à peu près tous ses livres. C'est s
doute cet écrivain qui sema en moi les premiers germes de
mon autobiographie.

Serge Doubrovsky comme Michel Leiris ou comme
Roger Laporte et Gabrielle Roy demeureront mes modèles
autobiographes chéris.

C'est Doubrovsky qui, le premier, a qualifié ses livres
d'*autofiction*. On a par la suite abusé de ce terme. On l'a uti-
lisé à toutes les sauces. On l'a appliqué partout. On l'a pres-
surisé et vidé de son sens initial, juste et vrai, qui consistait à
considérer que toute autobiographie est traversée de fiction.
Et toute écriture de fiction, le roman au premier chef, est
tributaire de la vie qui l'abreuve. Récemment, ce terme
d'*autofiction* a dérivé pour qualifier ce courant d'écritures
de femmes parlant de leur corps, de leur vie sexuelle ainsi
que des drames affectifs qui ont nourri leurs premiers émois
littéraires.

Je ne remercierai jamais assez Janine Doubrovsky de
m'avoir conduite à la clairière d'où partait un long sentier qui
m'a menée jusqu'au présent livre.

Nous avons même correspondu après mon séjour à Reading.

Et puis, comme souvent dans la vie, notre rencontre s'est
éclipsée avec le temps.

*   *   *

Après Reading, j'ai pris un train pour l'Écosse, jusqu'à
Édimbourg où je fus accueillie par le grand professeur Ian
Lockerbie et sa non moins merveilleuse épouse, Rowena.

Je me souviens des prairies vertes à la lumière filtrée d'ombres des campagnes d'Angleterre et d'Écosse. Je me souviens des champs châtains, des vaches crème et des moutons illimités. Rivée à la fenêtre du train, j'y ai décrit tout ce que je voyais. Je notais les noms des villes et villages au passage des gares. De Reading à Édimbourg, aux rythmes du rail et du train, je n'ai pas cessé d'écrire. J'étais à l'étranger, habitée par mon train d'enfance, mue par les conversations de la sœur et les écrits du frère, les deux Doubrovsky. J'étais inspirée, heureuse.

À Édimbourg, je fus logée dans la grande et belle maison des Lockerbie. Typique des résidences de briques rouges du XVIIIe siècle, dans un quartier résidentiel cossu, on aurait pu se croire sur les hauteurs de Westmount. Je me retrouvais là dans un chez-moi étranger. Les pièces étaient nombreuses et toutes vastes, même la salle de bains était plus grande que le salon de ma propre maison. Chaque pièce, y compris la salle de bains, était munie d'un large foyer. Nous avions des bouillottes chaudes que je découvris le premier soir en ouvrant le lit aux couettes compact et aux draps de lin. Ma chambre était immense, avec un solide bureau de bois dont j'oublie l'essence, invitant pour le travail. J'y ai d'ailleurs écrit dans tous mes temps libres. La maison était souvent glacée et humide, on sentait qu'elle n'avait pas reçu de soleil depuis des siècles, plutôt enrobée de pluies et de bruines, souvent léchée par les brumes et les brouillards de la mer du Nord. On portait donc des lainages, on allumait des feux et on mettait des serpents sous les portes pour conserver la chaleur des pièces.

Je ne me souviens plus de ma conférence. Comme d'habitude, j'ai dû parler de littérature québécoise. De poésie surtout, c'est ce que ma mission demandait. Et j'ai dû lire. Il me revient à la mémoire en ce moment même que Ian avait fait une traduction de quelques-uns de mes textes. Nous avons lu ensemble, pour l'assistance, les deux versions. Ian était professeur de littérature française à l'université d'Édimbourg. Il s'intéressait depuis longtemps aux littératures francophones du Canada. Je l'ai rencontré une fois par la suite, avec Rowena qui l'accompagnait. Il avait été invité à l'Université McGill pour une session et je les avais reçus.

Je me souviens aussi d'un grand dîner qu'ils ont donné chez eux en mon honneur. Autour de la longue table rectangulaire se trouvaient ce soir-là des spécialistes, professeurs de littératures étrangères d'expression française, dont la littérature québécoise qui semblait les fasciner tous. Et la littérature acadienne, à cause d'Antonine Maillet, de sa *Pélagie-la-Charrette* et de son Goncourt — ils l'avaient reçue l'année précédente. Le repas fut délicieux. Rowena était une excellente cuisinière et Ian, un bon sommelier. Après le repas, on s'est glissés au salon, autour du majestueux foyer de briques, fumées par le temps. Ian nous avait préparé une dégustation de fins scotches. Ian pouvait détecter de quelle rivière venait l'eau de base du scotch, de quel fond rocheux et à quelle profondeur des eaux. Ce soir-là, nous avons devisé jusque tard dans la nuit autour de quatre scotches différents, dont Ian nous entretint savamment avant même d'y tremper les lèvres. Juste en humant et en fumant délicatement — cigares ou cigarettes ou même pipe pour l'un du groupe —, c'était le temps où l'air nous permettait encore ces longues soirées, purement enfumées, si je puis dire, et si festives.

Quand notre travail fut terminé, Ian, qui avait prévu une dernière journée de congé, m'emmena visiter la région nordique des monts Grampians. Ses fleuves, ses rivières — celles d'où provenaient les eaux du scotch — et ses lacs en montagne, si mystérieux qu'on ne pouvait s'empêcher de croire apercevoir, entre brumes et nuages, le monstre du Loch Ness.

Nous avons vu des châteaux en ruine, des murs éventrés datant de guerres anciennes. Ian était un excellent professeur d'histoire et de géographie et si pédagogue que, mine de rien, ses discours passaient comme autant de récits fabuleux. Il pouvait ramasser une brique, un caillou ou un éclat de verre, le tenir précieusement dans sa main, l'étudier comme s'il se fût agi d'un antique manuscrit, dire si cela était celte ou bien romain, rêver le siècle et l'événement historique qui avaient conduit l'artefact sur ce sentier perdu dans les montagnes nordiques, pas loin du canal Calédonien à la double embouchure : au nord, la baie du Firth of Moray, de la mer du Nord, et, au sud, la baie du Firth of Lorn, de l'Atlantique. Ian pouvait parler des légendes et de la littérature écossaises, du roi Artus comme de Macbeth, de Guillaume le Conquérant comme du premier William. Et des mémoires de la langue gaélique dans l'écossais littéraire de sa langue anglaise issue aussi du latin, du saxon et du normand.

Nous avons parlé de l'Écosse et du Québec. De leurs parentés au regard de l'Empire britannique. Des infinies variations de nos cultures à chacun et des lieux de rencontres, souvent, à travers les méandres de nos histoires respectives.

J'espère avoir donné aux Écossais rencontrés là, professeurs, écrivains et étudiants, pas autant que ce qu'ils m'ont apporté, eux, mais au moins une partie de ce que j'étais venue leur communiquer : ce désir de connaître un peu mieux désormais l'histoire de mon peuple et sa littérature depuis ses commencements, en Nouvelle-France, au XVIIe siècle de notre ère.

*   *   *

D'Édimbourg, je pris l'avion pour Dublin. Je n'étais jamais allée en Irlande, mais je connaissais ce pays beaucoup mieux que ses prédécesseurs du Royaume-Uni. Je l'avais fréquenté par ses écrivains surtout et par son histoire, sa mythologie et ses musiques. À partir de mes lectures de Yeats, de James Joyce et de Samuel Beckett, ou encore de Dylan Thomas, je m'étais fait une image complexe et attachante de ses gens et de son territoire. Ma terre intérieure de l'Irlande s'étendait jusqu'à la mienne, canadienne-française, soumise au même Empire britannique, à ses œuvres guerrières et à ses pompes et à la même Église catholique romaine, institution aliénante par rapport aux questions liées à la vie intime et sexuelle de ses ouailles, mais aussi lieu de résistance séculaire à l'empire dominant, royal et anglican.

J'avais par ailleurs une connaissance privée de l'Irlande. Mes fils, Charles Patrick et Sean Christophe, étaient d'ascendance irlandaise par leur père. Ils avaient été éduqués en français, au Québec, mais portaient en eux les fibres d'une double culture. Ils étaient bilingues et eurent le bonheur de ne jamais échouer sur les rives du franglais, au pays du *désespéranto*. Quand Charles publia, au début de la vingtaine, un livre de poésie, *Profils,* édité à compte d'auteur grâce à ses amis, poètes du Plateau-Mont-Royal, je le lis bien sûr avec grand intérêt et constatai avec joie ceci, que je lui communiquai : son livre possédait un riche imaginaire greffé, comme naturellement, sur deux univers linguistiques. On y reconnaissait, sans qu'il se fût agi de plagiat, des résonances poétiques qui ramenaient, en un même champ métaphorique, à l'héritage d'un Nelligan et à celui de sa propre mère. J'étais fascinée, littéralement. Il est vrai que ma mère, une Beaulieu dit Hudon, avait comme ascendante la mère d'Émile Nelligan. Il y avait donc en moi un investissement affectif fort à l'endroit de l'Irlande.

D'autant plus que par Patrick, le père de mes fils, j'avais connu nombre d'amis irlandais, à Paris ou en Provence, à

New York ou à Montréal. Ils étaient des Irlandais-Américains de la deuxième génération, comme ils disaient d'eux-mêmes. Ceux que j'ai fréquentés étaient hautement scolarisés et semblaient tous doués pour les langues et les lettres. Dans leur façon de parler, il y avait de l'éloquence et du lyrisme. On aurait dit qu'ils étaient nés au langage, petits, avec deux compagnes soucieuses d'excellence linguistique : la rhétorique et la poétique. Quant à la langue française que d'aucuns possédaient avec élégance, ils l'avaient apprise à l'université ou à l'occasion de voyages, avec de vrais spécialistes des lettres françaises. Personne, aux États-Unis, n'avait obligé ces jeunes à l'apprentissage d'une deuxième ou d'une troisième langue au primaire. C'est au collège ou à l'université que ces formations linguistiques étaient données. Personne parmi eux n'avait donc appris à baragouiner le franglais.

De plus, j'avais eu le bonheur, à New York, de connaître mes beaux-parents qui, tous deux, étaient nés en Irlande et s'en étaient venus aux États-Unis pendant la grande crise financière qui atteignit l'Occident entier, comme aujourd'hui. J'ai parlé d'eux dans la quatrième partie de ce livre. Je voulais juste les rappeler ici pour dire l'état d'esprit dans lequel j'étais avant d'atterrir à Dublin. Dans l'avion, j'écrivais et me souvenais des sonnets de Shakespeare que ma belle-mère irlandaise, pauvre et pas très instruite, récitait, à quatorze ans, en gardant les vaches, dans le Cork County où elle était née. Je ne me lassais pas de l'entendre, à New York, et redemandais souvent ce récital qu'elle donnait avec la voix chantante de son accent gaélique. L'anglais qu'elle maîtrisait était beau. Il était issu de la grande poésie. C'est la seule vraie façon d'apprendre toutes les langues : réciter des poèmes, de grands poèmes, vu que la poésie, c'est l'âme et le souffle d'une langue.

Mes attentes étaient élevées quand j'ai abordé l'Irlande.

Un responsable de l'accueil des professeurs étrangers, délégué par le département de lettres françaises de l'université de Dublin, vint à ma rencontre, à l'aérogare, et me conduisit à mon hôtel. J'avais de la difficulté à saisir ce qu'il me disait tant son accent ne ressemblait à aucun anglais de ma connaissance. Et il parlait vite, ne me portait pas une grande attention, fixait la route et sentait l'alcool. De mon côté, je n'avais pas assez d'yeux pour regarder partout, voulant voir tout Dublin en un seul premier trajet, de l'aéroport à mon hôtel du centre-ville.

Mon chauffeur me déposa, sans armes et avec bagages, dans le hall du petit hôtel, que je trouvai sympathique. J'avais fini par comprendre qu'aucune activité n'était prévue pour moi, l'université de Dublin étant en grève, de même que tous les collèges affiliés où j'aurais dû lire et parler. Tout était fermé, paralysé par un conflit de travail dont je ne connaissais ni les enjeux ni l'importance. Je recevrais sans doute un message à la réception, m'avait dit ma taciturne escorte.

Ainsi va ma rencontre tant espérée avec l'Irlande, m'étais-je dit en échouant dans ma chambre, propre, silencieuse et sombre, avec une grande table d'écriture à sa fenêtre. Je me sentais dans un couvent.

Pendant les quatre journées de mon séjour à Dublin, aucun message ne me fut laissé à la réception et je n'ai vu personne. Je sortais toute la journée, visitais Dublin au gré de mon imagination, là où me dirigeaient mes pieds, là où mon regard me portait. Je me rendis d'abord, dès le premier matin, au campus de l'université et de ses collèges. Tout était fermé. Aucun piquet de grève, aucune pancarte ou banderole. Aucun humain aux abords. C'était mort de chez mort. Où étaient les grévistes ? Je ne l'ai jamais su. Sans doute dans les maisons ou, mieux, dans les pubs pullulant aux alentours, comment savoir. J'ai acheté un ou deux journaux. Rien sur la grève. Pas de manifestations non plus dans les rues de la ville. Suis revenue à l'hôtel. Pas de mot non plus.

J'ai alors compris que je serais seule à Dublin et que je découvrirais une partie de mon Irlande à moi. Chaque matin, je me suis levée tôt et, chaque jour, j'ai arpenté la ville en tous sens. J'ai vu une seule église et n'ai pas vu de musées. Ni de bureau pour touristes. J'ai vu les rues, les quartiers et les gens. Il y avait toujours des foules marchant par groupes en ville, des groupes qui parlaient fort, riaient et chantaient, des hommes souvent soûls, marchant vite et seuls, rigolant, me regardant dans les yeux, me racontant des bouts d'histoires que je ne comprenais pas. Je suis allée au marché en plein air de la basse-ville, de grosses femmes en tabliers et de rougeauds maris, la cigarette au bec, vendaient à la criée viandes ou poissons, légumes et fruits. J'écoutai la symphonie, étonnée de voir qu'une atmosphère générale, sous le soleil ce matin-là, me ramenait en Provence. À partir de ce moment, je me mis à considérer l'Irlande comme une branche de la Méditerranée qui se serait détachée du continent européen, il y a des millénaires. Et ses habitants, comme autant de réfugiés qui ne se souvenaient plus de leur provenance : ainsi leur facilité de passage entre les langues, du gaélique à l'anglais de l'ère moderne, comme jadis ils l'avaient vécu avec le celte et le latin ; ainsi également leur appétence pour la poésie, lieu par excellence du manque et des paradis perdus, mais lieu tout aussi bien d'épiphanie, comme le disait leur génie Joyce.

Le midi, je rentrais manger dans les pubs. Comment connaître l'Irlande si l'on ne s'est pas familiarisé avec ses pubs ? J'assistais en plein jour aux délires et aux dérives de l'alcool, ce que nous voyons en nos contrées aux petites heures de la nuit seulement. J'écoutais leur musique et leurs chants. Parfois quelqu'un se levait pour lire à haute voix le passage d'un livre qu'il aimait. Puis, de retour à sa bière, il se rassoyait, replongeant dans son livre après avoir trinqué à tout venant. Ou encore, du fond de la salle, un autre aussi se levait et déclamait un poème.

Un jour, voulant voir la mer d'Irlande, j'ai demandé un taxi de l'hôtel qui m'a conduite jusqu'à la Baile Átha Cliath (la mare noire), d'où j'aperçus la mer et, dans une crique que connaissait le chauffeur, j'ai touché l'eau. Nous avons à peine parlé, le taxi et moi. Lui chantait. Moi, je l'écoutais et je regardais. J'étais assise à l'avant pour mieux voir. Sous la bruine cet après-midi-là, le voyage fut doux, silencieux comme nous. Le chauffeur m'a ramenée à l'hôtel. J'ai demandé le prix de la tournée. C'était presque rien. J'ai laissé un généreux pourboire. J'ai vu ses yeux rieurs pour la première fois. J'ai dit merci dans ma langue, et lui, dans la sienne. Je ne savais pas si c'était de l'anglais ou du gaélique ou encore un mélange des deux.

Chaque soir, je rentrais tôt — dans les villes étrangères, je ne sors jamais seule le soir, chanceux, les hommes — et me faisais servir mon souper à la chambre, ainsi que l'hôtel me l'avait proposé, c'est ce que j'aimais. Mon plateau arrivait vers les dix-neuf heures, toujours le même menu : des petits sandwiches de viande froide et de fromage pressés dans du pain blanc coupé en triangle, comme les pique-niques de mon enfance que préparait ma mère quand on allait se baigner les après-midi, au lac Matapédia. Une immense théière accompagnait le plateau, avec des *cookies*. Le deuxième matin, j'avais demandé quelques fruits et légumes. Le lendemain, sur mon plateau, il y avait une pomme. Et le surlendemain, une carotte. Je mangeais le soir en compagnie de la télévision.

Après quoi j'écrivais. Je me préparais pour la nuit. Et je lisais jusqu'à la tombée du sommeil.

Le quatrième jour dublinois, je reçus un appel du professeur responsable de ma venue à Cork, Michel Martiny, qui viendrait me chercher à l'aéroport de cette ville du sud où je devais lire et parler à l'université où lui-même enseignait les lettres françaises. C'est chez lui et sa femme Lisbeth que je logerais pendant la durée de mon séjour. Habituée à mes solitudes, je fus un peu déçue d'apprendre cette proximité dans une même modeste maison. Il est rare que j'aime vivre chez les autres. Je fis bon cœur contre ce que je considérais comme une mauvaise fortune, me convainquis même de l'avantage qu'il y aurait à vivre ce pays de l'intérieur, à mieux connaître les us et coutumes d'une maisonnée étrangère.

Et tout se passa bien. Lisbeth et Michel formaient un couple charmant. Chez eux, tout était calme et propret. Ils avaient un jardinet et quelques arbustes d'où, le matin, j'entendais les oiseaux chanter. Les oiseaux n'ont pas de frontières, leurs chants sont les mêmes d'un pays à l'autre. Ils ont une grande mission sur terre, celle d'unir entre eux les migrants humains.

Michel m'a présentée à ses connaissances, professeurs, étudiants et quelques écrivains dont je n'ai plus les noms. Je poursuivais ma tâche d'ambassadrice de la littérature québécoise. Ils me parlaient de la leur. Nous nous racontions les histoires de nos peuples singuliers assujettis tous deux au même empire colonial et ayant suivi des chemins différents, eux, dégagés récemment de la tutelle de Londres et indépendants, à leur grand bonheur, et nous, toujours soumis au Dominion de la couronne d'Angleterre, mes nouveaux amis de Cork n'en revenaient pas — et moi non plus d'ailleurs.

À part les petits séminaires plus informels et touchants de chaleur humaine, il avait été prévu pour moi, le dernier soir de mon séjour, une conférence dans le grand amphithéâtre de l'université. Cela devait même être le clou de ma visite. Nous nous y rendîmes, Michel et moi, une heure avant l'horaire fixé pour voir les bureaux des professeurs et prendre la mesure générale et l'atmosphère des lieux. À l'heure dite, nous avons marché vers l'amphithéâtre où, à notre grand étonnement, il n'y avait personne. Michel, incrédule, a fait le tour de la pièce, puis il a marché le long des corridors, il revenait pour dire, nerveux : « Pas un chat ! Mais c'est impossible, ça ! »

Nous avons attendu, attendu pendant une bonne heure, je dirais. Il était hors de lui. D'abord en colère (contre ses étudiants, contre ses collègues et contre lui-même sans doute), puis, de l'irritation acrimonieuse, il est passé à une insondable tristesse. Il ne me parlait plus. Je crois qu'il avait honte. Honte pour lui dont on n'avait pas reconnu le travail préparatoire et même pas honoré la présence de son invitée venue de loin. Honte pour moi aussi, c'est ce que j'ai ressenti dans son silence et son regard abattu qu'il n'osait plus porter sur moi. J'ai suggéré que nous sortions de l'université pour aller dans un pub, je ne savais trop où, mais quelque part où nous pourrions nous changer les idées. Il n'a pas voulu de pub et encore moins rentrer chez lui. Il a juste dit : « Si ça vous tente, je vous emmène marcher. »

On est partis sur les hauteurs de Cork. Par de petits chemins rocailleux, on a marché, grimpé et marché encore. Il parlait à peine. À un moment, je l'ai vu au bord des larmes. Il en avait gros sur le cœur. Il ne m'appartenait pas d'en ouvrir ne fût-ce qu'un petit volet qui eût pu laisser échapper les fumerolles du trop-plein. Dans cette nuit opaque où scintillaient étoiles et lumières de la ville, je marchais à ses côtés dans mon silence à moi. J'étais certaine qu'il eût préféré être vraiment seul. Mais il a accompli son devoir jusqu'à la lie et m'a accompagnée jusqu'à la fin de cette sombre équipée. J'eus froid après ces quelques heures de déambulations. Nous sommes redescendus. Chez lui, Lisbeth nous attendait, inquiète. Pas plus que nous, elle ne comprenait ce qui s'était passé. Je me souviens d'un vin chaud à la cannelle et de brioches au beurre sortant du four. Je me souviens que tout coulait et fondait dans la bouche. Et que nous avons parlé tous trois au bord du feu de cheminée jusque tard dans la nuit.

Dans l'avion qui me ramena à Dublin, puis à Madrid, je me chantais, mais en négatif, cet air de Vigneault. Après tant de rêveries où j'avais magnifié ce pays, dans ma tête, j'entendais : « Raconte-moi que tu n'as pas vu l'Irlande. »

En quittant l'Irlande, il me semblait que ce pays rimait avec folie.

(En lisant récemment — nous sommes aujourd'hui le 23 février 2012 — la très émouvante autobiographie de l'Irlandaise Nuala O'Faolain, *On s'est déjà vu quelque part?*, j'ai saisi, de l'intérieur, pourrais-je dire, cette folie générale faite d'alcoolisme, de violence, de frustrations sexuelles, de misères politiques et économiques et de génie. Réconciliée, je serais prête à y retourner.)

Deux semaines après avoir quitté Cork, je reçus une lettre de Michel Martiny, à travers la valise diplomatique canadienne. Elle disait ceci : sur les affiches placardées dans toute l'université, ma conférence était annoncée pour la semaine suivante, même heure, même poste. Ils étaient des dizaines à attendre en vain sur les sièges de l'amphi et furent extrêmement déçus.

Madrid-Barcelone

Je ne connaissais pas l'Espagne. Je l'avais traversée en 1976,
depuis la France jusqu'au Portugal, en passant par le Pays
basque et les plaines arides du nord. J'en avais gardé un souvenir de chaleur sèche extrême où, pendant des kilomètres,
il n'y avait pas âme qui vive ni même de gargote pour étan-
cher sa soif. Pour moi, l'Espagne était un désert. Je ne pouvais
l'imaginer autrement. Les pays sont comme les humains ou
encore les livres. Ils possèdent leur temps. Leur heure pour
se faire connaître. Autrement, ils ne nous donnent souvent
d'eux-mêmes que des images ou des attitudes invitant à les
fuir, à passer notre chemin.

Au printemps 1983, je découvris une Espagne que j'aimai. En atterrissant à Madrid, qu'il fut bon de passer des
brumes nordiques au soleil méridional ! À l'aérogare, je vis
venir vers moi un homme d'à peu près mon âge, souriant,
élégamment vêtu, qui tenait à la main le second gant de cuir
souple qu'il n'avait pas enfilé — ce qui m'a semblé le fin du
chic —, s'empressant de me faire l'accolade, tout souriant.
C'était Émile Martel, attaché culturel à l'ambassade du
Canada de Madrid. Quelqu'un habillé pour les grands jours
et qui vous gratifie d'un tel accueil vous réconcilie en un seul
instant avec la terre entière. Au tourniquet, en attendant mes
bagages, nous avons parlé de choses et d'autres, comme si

nous nous connaissions depuis toujours. Il en est souvent ainsi lorsqu'on rencontre à l'étranger un compatriote, à plus forte raison quand il exerce un métier ou une profession qui touche à ce que vous chérissez, en l'occurrence la littérature et l'écriture.

Je me laissai porter par une double chaleur : celle du présent accueil et celle du soleil.

Je logeai chez Émile et sa femme Nicole Perron. Dans le grand appartement de fonction qu'ils occupaient à Madrid, il y avait une suite composée d'une chambre et d'un salon où je pouvais facilement m'isoler pour écrire, écouter de la musique ou regarder la télévision. J'étais chez eux tout en ayant mon chez-moi. Ils me reçurent comme une reine : grands repas cuisinés par Nicole ; grands vins aussi ; conversations animées et sorties, toujours passionnantes : librairies, galeries d'art, musées et brocantes. M'ont toujours suivie jusqu'à ce jour, à travers voyages et déménagements, une pièce de céramique ornementale datant du XVIe siècle et une immense poterie, munie d'une anse et d'un bec verseur et recouverte d'un glacis blanc immaculé. Ce sont deux morceaux d'Espagne, les deux dans ma cuisine et qui témoignent à leur façon d'un magnifique séjour.

Il y avait aussi, à mon service, une voiture de l'ambassade avec son chauffeur. Je n'en ai pas abusé.

Je ne donnai qu'une conférence. Elle avait lieu à la Faculté des lettres de l'université de Madrid. Nicole et Émile m'y accompagnaient. Le doyen nous a reçus, accompagné de quelques professeurs, et nous a conduits dans un amphithéâtre rempli à craquer, où déjà nous attendait une foule de plusieurs centaines d'étudiants, tous de lettres romanes et françaises. J'y parlai d'abondance : de l'histoire littéraire de la Nouvelle-France et de l'histoire tout court des Canadiens, ainsi que les habitants américains d'origine française se nommaient à l'époque. Ni encore Canadiens français, comme nous nous sommes appelés quand les descendants des conquérants anglais se sont approprié le nom de « Canadiens », et encore moins Québécois, cela viendra plus tard avec la Révolution tranquille dont je traitai aussi. Je me souviens d'avoir parlé des premiers récits des explorateurs français, de ceux des missionnaires évangélisateurs également. Des premiers contes du XIXe siècle. Du premier grand roman historique, *Les Anciens Canadiens*. De la première poésie épique, toujours au XIXe siècle. Des effets de la Conquête, présents dans notre littérature d'alors. Des traces aussi de notre première histoire du Canada, par François-Xavier Garneau, à la mi-XIXe siècle, dans les romans et récits qui suivirent.

De notre entrée dans la modernité. Je citai Nelligan. Des romans de la terre. Des premiers romans de la ville. J'ai remonté le temps jusqu'à *Refus global* des Automatistes. Je distinguai ceux-ci des Surréalistes, même s'ils étaient apparentés. J'ai évoqué Claude Gauvreau et Anne Hébert, ces deux contemporains qui nous avaient littérairement enfantés. J'ai lu des extraits de ces deux éclaireurs. Puis, j'ai parlé de mes proches contemporains, romanciers, poètes et essayistes. N'ai pas voulu les nommer tous, j'aurais perdu mon auditoire. Enfin, j'ai parlé de mes livres : de ma conception de la littérature et de l'écriture. Et j'ai donné lecture de quelques-uns de mes textes.

J'espérais seulement les convaincre que la littérature québécoise était riche et nombreuse. Qu'il y avait une infrastructure éditoriale ainsi que des organismes subventionnaires pour la maintenir vivante. Il y eut plusieurs questions. Des échanges nourris et chaleureux. Le doyen vint à la fin sur la scène. Il y prononça un discours de clôture et me fit un cadeau qui, lui aussi, m'a suivie dans toutes mes bibliothèques : le *Don Quijote,* de Cervantès : livre relié en cuir, avec tranche dorée, et 356 gravures originales de Gustave Doré.

Peu de temps après cet événement, Émile et Nicole m'ont emmenée à Cuenca, petite ville non loin de Madrid qui m'a rappelé Les Baux-de-Provence dans son bâti à même le roc, dans la Serranía de Cuenca où nous avons vu le plus beau petit musée du monde : le Museo de Arte Abstracto. Intégralement dédié à la peinture espagnole abstraite contemporaine, construit sur les hauteurs des rochers, avec des fenêtres qui sont autant de tableaux se mariant aux Tàpies, Sempere, Villadecans et quelques autres, en une merveille de cérémonie pour l'œil qui ne peut que s'ajuster au grandiose silence des lieux.

J'ai toujours voulu retourner à ce musée auquel je pense chaque jour parce que chaque jour quand je suis chez moi je peux regarder, tranquille, la gravure de Villadecans, ses bleus, ses noirs, son vert dont j'avais vu l'huile originale. J'y suis retournée souvent en écriture. Plusieurs poèmes de la décennie 1980 en portent les traces mémorielles.

Après Madrid, ce fut Barcelone où Jean Fredette, de l'ambassade du Canada lui aussi, fin esthète devenu ami, m'attendait et fut mon guide durant tout le séjour catalan. Ensemble, nous avons visité les nombreuses beautés de Barcelone. Je suis tombée amoureuse de cette ville : un coup de foudre qui n'aura jamais à subir les affres d'une séparation. Barcelone, que j'aimerai toujours.

Nous logions au centre-ville, dans une sympathique auberge. De ma fenêtre, je pouvais apercevoir la majestueuse et étrange église de Gaudí, la Sagrada Família, je dis bien étrange, comme si Gaudí n'avait pu concevoir nos liens terrestres au Dieu de la Sainte Famille autrement que par les folles embardées sculpturales et les labyrinthes architecturaux faits d'énigmes qui n'en finissent pas — et d'ailleurs, cette œuvre sacrée ne fut jamais terminée. La Sagrada Família, déroutante analyse trop humaine d'un interminable discours du divin.

Jean Fredette me conduisit partout dans Barcelone, cafés littéraires où je lus et rencontrai des artistes, dont Joân Pujold, ami depuis ce jour; galeries et musées; opéra auquel nous avons assisté avec les représentants du gouvernement catalan, dans la loge du maire de Barcelone; Museu d'Art Contemporani où nous avons pu voir à nous en gaver les Picasso, Miró et autres Tàpies. Tàpies, qui est mort il y a peu, je parle du moment où j'écris ces lignes, Tapiès dont j'ai tant aimé les tableaux, lesquels se situent dans mon ciel intérieur aux côtés des Rothko, Soulages et Borduas. Nous avons marché sur la fameuse Rambla, jusqu'au vieux port sur la mer Méditerranée que j'ai pu une autre fois toucher. Nous sommes allés à la campagne, à Terrasa si ma mémoire est fidèle où, avec des amis de Jean, dans un jardin en forme de salle à manger, nous avons dégusté des calçots, échalotes géantes braisées dans de non moins géantes tuiles de terre cuite que nous avalions après les avoir trempées dans une mayonnaise, bavoir au cou et tête inclinéc comme des hérons qui font glisser des éperlans ou des sardines dans leurs longs cous.

Le lendemain d'une conférence donnée à l'Universitat de Barcelona, tous les quotidiens, à la une, parlaient du Québec, de sa littérature et de l'une de ses représentantes. À la chaleur de cette réception journalistique, je compris combien notre pays en devenir prenait, pour les Catalans, une importance énorme pour leur propre Catalogne, région aux velléités d'indépendance par rapport à la majorité castillane. On y parlait de la nôtre, province de Québec, comme d'un modèle à suivre pour la langue et pour la culture. Et pourtant, nous venions de perdre notre premier référendum, en 1980. Et pourtant, je considérais que les Catalans avaient tant à nous enseigner. Je me sentais plutôt ignare à leurs côtés. Ce peuple m'inspirait et, pour le peu que j'en connaisse, continue de nourrir en moi une meilleure intelligence de l'être minoritaire qui, depuis des siècles et des siècles, grandit dans un état majoritaire et dominant.

Toulouse

Après l'Espagne, ce fut une autre paire de manches quand j'arrivai en France. J'étais en principe, selon l'itinéraire, attendue dans deux villes, Toulouse et Bordeaux. À Toulouse, personne à l'arrivée du train. Je trouvai un mot à la réception de l'hôtel, mot laconique à la signature illisible qui disait à peu près ceci : installez-vous, je passerai vous rencontrer demain. Le lendemain, personne n'est venu, ni le surlendemain.

J'ai passé trois journées à me balader dans Toulouse, ville que je ne connaissais pas et que je découvris sous le soleil qui rendait son rose plus rose. Son canal du Midi que je revis plus tard lors de séjours ultérieurs, teinté du vert foncé de sa verdure environnante, je le vis, cette première fois où je n'avais qu'à flâner sous le soleil, argenté, puis doré à la tombée du soir. Je marchais toute la journée, m'arrêtais dans les bistros, pour manger et pour écrire.

Je vis une merveille qui m'a soulevé l'âme et coupé le souffle, les Jacobins. Je n'arrêtais pas d'en étudier les détails, de contempler l'ensemble en prenant un peu de recul, puis d'y revenir, faisant le tour du cloître et de ses jardinets pour pénétrer de nouveau dans cette nef ronde et vide où les roses et les beiges et les ocres de la brique, dans la pureté de leurs lignes romanes, sont à la fois dénuement et exubérance, orchestre vif de couleurs et solitude tout silence.

J'étais seule aux Jacobins cet après-midi-là.

Je sais, j'aurais pu me rendre à la basilique Saint-Sernin, autre chef-d'œuvre, tout près. Mais trop de beauté peut tuer — c'est une métaphore, je sais bien — et je n'y suis pas allée.

J'ai revécu en ces moments fragiles les grands chocs esthétiques que furent pour moi les visions du canal de Corinthe, du Parthénon d'Athènes et de la Sainte-Chapelle de Paris. Je m'étais promis d'aller fureter du côté des librairies, mais c'eût été casser mon plaisir du jour. Je suis donc rentrée à pied à mon hôtel. J'ai dormi, rêvassé et j'ai écrit jusqu'au repas que je suis allée prendre dans un excellent restaurant. Je me souviens d'une côte de veau aux chanterelles et à la crème citronnée, accompagnée d'un cahors tout aussi suave.

Les journées se sont passées comme ça, à déambuler dans ces vacances imprévues.

Je suis tout de même allée voir une librairie, qui était belle et bien garnie — c'était Ombres Blanches, je crois. Comme je m'y attendais, c'est toujours pareil en France, il n'y avait pas de livres québécois. Aucun. *Niet. Nada.* Si j'avais été une « grande gueule » de chez nous, un homme habitué aux harangues violentes ou pompeuses, j'aurais alerté clients et personnel. Je ne me suis même pas présentée et je suis sortie prendre l'air.

Tous les Québécois, écrivains, éditeurs et distributeurs de livres, ont constaté la même absence et subi les mêmes affronts. La littérature québécoise contemporaine est aussi riche et valeureuse que sa vis-à-vis française. Seulement, les Français littéraires ne savent pas. Ne veulent pas savoir. Ce phénomène a été analysé sous toutes ses coutures. Mais au fond, peut-être pas assez analysé, autrement, depuis le demi-siècle que nous nous échinons à le constater, les choses commenceraient à changer.

(C'est avec les poètes, et la poésie, que les échanges ont lieu et que la reconnaissance mutuelle existe. Les Marchés de la poésie, à Paris comme à Montréal, de même que les quelques festivals de poésie, dont le plus grand de Trois-Rivières, en sont la preuve.

Autrement, en France et pour toute la Francophonie littéraire qui s'abreuve là, notre littérature n'existe pas. Heureusement, rue Gay-Lussac, à Paris, il y a cette réserve qui s'appelle Librairie du Québec.)

Après Toulouse, j'ai pris le train pour Bordeaux. J'aime le train et j'ai aimé traverser ces pays de Garonne en train. Nous remontions vers la baie de Gironde et vers l'Atlantique et, je le jure, je le sentais. Quant à ma mission littéraire, je sentais qu'elle serait tout aussi vagabonde que celle de Toulouse, ce qu'elle fut, à une exception près.

Même traitement en arrivant à l'hôtel : note d'un inconnu qui me disait « Bonne arrivée, je repasserai » — je ne le vis jamais évidemment, comme je ne rencontrai aucun écrivain, professeur ou critique, quant aux lecteurs, on n'en parle même pas —, sauf qu'il y avait une note à la fin de son mot : j'avais à me présenter le lendemain, à l'« université du Troisième Âge », de l'université de Bordeaux. Oui, « Troisième Âge », j'avais bien lu. Je m'y suis rendue à l'heure indiquée pour me retrouver dans une classe pleine à ras bord de vieux, hommes et femmes, tous attentifs, souriants et impeccablement habillés, qui venaient certainement de la grande bourgeoisie bordelaise, sans doute ultracatholique — j'avais lu Mauriac au collège. Je me présentai et fis, comme à l'accoutumée quand j'enseigne, mon petit sondage maison. En effet, j'avais devant moi des hauts gradés de l'armée française à la retraite, avec leurs épouses. Ils avaient fait l'Indochine et l'Algérie, et parfois des escarmouches dans les colonies, du Pacifique ou des Antilles.

Ils connaissaient le Canada et savaient que des Français s'étaient installés là avant la Conquête de l'Empire britannique ; que, souvent, ils avaient épousé des « Indiennes converties par les missionnaires ». J'ai trouvé charmants mes vieux généraux et leurs épouses. Ils voulaient tout savoir, tout comprendre de ce qu'il était advenu des descendants de ces Français de Nouvelle-France dont une « jeune » représentante était là, maintenant devant eux, en chair et en os.

Eh bien ! je me suis régalée. Enfin, je pouvais parler de ce sujet qui me passionnait tant depuis toujours, je veux dire, depuis la « petite école » où nos cours d'histoire du Canada, et du Canada français, étaient importants et nombreux : je pouvais leur parler des commencements de l'histoire de mon peuple en Nouvelle-France et des commencements de sa littérature.

Pour eux dont les yeux vieillis brillaient encore, j'ai remonté l'histoire de mon peuple depuis sa source — ses sources ; j'ai parlé de la Grande Noirceur et du rôle prépondérant de l'Église catholique romaine ; de *Refus global* et de la Révolution tranquille. J'ai nommé des écrivains pour chaque génération et ai récité des extraits de quelques-uns. Puis, tant qu'à être en territoire quasi inconnu, j'ai lu certains textes, en choisissant les plus déroutants : l'un de Gauvreau, auquel je m'étais exercée maintes fois à voix haute pour la musique, et l'un de moi, parmi mes premiers poèmes en « joual » — en leur expliquant ce que signifiait le joual, le Frère Untel et tous les écrivains qui, après ses *Insolences*, avaient opté pour cette expression. Il s'agissait d'une longue complainte qui commence ainsi : « A l'est au fond / A l'en peut plus / A's'dit peut-être que je pourrais partir / Partir au boutte nimporte éou / qu'é que part où je pourrais souffler… »

Après ce long poème, l'un des vieux généraux s'est levé.

Les larmes dans la voix et aux yeux, il a dit : « Vous savez, on vous comprend très bien. Mon grand-père, de la Bourgogne profonde, parlait comme vous. »

Nous sommes restés trois heures ensemble. Nous avons parlé. Ils ont voulu m'inviter à boire un pot dans leur salle de réception de l'université. J'y suis allée. Ils m'ont servi un saint-émilion et des petits fours. Ils avaient tout préparé, « au cas où les choses se passeraient bien », m'a dit l'une des épouses aux petits fours.

Le reste du temps, à Bordeaux, j'ai folâtré. Je me souviens d'avoir peu écrit et de m'être beaucoup promenée. Je me souviens d'un café chic au bord du fleuve où, dans mon carnet, j'ai dessiné. Mon travail était terminé. J'allais prendre le train pour Paris, arrêter quelques jours chez des amis et revenir à Montréal. C'est peut-être pour ça que les mots m'avaient quittée. Et que dans mon carnet j'ai dessiné jusqu'à la fin du voyage.

Le désamour

J'ai longuement hésité avant d'écrire ce qui suit. À mon retour à Montréal, comme toujours, j'ai revu les miens avec affection et contentement. J'avais été trois mois absente, et encore une fois, on me le fit payer cher. On, c'est-à-dire l'homme que j'aimais et qui partageait ma vie depuis trois ans. Il m'avait demandé de lui écrire quotidiennement (n'oublions pas qu'Internet n'existait pas alors et que les lettres faisaient partie, comme les courriels, du moyen privilégié de communication avec les proches). Il avait exprimé le désir que je lui raconte par écrit mon voyage : les activités publiques, les amis et nouvelles connaissances, les villes et villages, les paysages et impressions sur le vif. Ce que je fis quotidiennement avec plaisir. Quel écrivain refuserait cette invitation ? J'écrivis de longues lettres, plus élaborées en fait que mes carnets de voyage. Aller à la poste, où que je sois, constituait à la fois une tâche et une agréable activité.

Peu de jours après mon arrivée, je vécus une épouvantable scène que je n'oublierai jamais. Je me souviens, nous étions tous deux dans la pièce salon-salle à manger et nous parlions. Il n'y avait pas de dispute ni même de discussion acrimonieuse. Soudain, il se leva comme un automate et revint avec la pile de mes lettres — un vrai livre —, enleva l'élastique qui les entourait et se mit à les déchirer une à une, systématiquement. Il était debout, s'appliquait à son œuvre. Il avait le regard absent. Je voyais tomber les dizaines de minuscules papiers sur le sol et je regardais cette déchiqueteuse humaine s'adonner à la destruction de mes écrits avec ardeur. J'étais en état de choc, ne voulant pas croire ce que je voyais, et j'étais muette, comme en catatonie. Puis, je m'entendis crier « Non » et je sortis de la maison à toute vitesse, courant dans ma rue Chabot comme on ne s'en va nulle part, m'échouant au parc De Lorimier et pleurant toutes les larmes de mon corps.

Je me disais : « Il y a des maisons pour femmes battues, mais aucun lieu où peut se réfugier celle dont les écritures ont été mises en pièces. »

Je sus en un éclair que j'allais quitter un jour cet homme. Le temps serait peut-être long, ce qu'il fut d'ailleurs.

Seule, je pris mon grabat affectif sur mes épaules et j'entrai dans la phase du *désamour*. Le désamour, c'est ce qu'on n'a appris dans aucune école et qui doit se vivre dans une solitude intérieure déchirante et éclairée. Le désamour, c'est repartir en sens inverse sur le chemin de ce qui a été semé la plupart du temps de délices et les revivre un à un sous l'éclairage de la lucidité en voyant bien que le champ bucolique se transforme en un sentier aride, à travers buissons d'épines dans une immense « vallée de larmes », comme la Bible le disait de la terre entière.

Il faut y mettre le temps. Avancer avec d'autant plus de courage qu'on a aimé follement.

NEUF

Retour aux sources

Vertige

Au plafond d'une immense salle vide qui pourrait être un gymnase ou un columbarium, il y a une poutre métallique qui parcourt toute la longueur. Je suis couchée sur la poutre et je dois la traverser jusqu'au bout, sinon je meurs là. La poutre n'est pas plus large que mon corps. Je dois avancer en me faufilant comme un serpent. Ne peux regarder en bas, au sol très loin, sinon je m'abats. J'ai le vertige. J'ai toujours le vertige, mais à cause de ce lieu vide, de la hauteur où je me trouve et de l'exiguïté de la poutre, le risque de perdre l'équilibre est décuplé. J'avance péniblement. Au moindre faux mouvement, je chois au sol. Et comme le sol est infiniment loin, en le touchant je suis déjà morte. De toute façon, je ne peux même pas risquer un œil au plancher. Tous ceux qui souffrent du vertige absolu savent de quoi je parle et qu'on ne peut jouer avec le vide en une telle position.

Mon regard doit absolument fixer un seul lieu : le mur d'en face où je me dirige. La fin de la poutre et de ce voyage impossible, qui est un supplice. Je ne peux même pas me dire ce que je viens d'écrire. Si je pense, je chute. Je dois seulement continuer. Poursuivre mon avancée reptilienne, mon bras droit agissant devant moi telle une longue antenne, donnant la première impulsion sans brusquerie aucune, avec un mouvement à peine perceptible comme un poisson qui glisserait silencieux pendant que la main au bout de l'antenne palpe la poutre en guidant tout le reste qui suit, ma conscience dedans. Tout le courage qu'il me faut est dans la main. La main sait qu'elle sera la première à toucher la paroi d'en face. La main sait qu'elle agrippera, serrant les doigts, le crochet là-bas que l'œil furtif a cru entrevoir. Le voyage me semble interminable. Il faut poursuivre, me dis-je tout bas. Faire confiance à la main qui s'accrochera et tout le corps suivra.

Entre la peur de la dégringolade mortelle et la confiance quasi aveugle dans la main précédant le corps, je me suis réveillée courbaturée. C'est tout le côté droit, celui qui guidait l'avancée, qui me faisait mal, de la nuque et l'épaule jusqu'à la main et le long du corps jusqu'au talon. Le côté droit, le plus fragile depuis mon accident de voiture — un coup du lapin —, en 1971.

Nous sommes en 2012 et j'ai fait ce rêve.

À l'orée d'un chapitre qui me donne une folle trouille, ainsi ai-je rêvé.

Je me suis réveillée, me suis levée encore sous l'effet du vertige et du combat pour la survie. Je me suis fait un lait chaud au miel — c'est mon remède favori au cours de nuits agitées — et j'ai su que j'allais me remettre au livre (au lit aussi) et commencer enfin ce chapitre effarouchant. C'était il y a un mois. C'est dire à quel point j'ai repoussé l'épouvante jusqu'à la limite.

Me voici donc au début de ce « Retour aux sources », tranche de vie qui me ramena au pays d'origine, à Rimouski où je fus invitée dans d'extraordinaires conditions matérielles, au département de lettres de l'Université du Québec à Rimouski, l'UQAR — merci Renald Bérubé, merci Hélène Tremblay, merci Marc-André Dionne ; Rimouski, où je devais rester une année à titre de professeure invitée et où, finalement, je vécus cinq années pleines, à la fois merveilleuses et éprouvantes, je dirai pourquoi ; Rimouski, aux portes de la vallée de la Matapédia, Ma Vallée au centre de laquelle se trouve Amqui, ma ville, mon village de toujours.

Rimouski, toute proche d'Amqui et de mes parents, Jeanne et Jean-Baptiste, qui vivaient encore, et encore dans leur grande maison au bord de la rivière, seuls et recevant comme toujours, généreux, mille visiteurs : enfants, petits-enfants, famille élargie et amis. Amqui, où Jeanne et Jean-Baptiste connaîtraient bientôt l'adieu à la grande maison, puis le centre pour personnes âgées Les Pignons, puis le CHSLD au sein de l'hôpital. Puis, leur agonie à chacun. Puis, leur mort rapprochée, à une année de distance exactement, le 30 décembre 1996 pour maman, et le 30 décembre 1997 pour papa, à la même heure, en début de soirée.

Ils vivaient, lorsque je suis arrivée à Rimouski, en 1990, chacun leur fin de vie difficile, mais normale si je puis dire, dans leur maison, dans leur milieu de vie naturel entouré des leurs, des proches, des intimes qu'ils connaissaient depuis la sortie du berceau, pour ceux qui n'étaient pas encore « partis », ainsi disaient-ils au sujet de leurs morts dont ils chérissaient la mémoire et qu'ils pouvaient saluer en passant tout près des maisons où ces absents avaient vécu, ou encore au cimetière quand une inhumation les appelait là. Ils faisaient alors « le pèlerinage des disparus » devant chaque monument, ainsi disait ma mère. Et dans leur grande maison, des ouvriers connus passaient pour des radoubs ou encore leurs voisins attentionnés et Cécile qui venait tous les jours, Cécile qu'ils ont chérie, qui faisait tout pour eux, cuisine, courses et petit ménage, et surtout, qui se dévouait corps et âme, qui les aimait. Cécile était payée pour ces tâches de l'ordinaire. « Je l'aurais fait pour rien, m'a-t-elle confié un jour. Je les aimais comme mes propres parents, qu'ils reposent en paix ! »

Le pire vint après cette « vieillesse qui est un naufrage », disait ma mère, citant De Gaulle. Le pire vint après sa mort à elle qui avait, du fait de sa disparition, libéré le chemin pour que deux furies à l'œdipe hypertrophié s'en viennent kidnapper le père Jean-Baptiste, en état de « démence sénile », ainsi disait le diagnostic de ce vieil homme de quatre-vingt-dix ans, l'arracher à son lit d'hôpital où on le tenait contenu parce qu'il voulait sans cesse s'échapper pour retourner à sa maison ou dans son sentier de la seigneurie ou parce qu'il voulait frapper de son poing vengeur tous les intrus qui osaient venir jusqu'à son lit — sauf Cécile, celle qu'il aimait jusqu'à vouloir l'amener avec lui au ciel où se trouvait Jeanne, sa dulcinée de toujours.

Le pire, ce fut donc l'arrachement du père à son milieu de vie, comme un chêne que l'on eût essouché de son humus originel pour le transplanter très loin sur le bitume de Montréal où vivaient les deux filles en furie. Extirpé des siens, de ses champs et boisés qu'il voyait de sa fenêtre d'hôpital, jeté dans une chambre anonyme où il ne reconnaissait plus rien, largué rue Fleury, à Montréal, où, pour seul décor, Jean-Baptiste fut placé face à un mur de briques, c'était celui d'une banque, il plongea dans l'enfer de l'esseulement, de l'étrangeté et de la perte de repères, il devint là véritablement dément. Ce fut une descente vertigineuse sur une paroi glaciale de la vie, qui d'ailleurs ne fut plus très longue.

Déraciné, Jean-Baptiste vécut l'enfer sur terre durant la dernière et triste tranche de sa vie. On lui avait même enlevé sa Cécile, son ultime aimante, elle qui servit uniquement à l'accompagner dans le camion soi-disant assisté durant le long trajet de six cents kilomètres, entre Amqui et Montréal, alors que la tempête de neige rageait au dehors, qu'il était, lui, assis sur un petit siège derrière le chauffeur, ne sachant pas où on l'amenait, les jambes bleu-mauve, m'a dit Cécile qui ne savait pas plus qu'elle serait congédiée sans autre cérémonie dès l'arrivée au mortel CHSLD.

Le vertige du début de ce chapitre vient de là. Il vient d'une peur innommable à ce moment-là, d'avoir à écrire ça, cette épouvantable fin de la vie de mon père Jean-Baptiste. J'ai mis des années à comprendre bien des choses entourant cette tragédie, dont celle du licenciement de Cécile qui dut être, à son insu et après ma mère Jeanne, une barrière sur la route œdipienne des deux furies.

(Je sais que certains, plusieurs même, préfèrent tourner la page, comme ils disent, ne pas analyser, ne plus penser à ces horreurs parsemant notre vallée de larmes. Je sais. Je ne suis pas de cette eau-là. J'ai besoin de comprendre. D'analyser. De remuer les sols gorgés de sang jusqu'à ce qu'on puisse y jeter d'autres semences. Jusqu'à ce que celles-ci puissent encore germer, redonner leurs céréales, bosquets, arbustes, leurs arbres et leurs fleurs. Je sais. Que je dois non seulement les comprendre, mais encore les écrire. Je dirais même que leur compréhension ne peut venir que par l'écriture. Ainsi suis-je. Autrement, je meurs et je brûle. Autrement, je me fracasse au sol comme sur la poutre du rêve.)

On peut se demander pourquoi cette fureur chez les deux aînées de ma famille. Pourquoi cet égarement, cet emportement, en général passager et qui peut même « frapper le sage », selon Cicéron. Et pourquoi personne de cette nombreuse fratrie ne les a arrêtées. Méfiez-vous des familles parfaites, ce qu'était la nôtre aux yeux de tous et à nos propres yeux. Sous cette chape de perfection s'établissent d'invisibles pouvoirs fondés sur d'imperceptibles royaumes. Ceux-ci peuvent être d'argent ou de supériorité intellectuelle ou physique ou de tout autre attribut que l'on juge imparable au début sans trop réfléchir.

Chez nous, la chape de perfection originelle s'établit sur

le droit d'aînesse qui avait comme appui ou fondement légal le discours biblique et la loi du père déclinée durant toute l'enfance, et depuis des générations, par les pères et grands-pères de la lignée paternelle. Le terrain n'est pas nécessairement prêt dans toutes les familles pour une telle captation et une telle efflorescence du pouvoir. Dans la mienne, il le fut. Cela produisit de fabuleux effets. Doublés de la charge œdipienne chez les deux *furia*, les résultats furent explosifs.

Longtemps avant le rapt de Jean-Baptiste, elles étaient venues s'emparer des corps et des biens de Jeanne et Jean-Baptiste en les traînant au bureau des actes notariés. Aux deux vieux déclinants, elles firent signer ce qu'elles appelaient à hauts cris les *mandats des corps* et les *mandats des biens*. Elles se firent donner par voie légale le pouvoir absolu à tous égards, médical ou financier, sur les personnes de nos deux parents.

(Que ceux et celles se croyant à l'abri de tels abus sous prétexte qu'ils seraient issus de familles parfaites referment ce livre. Je n'écris pas pour les orgueilleux qui n'ont jamais désiré arpenter les couloirs souterrains du terreau qui les a vus naître. La terre est remplie d'inconscients.)

Le kidnapping de Jean-Baptiste avait commencé dès le rapt notarial, quelque trois ou quatre années plus tôt.

Me trouvant à Rimouski, j'étais aux premières loges du funeste spectacle. M'occupant assidûment, comme toute fille aimante l'eût fait, des démarches et devoirs liés aux aléas de la santé chancelante des deux parents, je me mis à l'affût des informations, commençai à comprendre les rouages complexes d'un système de santé qui en était à ses balbutiements au regard des personnes âgées. Nos parents, ne l'oublions pas, appartenaient à la première génération de personnes qui ne vieilliraient pas dans leur propre maison, aidées de filles ou plus rarement de fils dont la mission consisterait à les veiller jusqu'à leur dernier souffle. J'ai connu ça chez mes grands-parents maternels et paternels. Nous tous, de mon âge, avons connu cette façon de terminer ses jours.

Les choses en la matière venaient de changer. Au début de la décennie 1990, le système qui allait suivre n'était pas encore rodé. Les CHSLD n'étaient pas nés. On se débrouillait tous comme on pouvait : personnel en milieu hospitalier ou dans les CLSC, enfants et amis des vieilles personnes, bénévoles à l'orée de ce qui est devenu un vrai métier (non rémunéré). On cherchait des solutions tous ensemble. On bricolait. On inventait. Là, comme partout, il y avait des êtres intelligents et débrouillards. Et, comme partout, des irréfléchis et des malavisés. Un système complexe, celui que nous connaissons aujourd'hui, tant bien que mal se mettait en place. Avec les bonheurs et les malheurs liés aux inédites fins de vie hors des maisons familiales.

Comme le département de lettres de l'UQAR avait eu la brillante idée de me confier un cours hebdomadaire pour ce qu'on appelait la *cohorte d'Amqui**, je traversais la vallée, beau temps mauvais temps, une fois la semaine. Je séjournais donc avec mes parents tant qu'ils purent demeurer dans la grande maison et à l'hôtel lorsque la maison dut être abandonnée — ce qui causa d'invraisemblables drames au sein de la fratrie. Je pourrais écrire un livre sur ce seul sujet.

---

* L'UQAR avait instauré deux cohortes sur son immense territoire, celle de Carleton et celle d'Amqui. La majorité des étudiants de ces régions étaient issus des milieux de l'enseignement et de la santé. Ces enseignants, travailleurs sociaux ou infirmiers continuaient d'exercer leur métier tout en effectuant un retour aux études, au niveau du baccalauréat ou de la maîtrise. La direction de l'université avait jugé plus logique de déplacer trois ou quatre professeurs que les dizaines d'étudiants inscrits. Cette direction a eu mille fois raison.

Mais avant leur exode en milieu hospitalier, combien ils furent heureux de me voir arriver une fois la semaine, manger avec eux (et la chère Cécile, bonne cuisinière), dormir chez eux et réviser mes préparations de cours sur la table de la salle à manger! Combien ils me le dirent et me le manifestèrent, je n'oublierai jamais cette joie qui fut la leur. Et j'aurais aimé parfois être d'un autre siècle, n'avoir pas d'autres attaches pour devenir « la fille de la maison » ou « le bâton de vieillesse » des parents. Mais j'étais de ce siècle et tant d'activités m'attendaient, à Rimouski ou ailleurs. Je voyageai beaucoup ces années-là. Chaque fois que je les quittais était un drame. Ma mère pleurait et mon père me regardait partir à la fenêtre jusqu'à ce que je sois un petit point noir (enfin, ma voiture et moi) à l'horizon.

À la longue, le système de santé n'avait plus de secret pour moi. Je connaissais médecins et infirmières ainsi que les rouages de l'hôpital et du CLSC, jusqu'à ceux de l'hôpital de Rimouski où chacun a dû « monter » quand il fallait voir un spécialiste ou subir une intervention chirurgicale. Chaque fois, j'étais là. Et je donnais les nouvelles au reste de la famille.

Je me souviens des deux carnets d'informations remplis à ras bord — je les ai encore —, l'un pour maman et l'autre pour papa.

Je me souviens du jour où les deux furies descendirent de Montréal, sans me le dire et sans s'arrêter à Rimouski, jusqu'à Amqui pour les mandats notariés où la prise de pouvoir sur les corps des parents eut lieu.

Un monde venait de s'effondrer quand j'appris cette nouvelle. Je regardai mes deux carnets de santé et voulus les détruire. Les brûler en une séance incantatoire visant à conjurer les maléfices dans la cour du petit immeuble où alors j'habitais, rue Trépanier. Hélène, ma grande amie qui

344

connaissait à peu près tout de cette histoire familiale — et qui aimait mes parents comme les siens —, me dit, voyant mes carnets dans mes mains prêtes à la cérémonie sinistre : « Ne les brûle pas, tes carnets. Garde-les. Tu ne sais pas ce qu'ils pourront te donner un jour. »

Ils sont là dans une boîte que je n'ouvre jamais. Ils sont là à côté du petit sac de voyage de noces de maman contenant quelques-uns de ses écrits intimes. Près de ses nombreuses lettres que je ne relis jamais non plus. Elles sont entourées d'un ruban de soie blanche, comme celles d'Annie Leclerc et de Lucie Laporte que je n'ouvre pas plus.

Après le notaire et à travers l'ère des chicanes avec tout le milieu de la santé qui m'était interdit et où j'avais cultivé de nombreuses amitiés, je crois bien avoir pleuré toutes les larmes de mon corps. Je le crois, vu que je n'en ai plus. La fontaine est tarie. Le cratère est à sec.

*   *   *

« Je n'ai plus de larmes, la fontaine est tarie. » L'expression vient de la gentille tante Jeanne-Alice, épouse de Ferdinand, frère de Jean-Baptiste. C'est au salon funéraire, à la mort de Jean-Baptiste, que Jeanne-Alice prononça ces mots. Elle avait déjà perdu son mari et trois enfants, Gilles, Roselyne et Louis. « C'était trop », me dit-elle. Chacune des deux familles, de Jean-Baptiste et Jeanne, de Ferdinand et Jeanne-Alice, était composée de dix enfants. La rivière et la passerelle séparaient nos deux maisons. Nous, enfants, avions les mêmes âges. Nous étions amis. Et couplés selon l'âge et la classe à l'école. Rodrigue et Paul-André, Carmen et Madeleine, Monique et Françoise furent au cours de l'enfance et de l'adolescence les meilleurs amis du monde. Certains le sont demeurés. La vie, suivant le cours des choses, en a éloigné d'autres.

*　*　*

Je laisserai bientôt à leur destin muet (pour moi) deux des *furia* et je n'en parlerai plus. Je préfère aimer que le contraire. Dans la mythologie grecque, il y avait trois furies, divinités maléfiques, gardiennes des Enfers : Alecto, Mégère et Tisiphone. J'abandonne loin derrière moi Tisiphone et Mégère, nous n'en avions que deux et c'est bien suffisant. La mythologie ainsi que toutes les dramaturgies de l'humanité, des plus archaïques aux plus proches dans le temps, ont eu le don d'exprimer ce qui a toujours échappé aux philosophies ou aux sciences humaines, les pulsions souterraines et les affects inconscients. Depuis que j'écris ce difficile passage, je pense à Shakespeare, à Victor Hugo, à Samuel Beckett et à nos dramaturges québécois d'ici et de maintenant. Au réveil, j'ai pensé à Claude Gauvreau, à sa *Charge de l'orignal épormyable.* Nous sommes loin d'eux tous. J'entends sonner l'heure du rapprochement.

Certains diront, y compris chez les plus chers de ma propre famille, que j'exagère et que je devrais oublier tout ça. Les artistes dont je suis, c'est bien connu, exagèrent. Grossissent le trait. Sont dans l'outrance, c'est leur mission. Il y a d'importants fragments qui souvent ne sont pas visibles à l'œil nu. C'est pourquoi existent les loupes, les microscopes, les longues-vues et autres instruments de la mécanique céleste, dont le télescope. Voir au loin aide paradoxalement à mieux considérer le plus près. Sur les turbulences familiales entourant l'agonie et la mort de nos parents, on ne peut reprocher à qui a moins vu ou n'a pas vu du tout d'avoir été aveugle. On ne peut non plus reprocher au témoin qui a vu de raconter ce qu'il, ou elle, a observé. C'est pour lui, et pour elle en l'occurrence, une condition de survie.

En cette matinée du 16 avril 2012, de ma fenêtre j'en-

346

tends les chants et les cris des étudiants défilant, rue Sherbrooke, contre l'inique projet gouvernemental visant à hausser les droits de scolarité. Leurs pas et leurs voix scandés sont à mes oreilles une ouverture symphonique accompagnant mon intime *cérémonie des adieux* : adieu, divinités des Enfers ! Adieu, Tisiphone et Mégère !

Post mortem

Quelques mois après les retombées des tumultes familiaux, une grande amie, proche des parents et de leur progéniture, me dit : « Tu ne penses pas que tout ce qu'on t'a fait subir a pour origine la terrible jalousie des furies à ton endroit ? »

Jalousie ? Ce fut pour moi un choc et une révélation. J'ai revécu en entier les événements méchants et j'ai eu le sentiment de tout comprendre. Une phrase que m'avait dite un jour ma mère, sur le ton de la solennité, prit soudain tout son sens : « Chez mes enfants, il n'y a jamais eu de jalousie. » L'évidence et l'insistance avec lesquelles cette sentence avait été prononcée se mirent à révéler pour moi le contraire de ce qu'elles sous-tendaient. Ce qui était pour elle l'un des pires défauts — un péché capital, ne l'oublions pas — ne devait pas, ne pouvait pas concerner ses propres enfants qu'elle et mon père avaient toujours voulus parfaits. Née en 1910, dans la noirceur catholique que l'on a connue en ce sacré diocèse de Rimouski, aucun des péchés capitaux ne se pouvait concevoir pour ses enfants, surtout pas la mesquine jalousie.

Si nous décapons la couche (épaisse tout de même) religieuse, tous ces péchés honnis et honteux redeviennent ce qu'ils ont été depuis toujours : de normales pulsions qu'il s'agit de reconnaître pour se libérer de leurs aspérités les plus nocives à l'endroit des proches. Et de soi-même pour commencer. Car c'est à soi que la jalousie fait mal. Dans ces inquiétantes terres souterraines au fond de soi, il est souffrant et bien étrange de désirer le mal de l'autre. Surtout si l'on aime cet autre.

Comme, dans les familles, ces pulsions et affects ont été systématiquement refoulés, n'ayant pas été extraits de leur gangue religieuse, morale et punitive, comme tout ça a été pendant des années, toute une vie parfois, caché, il arrive ceci : à l'occasion d'un séisme, la terre craque et le feu qui couvait éclate en tous sens, rejetant ses débris et ses laves à l'aveuglette, férocement.

Ceux et celles qui croient encore aux familles parfaites et qui, de surcroît, prennent les pulsions pour des tares ou des imperfections vivent, hélas, dans les limbes de la vie.

Donc, la jalousie ! C'est ce que maman, comme tant d'autres, n'a pas voulu voir. Et ce fut, bien malgré elle, la douce et parfaite, ce avec quoi elle a joué allégrement. Comme une petite fille innocente, je dirais. Elle en a joué intelligemment, car elle était très intelligente. Comme son mari Jean-Baptiste, d'ailleurs, qui, à l'image de presque tous les hommes, faisait mine de ne rien voir. Un gros chat dans sa religion qui capterait tout, ronronnant dans son coin, faisant semblant de dormir et laissant aux femmes ces sentiments complexes, étalés, grouillants, se déplaçant sur la scène du monde.

Jalousie ?

On m'a raconté après la mort de mes parents, et je me suis souvenue. Depuis mon arrivée à Rimouski, j'étais la seule enfant revenue dans la région d'origine, et proche des parents. J'étais revenue pour travailler à l'UQAR et ne me doutais pas que j'aurais la charge de m'occuper des parents déclinants. Charge à laquelle s'ajouta celle de veiller avec soin sur le frère et la sœur de maman, l'oncle Léopold, curé, et la tante Adèle, servante du curé pendant la deuxième partie de sa vie. Le curé était le parrain de Mégère, ce qui n'arrangea pas les choses. Ces deux vieux, Léopold et Adèle, m'aimaient, appréciaient mes visites et me gavaient de cadeaux : beaux livres, bijoux et même une statue de saint Joseph au manteau liseré d'or (pur, disaient-ils) que j'ai encore dans une armoire et dont je ne sais trop quoi faire, elle dort là.

Or, Jeanne, notre mère, avait pour passe-temps favori — avant qu'elle ne sombre au fond de l'agonie — le téléphone. Chaque jour, elle appelait ses enfants, à Montréal, à Québec et à Moncton, et elle parlait. Quand Jeanne a vu la mort venir, elle a eu un besoin irrépressible de parler. C'était un flot continu qui en énerva plus d'un, dont notre père et son époux qui, pour le coup, en devint complètement sourd. Sans que je le sache, elle parlait de moi. Elle parlait beaucoup de moi. Disait combien ma présence, tout près, ajoutait des années à leur vie. De belles années à leur vie (elle me le disait aussi quand j'arrivais, me serrant dans ses bras alors que Jean-Baptiste en rougissait de gêne).

Et Jeanne racontait mes succès à tous vents. Elle me vantait. Et des succès, le sort a voulu que j'en aie plein, à mon arrivée à Rimouski. Premièrement, Jeanne voyait comme un grand honneur le fait que j'aie été invitée comme professeure à l'université. Vous vous imaginez ? Ma fille Madeleine, professeure invitée ? Le fait que l'honneur soit rapproché semblait démultiplier ses rayons bienfaisants. Je suis arrivée à Rimouski en janvier 1990. Dès 1991, je recevais le Prix du Gouverneur général du Canada pour *Chant pour un Québec lointain*. Puis, le Salon du livre de Rimouski m'octroya le prix Arthur-Buies pour l'ensemble de mon œuvre. Maman vint à Rimouski. Avec Cécile qui conduisait. Elles vinrent à la cérémonie. Jeanne exultait. Et Amqui, ma ville, qui me décerna le prix Artquimédia. Mes amis Jean, Paul Chanel et

Hélène descendirent de Rimouski. Lors de la cérémonie, il y eut des discours, celui du maire, de l'écrivain Paul Chanel Malenfant et le mien. Il y eut remise de médailles. Maman, dans sa belle robe achetée pour la circonstance, monta sur la scène recevoir sa médaille. Il y avait dans la salle quelque quatre cents personnes. Jeanne avait des ailes.

J'aime la fête, ceux qui me connaissent le savent. J'aime les prix et les récompenses. J'aime être célébrée. Mais, comment dire ? je ne suis ni vaniteuse ni prétentieuse et je ne cours pas après les reconnaissances. Il y a en moi une modestie naturelle. Je ne me lève pas le matin en me disant : « Je suis écrivaine, quelle gloire ! » Sans plier sous l'humilité des saints (encore la religion), j'éprouve une joie et une certaine fierté lorsque mon métier, celui sur lequel je travaille tout le temps, est reconnu et célébré. Si je pense à mes contemporains écrivains, disons que je me situerais à mi-chemin entre ceux qui se cachent, Ducharme et Poulin par exemple, et ceux qui tiennent à occuper le devant de la scène, qui s'exposent et parfois se surexposent (je n'en nommerai pas, craignant les foudres, de toute façon on les connaît). À mi-chemin, donc. *In medio stat virtus.*

Alors, quand je pense à tout ce que maman a pu raconter au téléphone au cours de ces années, elle a dû tanner les oreilles de certains et aviver des jalousies vives.

Tout cela dit, les méchancetés familiales entourant l'agonie et la mort des parents peuvent se comprendre mieux, mais rien ne les excuse.

Un pardon se donne à condition qu'il soit demandé. Que le mal fait soit compris et analysé. Et que réparation soit notifiée.

Rimouski

Rimouski avait représenté pour moi le premier départ de la maison, et le premier grand voyage, lorsque je quittai les miens pour le pensionnat, en 1948. J'étais alors en cinquième année du primaire. J'avais supplié ma mère de me laisser partir. Je voyais s'en aller en septembre avec de belles valises propres sentant bon, partir vers des aventures qui me semblaient fabuleuses, mes sœurs aînées et mon frère Paul-André, déjà en éléments latins — ce mot seul résonnait à mes oreilles comme une incroyable odyssée et rimait avec pays lointains. Cette fois, en 1990, c'était aussi la grande aventure, mais en sens inverse, puisque c'est Montréal — et toute une vie — que je devais quitter pour m'installer à Rimouski.

Dès mon arrivée, je voulus visiter ces lieux d'enfermement de mon enfance rêveuse, l'UQAR, où j'allais travailler, occupant depuis sa fondation les lieux mêmes du monastère des Ursulines. Comme on le sait sans doute, la Révolution tranquille, en vidant les communautés religieuses de plusieurs de leurs membres, laissa un bâti patrimonial à la disposition des maisons d'enseignement public, collégial ou universitaire. Je fis donc une espèce de pèlerinage profane sur les lieux de mon ancien couvent. J'eus même une guide, l'amie Simonne Plourde, enseignante au département de lettres et d'éthique, et toujours ursuline. Qui mieux qu'une religieuse ayant vécu des années entre ces murs et conservé la mémoire vive d'avant les transformations pour éclairer mon passage? Simonne a décidé du parcours et de l'itinéraire. Elle m'a conduite partout où j'étais susceptible de reconnaître quelque signe ou trace d'un passé métamorphosé. Sans elle, ses qualités d'observatrice et son humour, j'eusse été triste car je ne reconnaissais pas grand-chose au premier regard.

Elle disait : « Tu vois, là, c'était telle ou telle pièce. » Presque tout avait été anéanti, en bons Québécois qu'avaient été les concepteurs ou ingénieurs du changement. Les dortoirs, réfectoires et autres offertoires n'étaient plus là. Même la chapelle, la belle chapelle, avait subi les assauts des démolisseurs en devenant bibliothèque. Les balustrades, la chaire, les vitraux et les colonnes n'étaient plus. Simonne, se fiant aux inamovibles planchers de bois ou de mosaïque, le nez au sol, marchant et comptant ses pas sur ces surfaces imaginaires, disait : « Tu vois, la salle partait d'ici et se terminait là, tu vois? » Ou bien elle repérait un morceau de balustrade, une partie de colonnade, une section de rampe d'escalier ou, mieux encore, l'escalier complet se rendant à « ton dortoir », disait-elle, et nous montions, redescendions les marches du monastère que Simonne avait reconstruit pièce à pièce, chef-d'œuvre imaginaire se défiant d'une période historique de cassures, lui redonnant, entier, un superbe passé dans son présent réconcilié.

C'est pourquoi ces années-là, quand je me rendais à mes salles de cours ou de réunions, ou encore à la cafétéria, je me promenais avec une histoire en tête. Une histoire et son architecture que des humains détruisent, avec ou sans guerres. Mais que la mémoire conserve vivantes où que nous allions.

J'y donnai des cours, semblables à ceux que j'eusse prodigués à Montréal ou ailleurs, et j'y rencontrai des étudiants, différents de ceux que j'avais connus et, à plusieurs égards, les mêmes : avides de savoir et désireux de comprendre, sauf, comme partout, les quelques-uns qui sont là pour accumuler des crédits afin d'en finir au plus vite. On enseigne pour eux comme pour les autres, et parfois, comme par hasard, une lumière s'allume en eux au détour d'une pensée, d'une phrase ou même d'une rêverie. Il a compris quelque chose, on ne sait trop quoi encore. Elle a saisi ce qu'elle ne savait pas chercher et c'en est fait de sa présence incertaine et douteuse, quelque chose l'a réveillée, elle ne sera plus jamais la même. Et lui aussi. Ils viendront désormais au cours pour rebrancher ce courant qu'ils avaient ignoré en eux-mêmes jusque-là. Ils voudront continuer à apprendre. À lire, à écrire sur des feuilles, des carnets qu'ils sortent de leur sac, déjà la flamme au regard jusqu'à ce que sur l'ordinateur, en cours ou en fin de session, ils vous pondent un travail, un texte qu'ils avaient cru auparavant pour d'autres, les savants qu'ils avaient craints hier et embrasseraient aujourd'hui.

J'ai vu de ces éveils fulgurants, à Rimouski comme à Montréal. Et n'ai jamais compris ces urbains bardés de diplômes qui ne croyaient pas à l'instruction universitaire en région, comme on dit. J'en ai même entendu proférer du haut de leur certitude diplômée qu'on devrait « abolir les universités en région », faire venir dans les grandes universités des villes ces « hordes de pauvres étudiants des centres ruraux sous-développés ». Faut-il être ignorant pour lancer de telles insanités ! Faut-il ne pas connaître son propre pays, sa diversité et ses beautés et ses humains assoiffés de connaissances, appelés par tous les savoirs du monde : de l'étoile à la poussière ; du terreau à ses récoltes ; du mot écrit dans les livres à celui tatoué sur son cœur et reproduit, oh magie ! sur une feuille de papier ou sur l'écran ; des eaux avec leurs poissons et leurs navigations ; des forêts, de leurs animaux et des boussoles pour déambuler à travers leurs sentiers ou leurs toundras ; des formules algébriques à toutes les pensées structurées ou à tous les poèmes de la terre.

Pour connaître la terre entière, il faut commencer par son propre jardin. Par les régions de son propre pays, qu'elles soient proches ou lointaines.

Vive le réseau de l'Université du Québec, qui a implanté dans chaque région du pays des universités publiques de langue française. C'est l'un des beaux fruits de la Révolution tranquille.

J'ai aimé Rimouski, jolie ville provinciale, et ses souvenirs d'un temps où elle était reine régionale avec sa belle architecture cléricale où tout ne fut pas détruit malgré l'épuration qu'a subie la cathédrale. Rimouski, siège d'un archidiocèse où le bâti patrimonial d'un temps faste, celui ayant survécu au grand feu de l'année 1950, témoigne encore des talents qu'avaient les architectes et bâtisseurs : évêché et presbytère de toute beauté ; Grand Séminaire devenu chambres d'hôtes pour de vieux prêtres encore actifs ou des professeurs invités, où je résidai les premières semaines entourée de bondieuseries qui ne me dérangeaient pas, vivant dans la suite que m'avait cédée le vicaire général Gabriel Dubé, mangeant à la table dite des littéraires où la cuisine était excellente, toujours ; à cette grande table ronde, les abbés Pineau et Michaud, chercheurs et exégètes qui furent professeurs au Petit Séminaire (devenu cégep), étaient d'agréable compagnie, maîtrisant l'art de la conversation et de la discussion, ce qui tend à se perdre aujourd'hui où les longs sujets ennuient — ils sont morts récemment aux âges de quatre-vingt-onze et quatre-vingt-quatorze ans, respectivement.

J'ai aimé Rimouski, ses gens, son fleuve et ses promenades. Je m'y suis fait plusieurs amis. Un jour de l'été 1990 où je séjournais dans la jolie maison de Jean-Claude Brêthes et d'Élisabeth Haghebaert, qu'ils m'avaient prêtée le temps d'un été et où maman était venue quelques jours, ravie de sa chambre et des armoires aux fines dentelles et aux cotons délicats ainsi que du gros chat appelé Chat qui ronronnait et venait se blottir à ses côtés — maman adorait les chats —, un jour somptueux de cet été si doux, j'avais invité tous ceux que je considérais comme mes amis, ce fut une merveille de réception. Nous étions une quarantaine. Certains ne se fréquentaient pas entre eux, mais la soirée prit, telle une mayonnaise. J'avais fait un repas de fruits de mer, le plat principal étant un saumon à l'étuvée — il y avait quatre beaux saumons. Le vin a coulé délicieusement. Je revois encore les gens se déplacer au jardin, aux petites tables disposées un peu partout, face au fleuve que nous apercevions de l'autre côté de l'îlet Canuel, juste en bas, et sous le ciel qui nous fit le cadeau ce soir-là de sa brillance et de la danse de ses aurores boréales.

Je me souviendrai toujours des chants alsaciens aux petites heures, entonnés par René Simon levant son verre et saluant la vie, « glorieuse », disait-il, vie qu'il quitta lui aussi, il y a quelques années, nonagénaire et laissant en grand deuil son amie Simonne qu'il accompagnait lors de cette fête.

J'ai aimé Rimouski : m'y promener, faire la fête avec les amis, écrire et peindre et photographier. Je peignis surtout dans le studio que je louai à partir de l'automne 1990, à la Grande Place et face au fleuve que je voyais entre la ville et l'île Saint-Barnabé, puis au-delà de l'île jusqu'à l'infini, jusqu'à la Côte-Nord dont on pouvait apercevoir par temps clair de petites lumières de Forestville mais qu'on ne distinguait pas vraiment. Il fallait la deviner. La rêver.

Ma promenade quotidienne préférée fut ce sentier aux abeilles — il y avait là un rucher — qui défilait, silencieux, à travers les arbres centenaires et les bâtiments d'une roseraie ainsi que d'une magnifique ferme, que l'on prenait derrière le couvent de pierres grises des sœurs du Saint-Rosaire, fort heureusement encore en l'état, jusqu'au stationnement de l'UQAR, autrefois parc et jardin. En toute saison, cette marche silencieuse sur le sentier dont on voyait quelques pas creusés dans la neige, l'hiver, par de rares passants empruntant ce même chemin, mes enjambées dans ces pas anonymes et les calmes beautés des lieux me consolaient des misères et épouvantes de ces mois chargés d'épreuves : malfaisances familiales et souffrances des quatre vieux sur lesquels je veillais : Jeanne, Jean-Baptiste, Adèle et Léopold.

Me consolaient aussi des morts, car il y en eut plusieurs en enfilade, comme si la mort se présentait en série pour qu'on s'y attarde un peu plus. D'abord, la cousine Irène Beaulieu à laquelle je m'étais attachée récemment. Irène, la douce, qui exprimait son affection dans ce petit logement à prix modique où elle recevait en plaçant partout sur les meubles et les tables des plateaux de bonbons alors que, souffrant d'un diabète grave — comme notre grand-mère Ernestine —, elle n'avait pas le droit d'en manger, et la visite lui permettait de tricher, comme elle disait. Pour lui faire plaisir, j'en mangeais deux ou trois. C'est aux funérailles d'Irène que j'ai vu papa conduire sa voiture pour la dernière fois. Entre le cimetière de Mont Joli et l'hôtel-motel du même nom, je les ai suivis en voiture, ma mère et lui. Je n'en croyais pas mes yeux. Il zigzaguait au volant comme s'il exécutait une valse à deux temps. J'ai cru, un moment, qu'il allait prendre le fossé ou le champ et que c'en serait fini des parents, j'en avais le souffle coupé. Mais non, il revint sur la route, la 132, replaça l'auto sur ses quatre roues comme si de rien n'était. J'ai parlé avec eux deux les jours suivants. Je ne pouvais pas imaginer comment il avait pu retraverser la vallée jusqu'à Amqui après la cérémonie funèbre. Jean-Baptiste, lui, disait ne même pas savoir de quoi, au juste, je pouvais avoir peur. Le voyage funèbre d'Irène avait mis fin aux voyages motorisés de mon père. Il ne conduisit plus jamais.

Et Dyne Mousso mourut en ce temps-là, à soixante-deux ans. Avant sa mort physique, Dyne avait disparu pour plusieurs, dont moi, derrière l'infranchissable mur de l'alcool qu'elle avait érigé pendant des années. J'ai parlé de Dyne dans mon livre *Le Deuil du soleil,* écrit à Rimouski autour de 1994. Dyne demeurera vivante dans sa voix qui lui a survécu : elle fut lectrice assidue de plusieurs de mes textes pour la chaîne culturelle de Radio-Canada de la belle époque. Sa voix était à la poésie ce que celle de Callas fut à l'opéra. Après sa mort, mes textes furent orphelins. Jusqu'à l'arrivée de Nathalie Gascon, dont la voix sut chanter mes phrases dans un autre registre mais avec autant de grâce. Heureusement, elle, elle est encore vivante.

En 1994, Lucie Laporte fut assassinée par son amant, à Auvers-sur-Oise, en France, où elle occupait un studio d'artiste. Lucie avait quarante-huit ans. Son œuvre picturale commençait à prendre un envol hors des frontières québécoises, c'est ce qu'elle désirait. J'ai, de Lucie, un grand tableau, acheté une année où elle était pauvre de chez les pauvres alors que je venais de recevoir la bourse A du Conseil des arts du Canada. Et je conserve ses nombreuses lettres qu'elle m'a écrites pendant des années, où elle me racontait sa vie au fil des jours. Sa vie et ses amours mortes. Puis, un livre avec elle, *Femmeros.* Composé de ses dessins tout noirs et de mes poèmes en prose sur les malheurs des femmes amoureuses que ses dessins m'avaient inspirés.

En 1989, alors que je vivais à Montréal, Rolande Ross, professeure de littérature au cégep de Rimouski, m'avait invitée à lire des textes pour une grande soirée qu'elle organisait au Musée régional de Rimouski. Nous étions en décembre.

Je trouvai plus prudent de descendre en train. Quand Rolande vint m'accueillir au train, en fin de journée, elle était blanche de frayeur et catastrophée : elle m'annonça la mort, l'après-midi même, des quatorze jeunes étudiantes de Polytechnique. Nous étions le 6 décembre. Par « un mec qui s'en était pris aux féministes ». Nous fûmes tous et toutes ébranlés. La soirée des poètes fut plutôt sinistre. À la dernière minute, je changeai mon choix de textes et décidai de lire des extraits de *Femmeros*. Je parlai des dessins lugubres de Lucie Laporte. Et je lus sur les amours mortes, de Thérèse d'Avila à Marguerite Duras, en passant par Héloïse et Ophélie. Lucie Laporte fut tuée par l'amant qu'elle aimait cinq ans après cette tuerie collective et cette lecture de Rimouski.

Mes rêveries du sentier du Saint-Rosaire, ainsi que je le nommais, m'apaisaient. La beauté de la nature est la meilleure sage-femme de la terre.

Je rentrais à l'école, retrouvant avec joie mes collègues de lettres, œuvrant au sein de ce « grand département de petite taille », comme l'appelait notre recteur amical Marc-André Dionne.

Et je retrouvais mes étudiants, du baccalauréat ou de la maîtrise, cherchant, avec ardeur et fougue, à débusquer les énigmes des œuvres littéraires à l'étude. Parfois découragés, le plus souvent éblouis, comme à Montréal, à New York, à Vancouver ou à Paris, les questions qui m'étaient posées rencontraient les miennes, que nous lisions Valéry ou Anne Hébert, ou encore que nous nous éclairions en fréquentant Roland Barthes et Maurice Blanchot, Jacques Lacan et Jacques Derrida.

Neuve liberté

Même si je revenais souvent à Montréal, la bonne distance au fil des mois me permit enfin de rompre avec l'homme qui déchirait les écrits. On dira que je suis lente, et je le suis en ces matières où la passion aveugle, mais quand je me décide, la rupture est radicale, il n'y a plus de retour en arrière. Tout semble instantané telle une foudre qui éclaterait sans signes prémonitoires à l'horizon. Cela se fait toutefois sans cris ni larmes, ni même paroles qui tant de fois furent ressassées sans résultat aucun. Un jour, plus précisément un matin où je me préparais pour l'université, l'homme qui déchirait mes écritures était là. En une seconde fracassante de lucidité froide, je lui dis de ne plus être là. De partir. Et de ne plus jamais revenir. Je ne désire pas rapporter toutes mes paroles, mais elles furent si claires, si évidentes que l'éclair le traversa lui aussi. Il partit et ce fut fini.

La scène des lettres déchirées s'était passée en mars 1983. Nous étions en février 1991. Une fauve, qui avait dormi et rêvé tout ce temps-là, se réveillait.

J'étais cette fauve qui savourait sa jeune souveraineté. J'arpentais lentement mon territoire, enfin libre. Je remuais la terre, humais l'humus, frôlais de mon nez les jeunes pousses, levais la tête pour apercevoir la cime des arbres et les éclats de ciel entre les branches et les feuilles. J'aurais pu crier ma liberté retrouvée, mais je marchais dedans à voix feutrée tant sa nouveauté à peine éclose demandait tout bas que je l'apprivoise. Je collais l'oreille au tam-tam de la terre et me préparais à la rencontre des vivants, tous mes aimants, de l'autre côté de la clairière aperçue là-bas.

(Ce jour-là, je crois bien avoir donné le plus beau cours de ma vie.)

Je venais de quitter mon « troisième homme », comme m'avait dit une amie, Élisabeth.

Je savais définitivement qu'une femme qui écrit, à de rares exceptions près, était intolérable pour tout amant. Cela attirait au début, mais petit à petit, et subrepticement, allait ramper entre eux deux le serpent maléfique qui les propulserait hors du paradis des délices innocentes. On a connu des milliers d'exégèses plausibles au cours des siècles sur cet épisode de la Genèse dans lequel le serpent diabolique tend une pomme à Ève qui, à son tour, prise dans les mailles de la séduction, attirée par le juteux et la suavité du « fruit défendu », l'offre à Adam, qui ne peut résister. On connaît la suite. Tous deux punis par Dieu en personne seront chassés du paradis terrestre. Paradis perdu qui va fonder les morales et les esthétiques des trois monothéismes gouvernant jusqu'ici la destinée humaine. Ces morales et ces esthétiques nimbées d'une nostalgie et d'une culpabilité fondatrices, mais aussi accusatrices à l'endroit d'Ève, initiale séductrice, subjuguée par le serpent et corruptrice du pauvre, son Adam chéri. Ève et toutes ses descendantes, nous toutes, jusqu'à la fin des temps.

Sauf que. Sauf que les exégètes, mâles presque tous, n'ont pas vu l'essentiel de la fable biblique : ce qui était interdit n'était pas d'abord le fruit de l'arbre, mais l'arbre lui-même à travers ses fruits, et cet arbre auquel il ne fallait pas toucher était celui « de la connaissance du bien et du mal », ainsi parle la Genèse. L'arbre de la connaissance, donc. Connaissance réservée à Dieu seul. Interdite aux humains. Et aux femmes d'abord. La femme emblématique du texte constitutif de la pensée humaine en matière de pensée même n'a pas droit à la connaissance, et l'homme qui touche et déguste les fruits de la connaissance qu'elle a cueillis la première sera puni, banni des lieux avec elle. Avec la connaissance, il devra désormais se dépatouiller seul. Et seul il deviendra un Sisyphe éploré, éreinté par le boulot absurde, ou encore un chercheur mélancolique ou bien un pervers désolé. Ou un pape. Avec elle, éloigné de l'arbre de la connaissance, il fera des enfants. Qu'elle « enfantera dans la douleur ».

Ou bien Adam déchirera les petits papiers qu'Ève a écrits dans ses temps inspirés.

En connaissez-vous des hommes écrivains qui n'ont pas été servis, adulés, soutenus par les femmes qui les aimaient ? Moi pas.

En connaissez-vous des femmes qui ont pu écrire, construire une œuvre même, un homme à leurs côtés ? Moi pas.

Bien sûr, au XXIᵉ siècle, les choses ont changé. Les femmes sont plus libres, du moins dans nos contrées, mais celles qui écrivent ou peignent ou bâtissent des maisons, des ponts, des immeubles ou tout simplement pensent sont seules. Elles ont le droit de grimper à tous les arbres de la connaissance, mais seules elles sont le plus souvent. Celles qui n'ont pas une œuvre en cours et n'en auront jamais peuvent, j'en conviens, en souffrir moins. Elles peuvent cultiver l'empathie. Et les autres, tous les autres, hommes et femmes qui trouvez que j'exagère, passez votre chemin. Comme l'écrivait Francis Ponge : « Lecteur, si tu m'as suivi jusqu'ici, je te baise sur la bouche. »

Je sais cependant une chose : tant que les femmes de

toutes les religions, et qui veulent comprendre, ne remettront pas en question l'un des mythes originels de leurs genèses respectives, il continuera d'exister la soumission des femmes soi-disant séductrices, corruptrices et interdites de connaissance. Et il continuera d'exister des femmes violentées, violées, excisées, burkanisées. Non autorisées par la loi à conduire les autos, les bateaux, les avions, les engins spatiaux. Et les vélos. Et celles de nos pays soi-disant libérés qui croient le féminisme mort sont dans les patates.

Je reviens à mes moutons. À mes lions. À mon troisième Adam.

Après la rupture, j'étais si heureuse de ma neuve liberté que je me souviens de m'être dit — et de l'avoir parfois confié aux amis chers, aux amies chères : mon corps est un territoire que plus personne ne viendra fouler. Après tout ce que j'ai vécu de ce côté-là des choses, et toujours bien vivante, je mérite une croix de guerre. Je me sentais libre. Seule et libre. Je me croyais sortie à tout jamais de la grande scène du désir, de ses passions, de ses jouissances et de ses emportements. Et des effets collatéraux bien troublants et fatigants.

Je marchais seule. J'écrivais seule. Je dormais seule. Et je respirais.

Je suis même allée un jour chez le bijoutier de la Grande Place m'acheter une bague pour célébrer ce que je nommais mes fiançailles avec moi-même. J'ai encore cette bague, que je porte peu et qui m'émeut. Elle est en vieil argent ciselé, sertie d'un petit lapis-lazuli. Je me promenais, seule avec ma bague, et la pensée que personne ne savait ce qui m'arrivait me ravissait. C'est ça, la solitude.

J'avais cinquante-deux ans. Depuis l'âge de dix-sept ans, depuis mon premier *French kiss* sur une grève de Percé, il y avait toujours eu dans ma vie des amoureux. J'étais une amoureuse enflammée et c'est ce que j'aimais.

Voici que, maintenant, je me découvrais seule et heureuse de l'être. Telle qu'en moi-même, une autre devenue et pourtant la même.

∗ ∗ ∗

Parfois je me demande comment j'ai pu trouver le temps d'écrire. On dirait que, dans ma vie, ce temps-là n'a pas compté comme les autres. Se souvient-on du temps que l'on prend pour respirer ou compte-t-on ses pas en marchant? J'en viens à me dire que l'écriture a dû être pour moi une respiration en même temps qu'une marche. À moins d'abolir toute mémoire et d'être, tel l'animal qui prend son élan, totalement dans son geste sans y penser, je ne vois pas que l'écriture, c'est-à-dire sa rêverie, sa pensée et son actualisation dans la rédaction, puisse se concevoir autrement que dans son souffle et sa cadence.

Si je nomme ici les livres écrits lors de mon séjour rimouskois tout en repensant à tous les événements, heureux ou malheureux, qui m'ont accaparée, je dois en conclure que cette activité est bel et bien un art de voler du temps au temps normal. Voler du temps ne s'apprend pas. C'est une ascèse. C'est collé à la peau de l'âme.

Il y eut *Chant pour un Québec lointain,* dont j'entendis la musique complète à Paris, chez l'amie Annie, dans ma chambre du haut, et qui fut rédigé le premier hiver rimouskois dans un bureau de l'UQAR dont la fenêtre donnait sur les collines du sud vallonnées jusqu'aux monts de la Matapédia, blancs à l'infini. Ce livre connut un agréable destin de lecture. Il fut aimé. Il est aujourd'hui mis en musique par la compositrice Rachel Laurin, grâce au mécène et ami Daniel Turp. Les premiers longs poèmes furent donnés récemment en récital, à la Chapelle historique du Bon-Pasteur, à Montréal, avec le pianiste Olivier Godin et le baryton Marc Boucher. Quels échos pour un texte qui fut écrit dans la solitude silencieuse des paysages d'hiver de mon pays !

J'écrivis après, je ne me remémore plus exactement en quels lieux sinon qu'il y a dedans toutes les saisons et beaucoup de vacances, *La terre est remplie de langage*. Comme si j'avais instinctivement placé le Québec au centre, mais élargi à la terre entière, émietté sur ses falaises, propulsé à travers la voûte céleste, fragmenté et ramené parmi ses morts sous leurs pierres tombales, avec leurs histoires courant parmi d'imaginaires épitaphes, traces d'écritures gravées le long des parois se disséminant sans heurt jusqu'aux pousses végétales, premiers buissons face aux eaux circulaires, premiers bosquets puis grandes forêts d'où nous venons tous. Les choses, dans ce livre, parlent elles-mêmes et toutes seules. Je ne le savais pas alors, mais il s'agit bel et bien d'un livre écologiste, environnementaliste. Un environnement avec les pierres et tous les minéraux qui pensent et se marient dans les eaux.

Les Cathédrales sauvages est un étrange livre. Sous certains aspects, il me rappelle *La Lettre infinie* des années 1980. Il ne fut pas très choyé et en dérouta plus d'un. Il serait ce qu'on appelle aujourd'hui une autofiction. L'un de mes fils m'avait dit : « Il faut te connaître, Madeleine, pour comprendre ce livre. » Et l'autre était d'accord. Peut-être eussé-je dû être plus explicite ? On ne refait pas le monde. Il s'est écrit ainsi. Je l'aime parce qu'il me rappelle de si doux souvenirs. Il s'est écrit en grande partie dans la maison d'Élisabeth et Jean-Claude, celle qu'ils m'avaient prêtée au cours de l'été 1990. J'avais décidé d'appliquer la recette de Patrick Modiano, lue je ne sais trop où et qui consistait à écrire chaque matin au moins deux pages, après quoi la vie normale pouvait se vivre allégrement. La recette, cet été-là, me convenait bien. La maison était souvent remplie de visite et j'en profitais pour voler du temps aux heures qui s'étirent autour de la table, avec cafés et moult histoires, après le petit-déjeuner.

Dans ma chambre d'écriture — le bureau d'Élisabeth —, j'entendais les murmures de la matinée autour d'une tablée heureuse et je regardais le paysage donnant sur le jardin, l'îlet et le fleuve, déjà décrit. Je plongeais dans des inventions et des remémorations qui, l'une après l'autre, me conduisaient à des bribes d'histoires vraies emmaillées aux histoires inventées (tout aussi vraies, selon ce que l'on conçoit de la vérité). Au bout du compte, cela donna un drôle de roman dans lequel les morts existent tout autant que les vivants, et le récit multiforme d'une vie pulse aussi bien dans les faits dits réels que dans ses inventions. Chat se tenait à mes pieds, se réchauffant en rêvassant dans les pantoufles de sa maîtresse.

Des citoyens d'Amqui m'ayant demandé d'écrire en poèmes ces lieux qu'ils habitent et qu'ils chérissent, je répondis à leur demande par un petit livre composé de quatre poèmes en prose, *Là où les eaux s'amusent* (traduction littérale du toponyme amérindien micmac Amqui). Les textes sont accompagnés de dessins de l'amie rimouskoise Colette Rousseau.

Là où les eaux s'amusent constitue une plongée au cœur géographique de ma terre d'origine, là où deux rivières se rencontrent, la grande et la petite, la Matapédia et la Humqui, pour y créer des fêtes et des remous en passant, des pêches et des noyades, des vies et des morts. Des disparitions et puis des renaissances sous un autre nom, dans une autre rivière, la Restigouche qui s'en va à son tour se fondre et réapparaître dans la baie des Chaleurs, bientôt mer et, plus encore, océan Atlantique.

Là où les mots ont pris naissance. Se sont amusés puis ailleurs sont partis.

J'aime mes livres. Sinon, je ne serais pas ici en train d'écrire. D'écrire sur moi-même et sur mes livres. Je suis capable de voir leurs forces et leurs faiblesses à chacun. Je peux aussi comprendre le sens de leur trajectoire, depuis les toutes premières publications jusqu'aux plus récentes. Je peux même entrevoir ce qui va suivre après ce livre tout en sachant que l'écriture en acte me fera découvrir d'autres chemins que ceux entrevus avant de commencer. Si l'écriture rêve le monde, elle est aussi, comme moi, celle qui se sait au départ rêvée par ce monde, par tout-Autre, y compris l'autre-en-soi qui est venu, à l'insu de son projet initial et de ma propre conscience, graver ses tatouages, pulsions ou lettres sur le corps-monument que la rédaction capte et tente de traduire au mieux.

J'aime écrire et j'aime mes livres. Je ne les regarde ni de haut ni de loin. Face à eux, c'est comme si j'étais à mes côtés, à côté de moi-même. Voici le « Je est un autre » de Rimbaud. Je suis l'outil et l'ouvrière quand j'écris. Je ne me regarde pas écrire. Je est là dans son travail. Tout-un. Je est là dans son œuvre. Sur le métier vingt fois, Je s'active dans les phrases, les vers, les paragraphes qui s'alignent sur la page, petites fourmis besogneuses courant vers ce qui va suivre, le dos chargé de sens.

Je ne ferai pas semblant d'ignorer ce que j'ai accompli, ni ne jouerai l'humilité de façade qui est, comme chacun sait ou devrait savoir, le pire des orgueils.

Le dernier livre que j'ai écrit à Rimouski, en 1994, est le roman *Le Vent majeur*. Ce livre, je le chéris comme je chéris les quelques-uns qui me furent donnés en cadeau, on aurait dit chaque fois par des muses, d'un autre monde, ressuscitées. L'histoire me fut offerte en bloc, et le premier chapitre se déroula intégralement dans ma tête. Je traversais un champ vague rimouskois, de retour de l'épicerie, raccourci que je prenais toujours tant il ressemblait pour moi à la campagne en ville ou à quelque parcelle du XIXᵉ siècle oubliée là. Vaste rectangle recouvert d'herbes folles et de sentiers anarchistes tracés ici et là par des flâneurs désœuvrés. J'avais mon sentier, toujours le même, et n'y rencontrais jamais personne. Il semble bien que les quelques marcheurs dispersés sur ce terrain en friche avaient choisi, chacun, leur sentier. De loin, on se reconnaissait sans se connaître et si un intrus était venu, on aurait pu apercevoir chez les habitués de légers mouvements de garde-à-vous.

(Ce terrain vague n'existe plus. Comme partout, la nature n'aimant ni le vide ni les espaces sans rendement lucratif, des condominiums y ont poussé comme des champignons.)

Une fin d'avant-midi après l'épicerie, sur mon sentier de solitude, je reçus en cadeau le premier chapitre de ce qui deviendrait un roman, ainsi que mon personnage, Joseph, qui était né la même année que moi, et dans la même région — ce qui me permettait de mieux le connaître. En arrivant chez moi, sans plus attendre et avec un café fumant, d'une traite, j'écrivis ce premier chapitre. Il s'agit d'une scène très dure où Joseph, à dix ans, voit sa mère violée dans son lit par un gros homme inconnu, un monstre, un ogre. Joseph avait entendu, de la cuisine, des bruits sourds venant de la chambre, puis un cri de sa mère, un râle, un souffle, puis plus rien. Il était monté à pas de loup, avait vu le monstre velu sur le corps de sa mère. Avait vu le regard éploré de sa mère tant aimée et était redescendu, vif et léger comme l'éclair, s'était emparé d'un grand couteau, était remonté comme un oiseau apcuré et avait enfoncé le couteau dans le corps du violeur, le transperçant jusqu'à ce que gicle le sang, avait repoussé le corps avec l'aide de sa mère, corps déboulant sur le sol et lui, Joseph, dans les bras de sa mère, corps mêlés de sang et de larmes, corps soûlés d'une peine qu'ils porteraient en eux jusqu'à la fin des temps, tels les corps de la mère et du fils dans *Mamma Roma* de Pasolini.

Faisant de Joseph devenu jeune homme un artiste peintre, j'ai pu, tout au long de ce roman, lier, au plus intime de mon écriture, blessure initiale et sublimation dans l'expression artistique, mort et re-création, souffrance fondatrice et jouissance ultime dans l'acte pictural (et scriptural) ainsi que dans l'acte amoureux. Car Joseph est un artiste intelligent, amoureux incurable qui tentera de saisir tout au long de sa vie la pensée du tableau et celle du corps aimé.

J'ai mis des années à voir le lien lumineux entre Joseph et moi-même. Mis à part les coïncidences chronologiques et les affinités quant au métier choisi, pendant longtemps, je n'avais pas vu ceci : au fond, j'ai inversé les rôles. Moi, mère, ayant éprouvé dans ma chair le drame du viol de l'un de mes fils, j'avais ressenti à l'époque, sans trop me l'avouer, l'affolante pulsion du meurtre du violeur. De celui qui s'était attaqué à la chair de ma chair.

La tragédie me fut redonnée sous forme romanesque et salvatrice sur ce terrain vague d'un temps enfui.

Grand Forks

Pendant ces années rimouskoises, j'ai beaucoup voyagé. En auto, en bus, en avion, pour des colloques, des conférences, des salons du livre ou tout simplement pour voir des amis, j'ai pris la route comme j'ai toujours tant aimé le faire. Voir défiler des paysages, survoler des nuages ou d'invisibles villes, cours d'eau ou villages, et les imaginer, l'index sur une carte géographique, est pour moi une source de plaisir intarissable. J'en connais qui peuvent passer toute une vie à faire le tour de la terre en regardant seulement leur fenêtre ou en déambulant entre les allées de leur jardin. De grands livres sont nés de ces contemplatifs qui se déplacent sans bouger. Et qui l'écrivent. J'ai autant besoin de lire ces immobiles que de suivre sur leurs grandes routes les explorateurs.

J'aime les Philippe Jaccottet et les Robert Lalonde. J'aime aussi les Victor Segalen et les Ryszard Kapuściński. J'ai besoin de me nourrir des relations de voyage de Jacques Cartier tout autant que des méditations tranquilles de Marie de l'Incarnation. En voyageant, les explorateurs méditent et prient, les mystiques explorent le monde tel que l'intériorité l'a reconstitué en eux. Je voyage avec tous ceux-là quand je pars. Avec leurs livres, mais surtout avec des bribes de mémoires de livres, je pars et n'ai pas assez d'yeux et d'oreilles pour la rencontre d'humains en même temps que moi sur cette planète

— oh! heureuse coïncidence —, que, pour la plupart, je ne reverrai plus jamais. D'autres resteront, accrochés à la mémoire de leurs paysages, et je les reverrai.

C'est ainsi qu'un jour je répondis à une invitation de l'université du Dakota du Nord, à Grand Forks, plus précisément — je disais que je m'en allais à Grandes Fourchettes —, pour participer à un colloque sur les littératures canadiennes, l'anglaise et la française, ainsi parlait-on en ces années du début de la décennie 1990, les termes *francophone* et *anglophone*, pour qualifier des littératures, n'ayant pas encore émergé.

De Rimouski à Grand Forks, la distance à vol d'oiseau n'est pas si grande. Les avions ne sont pas des oiseaux : il m'en fallut quatre pour parvenir à destination : un vol Mont-Joli–Montréal d'abord ; un deuxième Montréal–Toronto ; un troisième Toronto–Saint Louis, au Missouri ; un dernier Saint Louis–Grand Forks. Grand Forks est collée au Manitoba. En quatre vols et une distance folle, vous êtes revenus tout près de ce qu'on vous dit être votre pays, le Canada. Mais vous êtes si loin chez vous que ce pays, que l'on vous dit vôtre depuis toute petite, vous semble si étranger que vous ne vous reconnaissez plus. Et vous repensez à Kapuściński qui, grâce aux récits de voyage d'Hérodote à travers la Perse et le Péloponnèse, au VIe siècle avant notre ère, se déplace dans l'espace et le temps et médite sur son propre espace, son propre temps, dans la Pologne de notre ère, au XXe siècle.

À Grand Forks, au Dakota du Nord, loin de mon chez-moi d'origine et pourtant proche en regard de ce pays, le Manitoba, que l'on dit mien, je me suis déplacée dans ma tête la durée d'une vie entière, m'a-t-il semblé. Je n'étais plus la même au retour, trois jours après. Et mon pays non plus. Sur les vols du retour, je me suis dit que tous les Québécois conscients de cette véritable bipolarité devraient soit tomber en état de folie, soit créer des chefs-d'œuvre. Pas besoin de venir d'un grand pays pour créer de grandes œuvres, contrairement à ce que des intellectuels à courte vue ont déjà exprimé. Il suffit de saisir en profondeur, à travers ses méandres et ses rhizomes, la bipolarité qui est notre lot collectif. Ainsi l'ont exprimé les Borduas et Riopelle et même, contre toute apparence, les microchromies de Fernand Leduc. Et ainsi, en littérature, les Gabrielle Roy, Saint-Denys Garneau et Anne Hébert. Je me garderai bien de parler des vivants. Sur nos contemporains littéraires vivants, on se trompe le plus souvent quand on en extrait un du lot. Les raisons de cette élection sont rarement pures. L'histoire jugera.

Quand l'avion s'est posé sur le tarmac de Grand Forks, je vis venir vers moi le guide-accompagnateur dont les lettres d'invitation m'avaient parlé. Un athlète en jeans et bottes et chapeau de cow-boy qui me salua d'un large sourire aux dents blanches, comme on en voit dans les westerns ou dans les annonces de Chiclets. D'une seule main alerte, il prit mon bagage comme s'il avait soulevé une paille et me conduisit à son énorme et rutilante jeep. Nous traversâmes une zone de brousse et de ferraille industrielle mêlées jusqu'au campus universitaire où je logerais. Il parlait de sa joyeuse voix de stentor et en sifflotant un air country. Sa présence était rassurante. Je l'ai trouvé d'emblée sympathique. Cet Hercule que j'avais cru homme de main de l'université s'avéra galant et étudiant sérieux, ainsi que je l'appris au fil des heures : il était inscrit au doctorat en littérature, présidait l'association des étudiants de son université et dirigeait le journal étudiant. Après ma conférence, il fit une entrevue avec moi et me consacra une pleine page, à la une de son journal. Il venait de découvrir qu'il existait une littérature québécoise, comme eux tous d'ailleurs qui avaient toujours cru jusque-là que le Canada comprenait une seule littérature, qui était « anglaise » comme la leur.

C'est Dorothy Livesay qui m'avait une autre fois fait inviter à ce colloque. Elle était présente, comme les deux écrivains, bien canadiens ceux-là, Michael Ondaatje et Roch Carrier.

Ce n'est pas moi qu'applaudirent mon cow-boy et ses camarades étudiants. C'était la porte-parole d'un pays et d'une littérature qu'ils découvraient, ravis. Je leur parlai de la littérature canadienne-française, l'acadienne, la québécoise et les autres, de Saint-Jean, Terre-Neuve, jusqu'à Vancouver. Je plaçai des dates et des événements, depuis la Nouvelle-France jusqu'à maintenant. Je donnai des noms d'hommes politiques et d'historiens, d'écrivains, dont les femmes qui étaient entrées par la grande porte de la littérature, à partir de la décennie 1960. Je leur parlai de la nécessité de connaître l'histoire d'un peuple par ses écrits de poésie et de fiction tout autant que par ses relations des faits de science, de découvertes, de conquêtes ou de guerres. Leur communiquai aussi les désirs et volontés d'indépendance exprimés chez ce peuple voisin de multiples façons depuis la Conquête.

Avant la lecture bilingue de poèmes faite par Dorothy Livesay et moi-même, nous avons toutes deux discouru sur la nécessité de connaître et de reconnaître les littératures minoritaires sans lesquelles la *world literature* nivellerait ces voix distinctes et les avalerait sans scrupules.

Les deux collègues Carrier et Ondaatje ne nous regardèrent plus, ils étaient fâchés.

Dorothy avait des ailes et m'embrassa en me disant à l'oreille : « Bravo, *darling*, tu les as bien eus. » Pourtant, Dorothy Livesay était une ardente fédéraliste. Comme elle disait, les os de ses ancêtres reposaient « dans cette bonne terre des *Eastern Townships* ». J'avais à mes côtés une très belle vieille dame aux yeux bleus et au teint rosé qui était « fière de toutes ces jeunes femmes du Québec parlant poésie ». Elle était rayonnante — en plus, à son invitation, je l'avais coiffée et maquillée cet avant-midi-là.

Plus loin que les chicanes entre les deux peuples du Canada, elle entendait les échos des « nouvelles voix de femmes » qui chantaient, chacune dans leur langue, par-delà ce mur « autrefois infranchissable entre les deux cultures ».

Le dernier jour à Grand Forks, mon guide et chevalier servant cow-boy me demanda ce que j'aimerais visiter en ville. « Je t'emmène où tu veux », m'avait-il dit. J'ai hésité et dit finalement qu'il me ferait plaisir de connaître le meilleur bar western, ce qu'il fit avec joie. Le bar était vaste, le petit orchestre, excellent. On a bu de bonnes bières en écoutant nos chansons chéries. Et en se racontant des histoires. De littérature, d'écritures et d'amours. Nous reconnaissions chacun qu'il ne fallait pas se fier aux premières images. Il n'était pas plus cow-boy malabar et inculte que moi, intellectuelle snob et distante.

Parce que c'était elle

Annie avait requis ma présence à son réveil, et j'y étais. De Québec, j'ai pris l'avion pour Charles-de-Gaulle, suis sortie du RER à Saint-Michel et me suis rendue à l'hôpital Curie, rue Lhomond, dans le Ve arrondissement. Suis passée derrière la Sorbonne. Je voulais impérativement être là avant son réveil. Nous étions au début des années 1990 — j'ai oublié la date exacte. Ma grande amie, ma chère petite grande Annie chérie allait subir sa première intervention chirurgicale pour un sein malade de cancer. Elle guérit cette fois-là, puis fut encore atteinte quelques années plus tard. Elle guérit encore, lutta, crut à la guérison et fut finalement assaillie de façon violente, tout le corps blessé de cancers, les métastases courant partout jusqu'à épuisement des organes, des cheveux, des yeux, de la peau brûlée en allée, jusqu'à la voix qui ne parlera plus. Jusqu'à toute-elle qui s'éteindra, comme on dit. Jusqu'à Annie Leclerc qui mourra dans une maison de mourants, le 13 octobre 2006, à soixante-six ans. Et je n'étais pas là.

Mais cette première fois du début des années 1990, j'y étais. Debout près du lit, je la regardais dormir. Elle n'avait pas l'air de souffrir. Elle avait son visage paisible que je qualifierais de jeune-femme-à-l'ange, avec des cheveux blonds, cendrés par l'âge, et une esquisse de sourire traduisant sans doute d'agréables chemins qu'elle traversait pour s'en venir sur le parterre de l'éveil et des vivants.

Elle ouvrit les yeux et me dit : « Tu es là, c'est bien, comment as-tu fait ? » Je n'avais pas terminé ma phrase : « Je suis là. Je suis venue de Rimouski à Paris pour toi. Je vais rester plusieurs jours avec toi », qu'elle était retombée endormie.

Lors d'une brève conversation dans les heures qui suivirent, je me souviens qu'elle me parlait de son Limousin et des étangs dans lesquels elle avait appris à nager. Je me suis souvenue d'avoir nagé avec elle dans son étang de prédilection. Moi qui ne suis pas bonne nageuse, j'avais filé doucement sur cette eau comme si d'antiques mémoires de poissons s'étaient réveillées au fond de mon corps. Près de son lit d'hôpital, nous reparlions de nos pays d'enfance. « C'est beau, ton Limousin, lui disais-je, il faudra que tu viennes voir ma Matapédia quand tu seras guérie. » Elle disait, rigolant, que ses arbres, ses feuillus étaient parmi les plus merveilleuses essences de la terre, alors que les miens, les pauvres, n'étaient que des conifères plantés là sauvagement. Je répondais : « Non, non, tu verras » et la traitais de vraie Française qui a toujours raison, ce qu'elle était — comme tous les Français.

Annie n'est jamais venue dans mon pays d'enfance pas plus qu'elle n'est venue revoir ma mère qui l'avait aimée dès la première rencontre, qui avait aimé ses livres et qui désirait tant la recevoir chez elle, dans sa maison. Comme bien d'autres, ce fut là un rêve avorté. Les rêves avortés causant de petites peines, c'est ce qui, lentement, nous fait mourir. Sans ceux-là qui s'égrènent tout au long de la vie, on serait éternels.

Nous nous sommes connues, Annie et moi, en 1975, à la Rencontre québécoise internationale des écrivains que j'ai racontée plus tôt. Nous avions éprouvé ce que nous nommions un coup de foudre d'amitié. Instant précieux qui nous a tenues ensemble à partager nos vies — nos enfants, nos maisons, nos livres — jusqu'en 1995.

Que s'est-il passé en 1995?

Il s'est passé que je suis devenue amoureuse d'une femme et que cet amour était partagé et vit toujours au moment où j'écris ces lignes. Nous sommes le 9 mai 2012. C'est le matin. Il bruine dans la brume et le bonheur me ravit encore.

Je ne veux pas trahir la mémoire d'Annie. Raconter des conversations, des heurts et des malheurs, alors qu'elle est partie au non-lieu du sempiternel silence. Je ne peux plus parler d'elle si elle n'est pas là pour la conversation. Ensemble, jusqu'à la fracture finale, nous avons pratiqué l'art de la conversation plus que celui de la discussion et surtout pas celui de la dispute. Avec humour, l'insondable humour qui nous projetait en amont de nos vies d'adultes, là où tout s'abandonne dans les cascades de rires de ces jeunes filles friandes de vie, et inassouvies, que nous devenions.

Pour Annie, durant les dernières années de sa vie et les derniers assauts de sa maladie, j'ai été heureuse que Nancy Huston prenne le relais. Annie avait cet immarcescible besoin d'une amitié amoureuse féminine forte dont l'écriture littéraire ne l'était pas moins. J'ai lu *Passions d'Annie Leclerc* que l'amie Nancy Huston a publié après la mort d'Annie. Les coïncidences entre ces deux amitiés sont étonnantes. J'avoue avoir dû sauter certains passages tant ils ravivaient des douleurs à ce jour innommées autour de notre séparation après vingt ans d'une amitié qui perdure pour moi au-delà de la mort.

* * *

Il n'y a pas de nuages ce jour-là. Par le hublot de l'avion, je vois clairement les glaces, les icebergs et les eaux du Labrador, de Terre-Neuve et de la Basse-Côte-Nord. Cette enfilade de blocs noirs et blancs ressemble aux tableaux de Borduas. Pendant des kilomètres, sans que rien semble bouger en bas, nous avançons comme en apesanteur, glissons parmi des dizaines de tableaux de Paul-Émile Borduas. Comme si ce génie savait, sans l'avoir vu en réalité puisqu'il avait pris le bateau pour traverser l'Atlantique, le dessin de nos côtes nordiques et qu'il l'avait reproduit indéfiniment sur la toile ainsi que je le vois aujourd'hui. J'assiste en plein air au vernissage posthume de mon peintre affectionné. Je rentre chez moi. L'avion vient d'amorcer sa descente. Nous atterrirons à Montréal. Je reviens de Paris.

Je viens de participer à la série radiophonique *Conversations parisiennes,* pour la chaîne culturelle de Radio-Canada. Doris Dumais, de Rimouski, en est la réalisatrice, et Monique Durand, journaliste de Toronto, joue le triple rôle de recherchiste, d'animatrice et d'intervieweuse. C'était la grande époque de la chaîne culturelle où les forces vives de Montréal, de Québec, de Moncton, de Toronto, de Rimouski ou d'ailleurs contribuèrent à la merveilleuse odyssée de cette radio publique de langue française avant que d'aveugles fossoyeurs ne viennent l'enterrer, nous faisant croire que l'ersatz de remplaçante ferait mieux et serait plus rentable, ce qui se révéla faux, c'était prévisible. On ne tue pas impunément. J'en ai déjà parlé, je me répète. En écriture comme en musique, la répétition est souvent nécessaire.

On m'avait surnommée l'Interlocutrice. Je fus de toutes les conversations avec Anne Hébert, Benoîte Groult et Nancy Huston. Les questions soulevées concernaient nos vies, nos écritures respectives ainsi que la place des voix féminines sur la scène littéraire contemporaine.

Nous étions en février 1995. Je revenais dans mon chez-moi rimouskois. Doris Dumais et moi avons pris le train de nuit entre Montréal et Rimouski, chacune dans nos « roomettes », moyen de transport que Doris découvrait, ravie — chacune à nos rêveries dans le roulis du train et le tamtam des rails.

Le lendemain soir, je donnais un cours à l'UQAR et, le surlendemain, je traversais la vallée enneigée jusqu'à Amqui où j'avais un atelier d'écriture. « Tu n'es pas fatiguée ? » me demanda ma mère après une longue conversation où ils avaient voulu, Jean-Baptiste et elle, que je raconte mon voyage à l'heure de l'apéro, qui consistait en un verre de vin pour moi, un gin tonic pour mon père et un petit porto que Jeanne sirotait en s'imaginant avoir été du voyage. Fatiguée, moi ? Je répondis : « Comment être fatiguée quand les deux plus vieilles, Anne et Benoîte, exultaient d'intelligence, la plus jeune, Nancy, brillait de beauté joyeuse. Et quand les tableaux de Borduas tout le long des côtes… » Je vis le regard de ma mère se remplir de mystères et de questions. Et je m'entendis dire ces mots : « Et puis, tu sais, comment être fatiguée quand l'amour… »

Nous vivions encore de paisibles heures. C'était avant l'arrivée fracassante de Tisiphone et Mégère. C'était le temps où nous pouvions encore causer, Jeanne, Jean-Baptiste et moi.

Je n'avais pas terminé ma phrase. Je n'étais pas prête à dire mon amour pour une femme. J'ai su après coup que cela causait beaucoup de remous. À mon âge, cataloguée hétéro depuis toujours, ça devenait insupportable pour plusieurs, y compris chez les plus ouverts, les plus progressistes, les moins homophobes de mes amis. J'ai vu de grands hétéros séducteurs ne plus me parler, certains, même, devenir méchants. À ce que j'ai d'abord senti, puis compris, et mettant bout à bout des bribes de phrases ou de comportements, j'ai vu d'anciens Casanovas qui avaient, sous leurs courtisaneries, refoulé au plus creux d'eux-mêmes une homosexualité qui revenait les hanter tel un fantôme au contact de celle que j'étais devenue. Bien sûr, ils ne le voyaient pas. En plus, je n'étais pas devenue autre. J'étais la même. C'est-à-dire que, comme nous tous et toutes, j'étais autre depuis toujours.

J'ai vu des femmes déboussolées qui pleuraient et m'aimaient encore plus, disaient-elles. Et je les crois.

J'ai vu des lesbiennes déclarées telles depuis toujours qui m'accueillaient, débordantes d'affection.

J'ai vu des lesbiennes radicales refuser ma compagnie parce que je n'étais pas une vraie, une des leurs depuis longtemps, depuis toujours.

J'ai vu des amis gays me prendre dans leurs bras, me bercer d'amour pour toujours.

J'ai vu des amis écrivains s'intéresser davantage à qui était dans mon lit qu'à ce qu'il y avait dans mon livre.

Et j'ai entendu un ami me dire, c'était Thierry qui est mort trop tôt, me citant Montaigne qui avait énoncé à ses détracteurs cette simple phrase, justifiant son amitié tendre avec La Boétie : « Parce que c'était lui. Parce que c'était moi. »

Parce que c'était elle. Parce que c'était moi.

J'ai perdu des amis et des amies qui ne comprenaient pas cette simple phrase.

Et quand je suis sortie parmi le monde avec Elle, je n'ai jamais autant vu de ma vie des tentatives de division de nous deux. Jamais autant de « triangulations », comme disent à juste titre les psys. Difficile de comprendre et d'analyser toutes ces distorsions, tous ces mystères souterrains. Pour le précieux temps qu'il me reste à vivre, je laisse les énigmes aux énigmes. Je chasse de ma vie les haines, les rejets. Et toutes les forces mortifères.

J'aime.

Je ne suis ni hétéro, ni homo, ni trans, ni trav. Et, comme tous et toutes, je suis tout ça.

Je ne fais pas de *coming out* (je déteste cette expression). Je ne sors pas d'un placard après avoir enfoui toute ma vie une sexualité que je me permettrais de vivre maintenant. Je ne respire pas mieux depuis que j'aime une personne du même sexe que moi. Je ne suis pas née l'homosexuelle que j'aurais ignorée pendant toute une vie. Je ne me définis pas, ni ne définis personne, par l'orientation sexuelle. Ou l'appartenance sexuelle.

L'explication du monde par la théorie des genres ne m'intéresse pas non plus. Je vois plutôt les *gender studies* comme un immense mur, plus solide encore que celui de Berlin, pour empêcher d'aller de l'autre côté. L'autre côté où c'est flou et multiple. Complexe et multiforme. Solaire et lunaire. Terrestre et maritime. Fuyant et indéfinissable. Suspendu comme les particules élémentaires. Rempli d'étoiles et de planètes allumées. Parsemé de trous noirs qui ne seront jamais réductibles aux éclats de compréhension que nous avons des espaces pleins.

Parce que c'était Elle. Parce que c'était moi.

Ici, exactement, quand j'ai le temps et l'âme aux noces de papier, je fais un poème.

Février 1995. Il ne me reste que quelques mois à Rimouski. Je quitterai mon petit appartement de la rue Trépanier et je reviendrai à Montréal en juillet. J'étais partie l'été de *Tu m'aimes-tu?* et je reviens l'été de *Écoute pas ça*.

Je devais donc me trouver un nouveau toit à Montréal. Il faisait chaud, très chaud, en cet été 1995. J'écumai trois quartiers : Côte-des-Neiges, le Plateau et le centre-ville. Dans l'auto sans clim, je suais à grosses gouttes et je cherchais fiévreusement. J'ai toujours détesté chercher un appartement. Pour me consoler, j'écoutais des cassettes. Je me déplaçais entre Mozart, l'*Exsultate, jubilate* surtout, et Jean-Pierre Ferland, puis le folk-country. Je tombai finalement sur un appartement d'un immeuble du centre-ville. En plein ciel, au vingt-deuxième étage. D'où je peux voir un morceau de fleuve, le pont Jacques-Cartier et les trois monts, Saint-Bruno, Saint-Hilaire et Saint-Grégoire, qui sont comme des îles flottantes quand il y a la brume. J'ai loué pour un an, le temps de chercher mieux et plus grand. J'y suis encore. Ça fait dix-huit ans.

DIX

Maintenant

Mon instrument n'était plus le noir, mais cette
lumière secrète venue du noir.

PIERRE SOULAGES

Les femmes et la guerre

Depuis 1998, année de mes soixante ans, je suis entrée dans le temps du maintenant, temps étendu qui fait cercle sous la voûte, entourant l'horizon où que je sois sur la planète. Il y a deux temps dans la vie : celui de la jeunesse où l'on vieillit un peu chaque jour sans même s'en apercevoir ; et le second, celui de la vieillesse où l'on atteint le point de non-retour. Où vieillir n'est plus ce long trajet vers sa fin. Où l'on est dedans, pleinement. Au-dedans d'un processus de vieillissement abouti. Consciemment dans cet absolu présent que l'on peut écrire ou peindre ou interpréter en musique. Parce que l'on sait ne pas pouvoir atteindre l'autre bord de ce cercle entourant l'horizon. Parce qu'il n'y a pas, jamais, d'autre côté d'horizon. Et que vouloir y plonger tout de même est impensable, infigurable et injouable, car cet autre côté du cercle horizontal serait la mort. Et que la mort ne se peut penser. Ou figurer. Ou jouer. Juste la supposer implique ce seul choix : élire domicile à l'adresse du présent.

Dans ce présent qui est à la fois cadeau et modalité du temps habite donc un passé, plein lui aussi et le dos chargé de souvenirs. Ces derniers, grouillants, indisciplinés, arriveront en vrac ou l'un après l'autre selon les caprices de la mémoire et feront les délices du peintre, du musicien ou de l'écrivain qui vivent la vie de tout le monde, est-il nécessaire de le rappeler. Paradoxalement, ce présent plein n'est pas opaque. Il laisse filtrer une multitude de rêves, de projets d'avenir même, car la raison du temps d'avant la mort n'est ni logique ni raisonnable. L'imagination est là qui veille au grain des jours. On a beau savoir d'une science mathématique, je dirais, qu'il reste moins de jours à vivre qu'il y en eut de vécus, on est pris dans la roue des desseins, des programmes et des utopies, roue qui parfois s'emballe avec son attelage et que l'on doit retenir à tout bout de champ, comme à dix ans quand le temps devant soi était si immense dans ses promesses des mille vies possibles qu'on ne s'y arrêtait même pas pour y penser et s'en délecter jusqu'à ce que toute la brouette grince et tombe à la renverse avec vous dedans qui, jusque-là, n'aviez été que dans la pure jouissance des choses avançant vers là-bas, vers plus loin, vers ailleurs. Vers une vie en mouvement et que le mouvement recréait.

De surcroît, à cet âge final, on s'aperçoit que le temps passe plus vite. Comme Frida Kahlo, à la toute fin de son journal, on ne peut que se dire « J'espère que la sortie sera joyeuse ».

Élire domicile à l'adresse du présent. Qui n'est pas seul. Mais chargé d'histoires passées et de rêves d'un à-venir imaginaire.

Alea jacta est.

*   *   *

C'est assez tôt après ce constat de sortie de piste de cette vie tant aimée qu'arriva, jetant aux oubliettes la tristesse du constat et son double inséparable, la conscience à vif — telle une brûlure — de l'absurdité d'une vie née pour mourir, l'une des aventures les plus extraordinaires de ma vie : celle qui se traduisit par deux livres, *Les Femmes et la Guerre*, essai composite, et son autre versant, écrit sous le mode de la fiction, *Je m'appelle Bosnia*. Le premier fut écrit en 1999 et publié en 2000. Ce livre s'écrivit rapidement, dans la vitesse et l'étrangeté des voyages à travers les Balkans, le Proche-Orient et l'Orient lointain ainsi que des retours constants à Paris où se trouvait notre camp de base, à ma collègue et amie journaliste Monique Durand et à moi-même. Dans le XXᵉ arrondissement que nous découvrions avec bonheur chaque fois que nous y revenions.

Les pays parcourus, les campagnes, les paysages et les ruines constituent, avec les personnes que je revois au fond de ma mémoire, autant de personnages filant l'ouvrage d'écriture que les réminiscences des contrées et des livres déjà visités.

Le roman *Je m'appelle Bosnia* mit beaucoup plus de temps à s'écrire et parut en 2005.

La qualité d'une écriture n'est pas tributaire de la lenteur ou de la vitesse de son exécution. Comme en musique ou en peinture, chaque composition impose son espace et son temps. La phrase sur la page, les notes sur la portée ou le coup de pinceau sur la toile peuvent naître comme la flèche ou l'éclair et s'être nourris de l'infinie lenteur d'un temps de gestation. Le contraire est aussi possible. Une conscience à vif et acérée ayant pulvérisé l'instant il y a des lunes peut mettre des années à se manifester par éclats multiples à travers les tableaux, les pièces musicales ou les livres comme autant de sables aurifères parcourant les sous-sols d'une œuvre d'artiste.

En France et en Suisse, il y eut une exceptionnelle fête médiatique, presse écrite, radiophonique et télévisuelle réunie pour ce livre *Les Femmes et la Guerre*, de sorte que j'ai cru un moment l'aisance financière enfin venue. C'était sans compter sur le jeu salonnard que je n'ai jamais voulu jouer ni sur la franchise, une qualité souvent néfaste, qui me fit avouer dans une interview que, oui, certains personnages avaient été inventés — quel affront pour un genre, le documentaire, qui se veut, et généralement se croit, objectif! Le terme *docufiction* n'était pas encore au goût du jour. Et il n'était pas encore admis ou compris qu'une meilleure vérité peut en certains cas s'atteindre grâce au recours à la fiction. Comprendra-t-on jamais qu'en écriture le sas de l'imaginaire est un passage obligé?

Au Québec, la réception faite aux deux livres fut grandiose. Plus chaleureuse encore pour *Les Femmes et la Guerre*. Le courage, disait-on, qu'avaient exigé ces parcours en des pays dont le sang des guerres était encore chaud et les ruines encore fumantes, cette vaillance et cette intrépidité qu'on nous prêtait bouleversaient tous ceux-là que nous rencontrions. Ma collègue et amie journaliste, véritable ouvrière de tous ces voyages ainsi que de l'agenda des rencontres — de victimes, de témoins et de spécialistes de la violence faite aux femmes dans les conflits —, avait produit, au retour, une série de dix émissions radiophoniques qui furent diffusées à la défunte chaîne culturelle de Radio-Canada de même qu'un peu plus tard dans le cadre de la Communauté des radios publiques de langue française (CRPLF). Tandis que moi, j'avais fait un livre de ces péripéties.

Cet accompagnement sur des terrains plus ou moins dangereux de deux femmes étonna et captiva. Nous fûmes toutes deux surprises de l'accueil enthousiasmé. Et savions aussi que ce que l'on prenait pour du courage — et parfois pour de la témérité — n'avait été pour nous, et ce, depuis la question même de ce projet, que le simple désir de comprendre les pensées et les sentiments, les implications et le rôle des femmes dans ce sempiternel drame humain qui s'appelle guerre. Nous voulions saisir ce qu'avaient à exprimer les femmes rencontrées sur cette tragédie humaine qu'elles avaient traversée. Nous voulions comprendre, mais avec elles, leur intelligence de la chose guerrière. Leur regard, complexe et diversifié. Étaient-elles victimes seulement ? Ou complices parfois dans ce déploiement d'une pulsion de mort en acte clouée inéluctablement à la paroi des chairs et des mémoires de vengeance, blessures millénaires souvent qu'elles osaient entrapercevoir à travers des éclats de lucidité les broyant ? Et pulvérisant nos consciences à toutes deux ? Depuis les toutes premières intuitions, autour de 1997, que nous avons lentement formulées, dans de multiples conversations, discussions et dans l'étude de la documentation qui nous fut accessible, et selon notre intelligence à chacune de la place des femmes dans la guerre, nous n'avons cessé de poser des questions. Et souvent, ce sont des énigmes qui furent nos seules réponses. Nous avons travaillé avec elles.

Je fais partie de ces rares écrivains qui lisent les critiques et apprennent d'elles. Je les considère même comme des suites organiques de mes livres. Elles m'ont toujours permis, par le retour-amont qu'elles proposent, de retrouver mon chemin d'écriture. De reprendre la plume ou les touches du clavier. Et d'écrire encore. Mieux. Et plus loin. Les critiques qui furent de vraies lectures m'ont aidée.

Écrirais-je sans elles ? Probablement. Puisque rien, même le silence des échos, ne pourra jamais m'abstraire des mots qui font les livres et me permettent de comprendre autrement le monde.

Quant aux mauvaises critiques, il faut seulement les balayer sur le chemin comme autant de cailloux que le pied nonchalamment dégage en avançant. Et les méchantes critiques ? Puisque toujours, et plus encore face au succès, certaines s'y glissent. Que faire alors ? Les roches étant avec elles devenues rochers, tout simplement changer de trajet.

Nous sommes le 3 juin 2012. C'est dimanche. J'ai lu hier avant de m'endormir cette phrase extraite du très beau petit livre de Laurent Gaudé, *Les Oliviers du Négus* : « Il n'y aurait pas de place dans ce monde de tourments et de lutte pour les vieillards moribonds. »

Je me suis réveillée au son de la petite cloche du Bon-Pasteur qui tintait assourdie dans la ville, sous la nappe de gris nuages compacts — on l'entend mieux les dimanches où se sont tus bruits des commerces et tintamarre des camions.

La nuit, j'avais rêvé de ma mère, si vieille et tremblotante de fièvre et de froid, que je soignais en me demandant comment il se faisait qu'elle n'était pas encore morte. Non loin d'elle se trouvait Jean-Jacques Brochier. Dans les vapeurs de l'entre-deux-rêves, je me demandais aussi comment il se faisait que ces deux-là se retrouvaient ensemble, l'une morte en décembre 1996 et l'autre, en octobre 2004 qui, de plus, de leur vivant, ne se connaissaient pas.

Ils étaient ensemble par l'amour qu'ils m'ont porté, chacun, et par l'amour que je leur ai rendu à chacun. Par l'incalculable tendresse délivrée de toute incendiaire passion qui caractérisait ces amours-là. Et par l'espèce de croyance aveugle que chacun d'eux nourrissait, sans trop le dire, en la valeur de ma propre écriture.

Je me suis souvenue au réveil de ma dernière rencontre avec Jean-Jacques. C'était au printemps 2004. Il se savait atteint d'une maladie dont il ne se remettrait pas et ne m'en avait rien dit. Nous étions à sa table d'un petit restaurant de Saint-Germain-des-Prés, dont j'oublie le nom. Il m'avait invitée à déjeuner, comme il le faisait chaque fois que je me trouvais à Paris. Je n'ai oublié aucune des phrases échangées cette fois-là. J'ai oublié le nom du restaurant mais aucun des propos. On a les mémoires qu'on peut. L'hypermnésie est aussi néfaste que l'amnésie. Les deux empêchent les souvenirs de respirer.

En posant la main sur mon avant-bras, vers la fin du repas, il m'avait demandé si ma santé était bonne. La phrase peut sembler banale, mais l'intensité de son regard et de sa voix ne l'était pas. Les dernières phrases des vivants, on les entend toujours mieux après leur mort quand on sait justement que ce sont les dernières. J'avais répondu oui légèrement, ne sachant pas que mon oui tombait dans l'oreille d'un condamné.

Nous étions tout près de Grasset, sa maison d'édition depuis toujours. On l'avait viré, disait-il, comme de la direction de son *Magazine littéraire*. De jeunes loups affamés des viandes du pouvoir l'avaient largué, sans autre procès. Il était seul. Seul comme un vieillard fini qui ne servira plus personne et qui ne servira plus à rien dans la chaîne des bâtisseurs de gloires et de renommées. Seul, irrémédiablement seul comme tous les vieillards finis dont on ne peut plus se servir. Et pourtant, il n'était pas plus vieux que moi. Nous avions le même âge, mais Jean-Jacques était devenu déjà ancien par la mort qui rôdait, toutes les morts humaines, et par la sienne propre.

Les visages que les vieux donnent à la mort effraient. Alors, on les cache. Pendant qu'on les relègue derrière le rideau de la grande scène de la vie, les vieux s'amusent à délirer en compagnie des étoiles.

Ce midi-là, je parlai à Jean-Jacques de mon roman pour lequel je cherchais fébrilement un titre depuis des mois. Sans hésiter, après m'avoir entendue en raconter l'histoire, il me donna ce titre, qui demeura : *Je m'appelle Bosnia*.

(Je viens d'aller marcher. La mémoire est une vraie passoire qui fonctionne par trouées lumineuses sur fond d'opacité : le nom du restaurant où Jean-Jacques m'invita à déjeuner, ce mardi 30 mars 2004, m'est revenu soudain. Il s'agissait du *Perron*, rue Perronet, près du boulevard Saint-Germain.

J'y suis retournée après avoir appris la nouvelle de sa mort, mais n'ai pu y entrer. Quelque chose me retenait dehors, la même chose m'ayant retenue, rue Mouffetard, devant le bistro *Le Verre à pied* où j'allais le midi avec l'ami Thierry Hentsch quand, en 2004, année précédant sa mort si rapide, le sort avait voulu que nous habitions la même rue du Fer à Moulin, à quelques maisons de distance, et que nous nous rencontrions, chez l'un ou chez l'autre ou bien dans les lieux du voisinage qui nous inspiraient : marchés, églises pour les concerts de musique sacrée et parfois, le midi, quand nos écritures respectives avaient bien commencé en cours de matinée, au *Verre à pied*, son bistro préféré.)

* * *

Comme je voulais parler en même temps de ces deux livres sur la guerre des femmes, j'ai sauté des années. J'aimerais y revenir. Retourner même en amont.

Après la mort des parents, les adieux à la grande maison qui fut vendue, les objets tant bien que mal partagés, le testament exécuté et un certain calme revenu dans notre famille éclopée, je vois maintenant que je n'aurais sans doute pu survivre sans cet amour rempli de bonheurs et de joies, comme le sont toutes les grandes amours naissantes. Quand ces amours éclosent sur les cendres encore fumantes d'un passé éteint, soit elles disparaissent assez vite et se volatilisent en fumée, soit elles deviennent ferment d'un nouveau chapitre d'une histoire qui mettra le temps qu'il faut à creuser ses racines. Ces dernières se matérialiseront au gré de chacun. Dans mon cas, ce gré s'appelle écriture.

Je vois maintenant que les guerres lointaines et étrangères furent, à mon insu d'abord, une façon de comprendre, d'acclimater si je puis dire, les petites guerres toutes proches qui se vivaient au sein de la famille — et au plus intime de nous-mêmes. Il aura fallu le déclin, puis les agonies conjointes, puis enfin la mort de nos deux géniteurs, mère et père, pour que le brasier des passions mortifères s'allume. Les guerres surgissent toujours d'une mort annoncée.

Je vois maintenant qu'entre *Le Deuil du soleil,* livre de requiem collés aux disparitions d'êtres chers, et *Les Femmes et la Guerre* (avec *Bosnia,* son double fictif), j'avais, sans le savoir consciemment, demandé à la terre une trêve, une pause, et m'étais reposée dans une conversation avec les éléments en écrivant *Rêve de pierre,* rédigé entre 1997 et 1999, année de sa publication.

Cette écriture est une rêverie plutôt qu'une réflexion. Au sens bachelardien, la rêverie n'exclut pas la pensée, elle en est même son fondement. Écrit la plupart du temps dans ce pays nord-côtier gaspésien creusé abruptement entre rochers de la montagne et rochers maritimes sur lesquels se sont déposées depuis des millénaires les inscriptions laissées au hasard du silex des ans, sillons obscurs ou bien lumière des poussières micacées, galeries de schiste où s'entassent d'étranges dessins d'animaux fossilisés et s'abîment d'antiques légendes oubliées. Je me souviens des heures de marches et d'escalades, respirant à grands poumons l'iode et le sel des vagues, tentant de décoder ces souvenances de siècles entêtés à survivre, y voyant parfois des guerriers assassins, des loups rôdant à travers les ossements d'hommes, de femmes et d'enfants. Venues du large, j'entendais les musiques du vent s'infiltrant parfois dans le rideau de bruine ou disparaissant, enfoncées dans le brouillard sourd.

Je m'arrêtais souvent, sortais du ciré mon carnet. Et je notais au fil des découvertes.

Un jour, je n'eus plus rien à écrire tout en sachant que le livre n'était pas terminé. Je le laissai reposer, lui aussi. J'attendis.

Je me disais que ce livre était le dernier d'une série où se rêvent la matière et les choses. Tout avait commencé avec *Pensées du poème* (1983), s'était poursuivi dans *La terre est remplie de langage* (1993) et se terminerait par celui-ci, *Rêve de pierre*, qui, pour le moment, n'avait plus rien à dire.

Puis, un jour, revenant d'une promenade sur la grève, j'entendis la musique du livre. Au complet, le rythme, la scansion et la tonalité de la quatrième et dernière partie du livre, « Lecture des pierres », m'étaient donnés. Je me précipitai dans la petite maison, à ma table d'écriture donnant sur la grève et la mer, et j'ouvris mon cahier. La musique était là. Il me fallait trouver les mots qui s'y ajustent. Les mots vinrent, tout seuls on aurait dit, ainsi va la poésie.

Je pensais au magnifique poème d'Aragon, *Tu n'en reviendras pas,* qui se termine par ces mots : « Déjà la pierre pense où votre nom s'inscrit / Déjà vous n'êtes plus qu'un mot d'or sur nos places / [...] Déjà vous n'êtes plus que pour avoir péri. » Les mots d'or brillaient au soleil couchant. Ma place était aussi vaste que toute la Gaspésie. J'avais inscrit là, parmi d'autres sur les pierres, les noms fictifs de Jeanne et de Jean-Baptiste.

J'avais outrepassé les affres des outrances et souffrances familiales. J'avais créé. Sublimé.

Ce fut mon dernier livre de poésie.

* * *

Si j'écrivais toutes les fois où je me suis arrêtée d'écrire ce présent livre, doutant de sa nécessité, j'en aurais fait un autre livre. *Le Livre des questions,* comme autant de négatifs de ce qui ne fut jamais développé. *Le Livre du doute,* plus précisément, où la belle assurance du début qui osait croire suivre les pistes d'un Montaigne imaginaire s'était évanouie. *Le Livre de la perte des croyances,* où un Dieu inventé, engendreur de l'autobiographie, se serait éclipsé à jamais.

Puis, au matin, il y a une évidence. Comme ça, un rayon perce le banc de brume. Vous devez poursuivre, ne plus poser de questions, pas trop en tout cas. Continuer de tremper votre plume dans l'encre des souvenirs. Aucune pièce à conviction nouvelle ne vous percute. C'est une « salve de preuves », comme l'écrivait de la poésie René Char, vous devez vous en tenir jusqu'à la fin à ce que vous avez commencé, cette autobiographie sans laquelle vous disparaîtriez de cette vie. Vous n'avez pas le choix. C'est une question de survie.

Alors vous reprenez la route avec votre barda dont vous sortez de temps en temps une histoire, un autre événement qui n'a pu se vivre autrement qu'en vieillissant avec votre personne dans le terreau de l'écriture, récit, mythe, rêve ou poème. Vous êtes riche de cette matière, c'est même votre seule richesse. Autrement, vous le savez, vous êtes pauvre comme Job, toujours dans les vaches maigres. Vous n'aurez jamais la maison, le jardin et le piano de vos rêves. À part les êtres que vous aimez, votre seule richesse s'est échouée dans vos mots d'écriture — et parfois de parole.

Comme ce matin dans le rayon traversant votre demeure après des jours de pluie et de vent, vous avez été ramenée vers semblable rayon qui avait baigné d'une cloison à l'autre ce gîte provençal que vous avez habité une année, à Cucuron dans le Luberon, adossé à la petite chaîne de montagnes qui file jusqu'à Manosque et jusqu'à Sisteron et d'où vous pouviez apercevoir par temps clair la montagne Sainte-Victoire, toute bleue, elle, alors que vous, vous étiez dans le mauve du Grand Morne, les pieds sur le sol crépitant d'herbes fines à cuisson qui poussaient là depuis toujours. Vous aviez été cette fois-là dans le même rayon que celui de ce matin, à Montréal, le même faisceau de lumière caressante parce que, d'un pays à l'autre, c'est le même soleil.

C'était l'année 2001, celle de l'intense promotion des *Femmes et la Guerre.* J'ai passé des mois en allers-retours, à prendre le TGV à Avignon, puis à Lyon, pour Paris, Genève et Bruxelles, pour Toulouse et Bordeaux, et pour un retour au Liban, en avion. Il y eut aussi Oslo où le vin ne coulait pas mais la bière avec ses repas sages ; Oslo et son parc de Frogner avec les sculptures majestueuses et tristes de Gustav Vigeland ; ses bateaux de Vikings que l'on eût aimé prendre jusqu'en Laponie, à partir du sud-est, au fond de l'Oslofjord en traversant le détroit Skagerrak. Où l'on voyait le soir dans les rues des hommes aux joues roses, soûls et qui battaient leurs femmes ; où l'on assista au concert, à la Galerie nationale, toute l'assistance se leva en bloc, religieusement, quand entra la reine habillée en jeune fille rangée, Sonja Haraldsen, première dame de Norvège.

L'année où chaque voyage aux alentours devenait un pèlerinage. Aix-en-Provence, à une heure de route au sud, où le moindre carrefour me ramenait à l'année 1962-1963 où, enceinte, je m'y promenai, les mains protectrices sur le ventre couveur et, après l'accouchement, avec bébé Charles en poussette quand nous faisions nos courses, rue des Italiens, et que nous descendions par la fontaine des Quatre-Dauphins pour remonter par le cours Mirabeau et notre rue, boulevard du Roi-René, où notre maison était restée la même, comme d'ailleurs tout le vieux-Aix, et quand j'aurais pu chaque fois embrasser les deux blocs de pierre grise tenant lieu de marches donnant accès à l'entrée, d'où je serais montée au « grenier converti », mais sans mon bébé cette fois, et, comme à la fontaine où l'on se reposait, pleurer à chaudes larmes. Mais je n'étais pas triste — j'étais heureuse en ces lieux et si amoureuse —, je me trouvais juste remuée par un passé, heureux lui aussi, ainsi va la nostalgie.

L'année où je revis Manosque et fus prise par la même douce mélancolie dont les remémorations ramènent les mêmes bonheurs d'avant parce qu'aujourd'hui où je m'y retrouve c'est encore le bonheur qui m'emporte.

(Ce Manosque retrouvé, je l'ai écrit dans la deuxième partie de *Bosnia,* quelques années plus tard.)

Quant à Sisteron, nous y sommes passées, en route vers le col de la Croix-Haute et vers Grenoble où j'allais rendre hommage à mon aïeul diagonal Stendhal. Mais Sisteron aussi pour une phrase lue dans un poème de l'ami Paul Chanel Malenfant : « Nous reviendrons à Sisteron. »

L'année où j'écrivis *Mémoires d'enfance,* à la demande de Victor-Lévy Beaulieu qui voulait créer une collection, « Écrire », dans laquelle plusieurs écrivains raconteraient, en cent pages maximum, me précisa-t-il dans une lettre, « le pourquoi et le comment » de leur écriture. J'ai aimé cette demande de l'éditeur-écrivain qui voulait que d'autres écrivains honorent ainsi sa petite maison devenue grande, les éditions Trois-Pistoles. Dans ces fragments de mémoires d'enfance, je poursuivais, mais sous une forme plus élaborée, ce qui avait été commencé avec *Là où les eaux s'amusent.* Il s'est agi pour moi, dans les deux cas, d'écrire les moments clés (les *kairos*) de l'enfance où viendront se greffer les toutes premières boutures de cet imaginaire d'écriture. Comme autant d'éclats d'autofiction fondateurs des livres qui jalonneront toute ma vie, jusqu'à celui-ci.

Haute montagne

Jeune, j'avais rêvé de haute montagne, d'escalade et de campements sauvages où nous mangerions du pain perdu trempé dans des bols de lait de chèvre fumant. C'était l'époque où je lisais les livres de la collection « Signe de piste » du père Hublet, jésuite qui a enchanté une génération de catholiques pré-médias sociaux. À treize-quatorze ans, j'avais un tel amour de la nature que je m'y collais, m'y fondais, m'en imbibais même, sans penser à rien quand j'étais dedans. Nous nous levions parfois en pleine nuit, mes amies et moi, pour nous en aller voir, du haut des collines inhabitées entourant le village, les étoiles briller, puis disparaître, et apercevoir le soleil se lever à la cime des arbres. Nous avions quitté nos maisonnées à l'insu de nos mères, et là, données entières à la beauté des choses, en silence, nous exultions en croquant nos pommes dont les sons rejoignaient les premières notes des oiseaux s'éveillant au jour, comme nous, enivrés.

Chacun de ces moments volés au temps de la vie normale des lits et des maisons me replongeait dans mon fou désir de partir. Partir ailleurs dans le monde, partout où la beauté sera belle et grande, la grandeur. Partout où la nature se réveillera toute fraîche du grand silence des nuits. Partout où le réveil se souviendra du rêve des étoiles. Partout où les rumeurs de l'aube se feront entendre à l'oreille absolue de qui s'y donne et capte.

J'y étais aujourd'hui, en haute montagne. En remémoration. En Savoie. Dans un village bâti sur d'anciennes ruines de pierres médiévales, perché à mille deux cents mètres d'altitude au-dessus de la vallée de la Maurienne et d'où nous apercevions les pics enneigés, dont celui du mont Blanc.

J'étais là, en chair et en os, dans ce lieu mille fois imaginé à treize-quatorze ans et, comme toujours, la réalité dépassait la fiction. Sauf que ce réel était plus grandiose encore du seul fait d'avoir été traversé par les strates d'inventivité de la fiction.

Nous habitions l'une de ces ruines médiévales que des amis retapaient patiemment et avec intelligence de sorte qu'une maison surgissait — il n'y en avait que trois, au village —, témoin à elle seule de deux époques, et si ses murs avaient pu parler, nous aurions entendu dévaler des versants et des escarpements des troupeaux d'humains et de bêtes, des soldats déguenillés revenant de guerres perdues et d'autres, hirsutes dans les criques, résistants têtus, se cachant des conquérants assoiffés de sang. Ou entendu des mères hurler sous les coups au ventre du travail de l'accouchement suivis des vagissements de leurs rejetons gluants. Nous aurions entendu les cris d'urubus noirs géants venus se régaler des restes placentaires, puis filer dans un sifflement lugubre entre les parois de ces contreforts inamovibles comme il nous arrivait d'en discerner certaines nuits.

Une amie de cette famille de re-bâtisseurs nous a prêté à quelques reprises cette maison dont les murs parlaient. Nous nous promenions par les sentiers escarpés que les pas séculaires avaient tracés. Entourées du mur circulaire des montagnes dont l'adret ou l'ubac disait l'heure sous le soleil, à l'affût du moindre bruit venu de la vallée, en bas, ou encore d'autres villages invisibles indiquant leur présence par des tintements de cloches, bourgs éloignés ou tout proches selon l'intensité et les répercussions du son. Imprégnées aussi par les bruits tout autour : ronflement d'un animal inconnu, bourdonnements d'insectes irrepérables, bruissements de feuilles et d'ailes, clapotis de quelque source cachée et clameurs des échos de partout venues de toutes les montagnes ensemble.

Parfois, nous entendions les clochettes des troupeaux, de vaches ou de brebis, descendant d'un village à l'autre, commandées par un éleveur à la voix flûtée et appuyées par les jappements, qui nous semblaient heureux, d'un chien.

Dans cette solitude peuplée, nous étions seules sans l'être vraiment. Sur fond de grand silence qu'on aurait dit immuable et teinté d'éternité, la montagne nous donnait les musiques en sourdine et les mots pour écrire. Le grand silence de la montagne rencontre, dans des espaces infinis que l'écriture tente d'explorer, la polyphonie de l'océan. Deux confins de la terre que l'on pourrait croire surhumains que des humains pourtant se sont leur vie durant dédiés à maîtriser, sinon à vaincre : alpinistes prêts à y laisser leur vie et navigateurs déterminés à parcourir les mers, de bout en bout, d'eaux en eaux et de port en port, pour qu'un jour on puisse dire : « Tu as exploré par ses eaux la planète entière, toi marin, découvreur, géographe et explorateur de continents nouveaux, nous t'honorons à ta juste et haute valeur. »

Habituée que j'étais aux musiques des mers que j'avais connues et aux sons, que je dirais normaux, d'une douce vallée, ses collines, ses feuillus, ses champs de céréales, ses petits troupeaux bien en vue, mugissant, caquetant ou miaulant non loin des étables, des poulaillers et des maisons remplies d'humains à qui chacun de ces animaux familiers appartenait, la première nuit passée en haute montagne m'a sidérée. Son grand silence m'a tenue éveillée jusqu'à l'aube, jusqu'à ce que les choses du dehors et du dedans reprennent leurs dimensions coutumières, du moins coutumières en ces lieux d'étrangeté ultime.

Je m'étais d'abord endormie en allant au lit. Peu de temps après, c'est le noir tout-puissant qui me réveilla. Je me levai, fis quelques pas et me rendis à la fenêtre. Face à moi, je distinguai une masse immobile qui barrait l'horizon, comme une muraille, et si haute qu'il m'était impossible d'apercevoir un bout de ciel. Aucune lueur non plus d'une lune ou d'étoiles, je cherchai, ne vis rien d'autre que cette barrière qui nous encerclait. Je mis du temps à comprendre qu'il s'agissait de la montagne d'en face, ce massif dont nous étions prisonnières et que la nuit profonde révélait dans sa véritable démesure. J'étais dans le noir de la peur, comme enfants quand nous nous donnions la peur du noir en nous glissant, à l'insu des adultes, dans le grenier sans électricité et dont les fenêtres, bloquées par des objets hétéroclites et méconnaissables, laissaient à peine entrevoir les filets d'une voûte opaque.

Je mis du temps à apprivoiser la haute montagne. Je compris tranquillement que je ne devais plus l'aborder de face. Il y a des milliers de sentiers creusés entre les pierres depuis des siècles. De temps en temps, il faut en prendre un, puis un autre, le descendre ou le monter par autant de promenades qu'il y eut d'humains pour ouvrir un chemin, suivre ces traces qui conduisent toujours (ou presque) à des repaires familiers : chapelle, abreuvoir pour les animaux ou tout simplement aire d'arrêt où l'on peut contempler sur des bancs naturels, grosses roches plates lissées par le temps et d'où l'on voit ce que d'autres avant nous ont vu en désignant sans mots cette aire de repos : les montagnes qui se déploient à trois cent soixante degrés tout autour, jusqu'aux plus hautes, au loin, qui se révèlent encore plus solennelles que les nôtres, ou encore, en plongée, quelque lac émeraude que l'on regarde, fasciné, où l'on voudrait descendre, toucher l'eau, s'y baigner, mais c'est si loin. C'est peut-être dangereux, songe-t-on, au moment où un aigle royal monumental traverse une ligne imaginaire entre deux monts, plonge dans notre lac paisible avec des éclaboussures d'ailes et d'eaux.

Un jour, je compris pourquoi les moines et moniales construisaient leurs abbayes, monastères et ermitages en haute montagne. D'abord parce qu'ils se croyaient là plus près du ciel, de Dieu et de ses habitants, la voûte céleste ayant toujours été perçue comme le rez-de-chaussée du vrai ciel divin. Ensuite parce que le grand silence des hauteurs facilite le silence mystique d'où les prières et les chants peuvent s'envoler, libérés de la cacophonie humaine, vers la voûte et s'y blottir en attendant le grand jour du passage à la vie éternelle.

Les moines et moniales ont laissé aux navigateurs le chant des sirènes maritimes.

Vivantes

Un jour de juillet 2002, je reçus un appel, en Gaspésie où je me trouvais pour l'été, du responsable des Prix du Québec. On venait de me décerner le prix Athanase-David. J'étais heureuse comme je l'ai été lors des grands jours de ma vie. J'éprouvais un triple sentiment : de joie pour cet honneur que je recevais avec grâce ; de reconnaissance à l'endroit de tous ceux, membres du jury ou collègues qui avaient présenté le dossier de candidature, tous ceux et celles qui avaient cru au mérite de ce cadeau ; de fierté aussi à l'endroit de mes ancêtres reposant tous dans ces terres, de Québec et de l'île d'Orléans, de la côte de Beaupré et des villages du Bas-Saint-Laurent et de la Gaspésie.

Je trouvai étonnant ce dernier sentiment, comme si j'avais porté en moi, et au cœur même de mon écriture, ces ascendants venus de France il y a si longtemps, pionniers qui avaient trimé dur, s'étaient arraché l'échine pour défricher les terres, abattre les arbres, construire des maisons, tracer des routes et plus tard, quand ils en eurent les moyens et le temps, étudier, dans les petites écoles ou dans les pensionnats. J'étais fière aussi pour ces femmes qui, souvent dans la misère et toujours dans la douleur, avaient mis tant d'enfants au monde, jusqu'à moi. Je pensai très fort à celles que j'avais connues, mes grands-mères et ma mère, mes tantes et toutes mes cousines, les plus riches et les plus modestes, les instruites et les ignorantes, les toutes sages et généreuses, je pensais à elles et les remerciais de ce cadeau.

Je fis alors une promenade au bord de l'eau. Je les revis toutes et tous, ancêtres et vivants, et leur rendis, émue, cet hommage silencieux de gratitude et de reconnaissance que l'on confie au large tel un don secret qu'emportent les vagues.

J'avais éprouvé ce même sentiment de proximité avec mes ascendants lorsque ma ville d'Amqui, en 1998, avait nommé sa bibliothèque municipale de mon nom. Quand j'y retourne et que je vois ce nom en lettres de fer forgé sur la façade, je suis intimidée et émue et n'ai qu'un seul désir : retourner à cette terre d'origine quand je mourrai.

Et quand, plus tard, je reçus cet autre prix, de Roumanie cette fois, le Ronald-Gasparic, du nom de ce jeune écrivain assassiné à vingt et un ans par la dictature, ne connaissant personne de ce jury, ni de là-bas ni d'ici, je l'accueillis bien sûr avec joie tout en éprouvant cette émotion de fraternité lointaine, d'étrangère proximité avec la poésie d'un jeune poète sacrifié. Cette fois, j'eus le sentiment d'appartenir concrètement à la « communauté inavouable » dont parle Maurice Blanchot, avouée ici par un don venu de l'ailleurs que la poésie, la sienne, la mienne, rapprochait.

(Allant marcher après cette nouvelle, mais dans les rues de la ville, Montréal où je me trouvais, je pensai, tout en rêvant que je pourrais aussi être inhumée en Roumanie, combien étaient chanceux les croyants : à ma place, ils se diraient que nos ancêtres sous-terre-et-au-ciel seraient en train peut-être de converser avec ce jeune poète inconnu qui leur avait été présenté par la magie d'un jury roumain ayant lu la poésie de leur parente encore vivante.)

J'ai toujours reçu avec joie les honneurs et les hommages rendus à mes écrits. Je ne fais pas partie de la confrérie des humbles. Je dis confrérie parce que les humbles proclamés sont des hommes, écrivains respectés, célébrés, glorifiés même, qui, à chaque laurier, médaille ou prix reçu, n'oublient pas de rappeler à tous leur modestie. Qui se citent entre eux, se congratulent, c'est une confrérie, vous dis-je, une association de frères effacés dans la notoriété, fin paradoxe qui en éblouit, c'est-à-dire en aveugle, plusieurs.

Ce rayonnement des humbles, sauf exceptions rares et notoires, échappe aux femmes. Comment voulez-vous que leur effacement historique (et millénaire) des grandes œuvres de l'humanité entière leur ait permis de cultiver l'humilité? Ayant atteint les grandes scènes du monde depuis à peine un siècle, elles s'appliquent lentement, et parfois gauchement, à cultiver amour-propre et fierté, ont peu de temps ou d'envie pour joindre la confrérie des humbles. D'ailleurs, ces pairs voudraient-ils de nous dans leur cénacle qu'insoumises nous nous éclipserions en douce aux premières pétitions de fausse modestie et de vraie superbe qui les animent.

À l'opposé de cette confrérie, il y a les amants des feux de la rampe. Solistes énamourés de leurs succès, défricheurs des chemins menant à la gloire, ils sont de toutes les scènes publiques et affichent sans complexes arrogances et vanités. On les entend partout. Ils ne cessent de cultiver les jardins de la renommée. Ils sont écrivains eux aussi, mais au bout du compte, les ayant trop vus, on ne les lit plus.

Les femmes écrivaines ne risquent pas non plus de joindre cette jactance. Sauf exceptions, encore une fois.

J'ai quelques amis chez les écrivains de la confrérie des humbles. Il me serait plus difficile d'en trouver chez les amants des feux de la rampe qui, de façon générale, m'insupportent.

Il est difficile pour nous, femmes, et pour moi-même de

trouver le juste équilibre en cette matière de légitimation sociale d'un métier qui nous est cher.

Comme nous toutes, j'appartiens à cette lignée d'humaines de l'ombre. De cette lignée absente des pouvoirs : de régner, de gouverner, de naviguer, conquérir et découvrir, d'être guerrière, philosophe, écrivaine. Je n'étais pas dans la représentation du pouvoir et de la sagesse. Encore aujourd'hui, quand on pense sages, ou commissaires d'états généraux, on repère d'abord les voix graves et les tempes grises. On ne pense jamais funérailles nationales pour les femmes qui ont écrit. Ou chanté. Ou peint. On n'a pas l'habitude. Étant mâles, on peut se payer le luxe de se penser humbles. Les femmes n'ont pas ce loisir. Pas encore.

Je suis de cette lignée de l'ombre. Le danger qui nous guette, nous, femmes écrivaines — comme d'ailleurs toutes celles qui œuvrent publiquement —, c'est l'envie, communément appelée la jalousie. Dans la sororité historique des obscures, on a appris la méfiance et la rivalité. À peine parvenue à la reconnaissance de soi, il nous est difficile de fonder entre nous des alliances, fussent-elles silencieuses.

Au cours de la décennie 1970, nous avons tenté ces solidarités nouvelles. Incapable de lire chacune de nos voix, la critique nous a enfermées dans une catégorie nommée « Les Féministes » qui a fait long feu dans les anthologies et les manuels. Dans les livres d'apprentissage de la littérature québécoise, les chapitres « Écritures féministes » ou « Écritures féminines » (avec leur variante « Écritures au féminin ») ont duré une dizaine d'années. Non seulement la catégorie générique niait la spécificité et l'originalité de chacune des voix de ma génération d'écrivaines, mais, dans les manuels d'enseignement de niveau collégial, elle disparut vite fait pour être remplacée par le chapitre « Écritures migrantes ». Je n'ai rien contre la lecture des écrivains et écrivaines venus d'ailleurs.

Seulement, comme pour les femmes, les caser dans une catégorie fixe et stable peut empêcher la connaissance des voix singulières et des imaginaires particuliers.

La pluralité de ce qui est révélé dans les livres de fiction ou de poésie permet de recomposer à la lecture la polyphonie d'écritures multiples, issues-d'ici-venues-d'ailleurs, qui ont pour ultime finalité — consciente ou pas chez l'écrivain, l'écrivaine — de redonner au monde une vérité (des vérités) impossible à cerner sans elles.

Pour saisir cette pluralité, encore faut-il avoir fréquenté les livres dans leur singularité. Ne pas étouffer ces derniers dans des catégories pédagogiques et critiques qui nient, de chacun, l'originalité. Ne pas réduire non plus les lectures aux appartenances sexuelles et géographiques. Comme institution, la littérature est nationale, tributaire d'une nation, d'un peuple et d'une aire géographique. Tandis que l'écriture est toujours outre-frontières : universelle et disséminée en autant de voix singulières. L'une des judicieuses lectures de mon livre *Les Femmes et la Guerre* est celle de Tretiak, dans *Elle France*. Il comparait la quête d'écriture de ce livre à celle des livres de V. S. Naipaul. Une femme occidentale et nordique. Un homme oriental du Sud. En apparence, tout semble opposer ces deux écrivains. Hormis l'écriture qui, comme l'algèbre, outrepasse les appartenances primaires de sexe et de sol.

Puisse la jeune génération d'étudiants et étudiantes qui s'est brillamment illustrée en cette présente saison des consciences sociales nouvelles — nous sommes aujourd'hui le 16 juin 2012 — renouer avec l'histoire (de l'humanité, de son pays du Québec et de sa littérature) ! Le 16 juin, journée de l'*Ulysse* de James Joyce. Parcourir le labyrinthe de l'imaginaire d'un peuple que constituent ses livres de fiction et de poésie, voilà le but que devraient se donner tous les jeunes désireux de connaître d'où ils et elles viennent.

Quant aux femmes d'ici et d'ailleurs qui ont prêté leurs écrits à la cause des relations entre les hommes et les femmes et à la leur propre tout juste sortie de l'ombre, ne les tuons pas trop vite ni ne croyons mort le mouvement qui les a vues naître. Le féminisme n'est pas mort. Il se vit aujourd'hui autrement. J'ai fait partie de ce mouvement féministe des décennies 1970 et 1980. J'en fais encore partie. La preuve, c'est que j'écris ceci. J'écris encore. Nous écrivons encore. Ne nous tuez pas avant l'heure. Avant que n'ait sonné le gong de la mort réelle. Tant que nous ne sommes pas mortes, nous sommes toujours vivantes.

Lecteurs et lectrices avisés, jeunes ou vieux, jeunes ou vieilles, sachons distinguer, je nous prie, discours féministes et paroles d'écriture — ce que, de façon générale, la critique n'a pas fait lors de l'émergence du mouvement. Souvent, sous les discours politiques, les paroles d'écriture ont été balayées. Malheureusement, certains grands écrivains n'ont pas su lire les femmes de leur temps à cause de cette confusion. Comme si le *J'accuse… !* de Zola avait empêché la critique de son temps de lire la parole d'écriture contenue dans l'ensemble de ses romans. Plus près de nous, je pense à Kundera qui, sur la question des femmes — leurs discours, leurs paroles —, s'est trompé lamentablement. Son grand livre *Les Testaments trahis* eût gagné en efficacité philosophique et pédagogique s'il y avait reconnu l'aveuglement qui fut sien, d'un roman à l'autre, sur les rapports entre hommes et femmes. Et sur l'absence abyssale d'une parole féminine intelligente au cœur même du désir amoureux.

Le maître du roman Kundera nous aura gratifiées de l'une des carences qui nous a depuis toujours constituées dans l'ordre du discours.

Nous sommes malgré tout des irréductibles. Comme le noyau non fissible de l'atome. Là où, dans l'ombre justement, nous avons résisté pendant des siècles. C'est la passion, le désir et l'amour qui nous ont tenues en éveil d'un siècle à l'autre. Pénélopes de jour, Pénélopes de nuit, nous avons patiemment tissé nos toiles. Préparé nos mots. Affûté nos paroles d'écriture qui virent le jour pleinement et nombreuses au cœur du XXe siècle de notre ère. Nous avons créé d'une langue à l'autre des œuvres de vie.

Ne nous dites plus que nous sommes mortes. Tant que nous vivrons. Tant que nous écrirons. Tant que nous respirerons. Nous sommes vivantes.

Qui donc va se mettre à chanter les *Douze Femmes rescapées* ?

Épilogue en forme de fable

*Il s'en passe tellement à la périphérie que l'on
a du mal parfois à revenir à soi.*

JACQUES RANCOURT, *Veilleur sans sommeil*

Nous étions toutes ensemble, les vivantes et les mortes, nous toutes, femmes écrivaines de ce qu'on a appelé le mouvement des femmes. Il y en avait même qui venaient d'avant, d'avant nous, dont certaines sont mortes et d'autres ne le sont pas. Je nous voyais chacune. Nous nous promenions, en groupe ou deux par deux et même seules pour quelques-unes. Nous étions dans un grand jardin donnant sur une vaste maison aux nombreux étages — qui ressemblait à la maison de mon enfance. Nous voyions les lumières allumées aux fenêtres. Nous voyions des formes se déplacer d'une fenêtre à l'autre. Captions des musiques, entendions des bribes de conversations, des mots détachés voletant entre bouches et oreilles. C'était la fête au dedans. Une fête d'hommes écrivains, tous masqués, morts ou vivants eux aussi, qui se célébraient.

Parmi les femmes d'avant, marchant plus lentement que les autres parce qu'en allées depuis longtemps, je reconnus George Sand et Colette, étonnées toutes deux d'être au même jardin en même temps. Puis, les deux Marguerite, Yourcenar et Duras, qui discutaient fort et qui rigolaient. Virginia Woolf, elle, était toute seule. Je la vis quitter le jardin, traverser le parc au bord de la rivière, rencontrer en passant Anaïs Nin — elles se sourirent —, se pencher pour ramasser les roches qu'elle mettrait dans ses poches afin de caler dans l'eau quand elle y entrerait alors qu'emportée par le courant, se souvenant de son livre *Les Vagues*, traduit par Yourcenar, mais elle ne le saurait jamais, récitant certains passages de ce long poème en prose, son corps coulerait à pic vers les abysses noirs, éternels.

Je vis dans le parc au bord de la rivière Louise Labé et Hélène Cixous, l'une morte l'autre vivante, se donner la main et choisir d'entrer dans la petite forêt de l'ouest où elles disparaîtraient à nos yeux et marcheraient longtemps, plus longtemps que nos mesures humaines peuvent le calculer, à travers broussailles, forêt dense jusqu'à la toundra, s'en iraient de l'autre côté de la ligne d'horizon, en chantant.

Au jardin, un groupe se forma qui, autour d'une table sous un frêne pleureur, étudierait et se ferait un « Atelier d'écriture maison » — elles l'avaient écrit sur un panonceau de bois brut —, c'était Claire Lejeune qui en avait eu l'idée. Elles étaient une bonne dizaine, studieuses, heureuses, parmi lesquelles Flora Tristan, Olympe de Gouges, Annie Leclerc, Nancy Huston, Louky Bersianik et Marie Savard qui riait à gorge déployée. Elle disait : « Ne prenons pas les vessies pour des lanternes. Ne prenons pas les micros pour des phallus. »

Dans un coin, assises sur une roche, Denise Boucher et Christiane Rochefort, criant presque : « On veut changer de groupe. On en a ras le bonbon ! » Je leur offris une cigarette, leur dis : « C'est bon pour les poumons » et disparus à mon tour. Ne sais trop où je disparus, vu que c'était moi.

Où en suis-je donc ? Un rêve de nuit ne fait pas la fin d'un livre, qu'est-ce qui me prend ? Je voulais écrire « pourquoi l'autobiographie », était-ce différent de ce qu'ils appellent tous « autofiction », la question de la vérité est-elle la même, vérité des souvenirs d'événements ou de personnages, vérité des évocations puisées à même les chairs effilochées, brûlantes à force d'être découpées d'un corps, le mien, qui a conservé comme autant de feuilles collées à sa carapace, arrachées parfois jusqu'au sang des mots et d'autres fois comme fins papyrus d'où couleraient des phrases, des poèmes qui arrangeraient l'histoire d'une vie, la mienne, sachant qu'elle ne mérite pas plus que toutes les autres de s'écrire, de revenir sur soi, mais autant que toutes de s'exposer dans une vérité singulière à laquelle chacun, chacune a droit mais dont par la suite tous se prévalent car tous ont un corps qui a sauvegardé, certains ne s'en soucient guère on dirait, comment font-ils pour se sauver?

De quoi? me répondrez-vous.

J'étais là à me poser ces questions, sachant bien que la fiction est partout quand on se raconte, qu'elle est même là quand on raconte l'autre (mais quel autre?), de sorte qu'il faudrait inventer aussi ce mot pour la biographie : *biofiction*. Et savoir qu'il est autant de vérités en biofiction qu'en autofiction, car la vérité ne ressortit pas au *logos* seul mais que la mythographie en fait aussi son miel. J'entends une petite voix (intérieure) qui dit : « Qu'est-ce qui te prend, Madeleine? Pourquoi nous perds-tu alors que jusqu'ici tu nous tenais par la main? » Parce que je suis perdue moi-même, réponds-je. Parce que l'autobiographie (ou l'autofiction), c'est justement l'histoire de sa propre perte, que rien ne se serait écrit si rien ne s'était perdu, évanoui, en allé. Si rien n'avait disparu, péri, rompu. Si rien ne s'était dissipé, évaporé, dérobé, enfui, dissous, noyé. Finalement, l'autobiographie — ou l'autofiction —, c'est le récit multiforme de la conjuration des mauvais sorts de la mort.

Pendant que je rêvassais autour de ces questions, je m'étais raconté ce qu'il ne fallait pas que j'oublie en ce dernier chapitre, cet épilogue inventé seulement pour ne pas avoir à quitter le livre. Je me disais : « Comment faire après? » Comme on se dit comment faire dedans son cœur quand les enfants sont partis, vraiment partis, que les garçons sont devenus des hommes, qu'ils avancent sur les routes lointaines avec leurs propres histoires, leur autofiction à chacun, et que vous, mère, êtes devenue à votre insu l'une de ces feuilles arrachées de leur propre histoire jusqu'au sang de leurs mots, que vous, mère, ne pourriez rien y faire s'ils s'engouffraient, par exemple, par les terrains boueux jusqu'aux confins d'une terre de guerre dont ils reviendraient seulement quand ce corps qui les a portés-aimés serait devenu poussière, sable et cendre mêlés?

Ou encore ce « comment faire après ? » de la jeunesse derrière soi quand, tout autour, la vieillesse, on la méprise, la regarde de haut, qu'elle a perdu toute autorité de parole (ou d'écriture) — à moins d'être mâle et vieux sage, bien entendu —, quand on ne la compte plus parmi ses amis, ou si peu, qu'on la remplace parce que son corps n'est plus objet de désir, plus jamais objet de désir, mais qu'il rappelle sans cesse à tous sa proximité avec la mort, que la mort effraie, alors on s'en détourne, on passe à côté en sifflant dans sa tête et on se met à la détester — la mort et la personne qui la porte —, à lui trouver tous les défauts du monde, à la honnir, à la répudier, tout simplement parce que la vie lui a infligé un autre amant, il embrasse son corps, la recouvre toute, on ne veut pas voir ça, on s'en affranchit, on déteste de toutes parts la mort quoi qu'en disent les pieux ou les autruches humaines qui sont par millions sur la planète, vos amis aveuglés sont parmi elles.

Qui est-elle, Elle, qui ne nous fait pas rigoler?

Dans cette extrême chaleur qui crève l'atmosphère de Montréal en cette fin du mois de juin 2012, après une saison claire où la jeunesse est descendue par milliers dans les rues défendre une université qui ne serait pas une affaire marchande mais un lieu de création et d'inventions où l'on se reposerait en travaillant au Gai Savoir des justes en tous domaines qui remet la vie de l'esprit à son heureuse place, où les sciences, les arts et les philosophies auraient en douce rai-

416

son des *marchands du temple,* il y avait aussi des moyens et des vieux qui songeaient à revenir à ce temple, et j'en étais. De ma fenêtre du centre de la ville, aux premières loges d'un vingt-deuxième étage, je les ai vus défiler chaque soir, je les ai vus affronter les forces de l'ordre commandées par les marchands du savoir, munis d'une loi inique, la 78 de néfaste empreinte, j'étais avec eux, mais de ma fenêtre, quand les bataillons armés, et les troupes à pied, à moto, à cheval ou en auto, et quand les escadrons de la blessure les ont menottés, embarqués après les avoir jetés au sol, face contre terre, bras tordus et jambes écrasées, j'ai été à la fois catastrophée par ce pouvoir de la coercition qui revenait avec ses œuvres et ses pompes maléfiques et heureuse d'avoir contribué à ma façon à la mise au monde de cette jeunesse enfin révoltée.

Je me disais, j'aurai vécu ça, j'aurai eu le temps d'assister à ce réveil, j'aurai eu le temps d'entendre cette clameur, de voir cette joie de qui résiste au rouleau compresseur du grand capital, ce bonheur éloquent des jeunes malgré les coups portés, et même si je ne peux plus courir avec eux dans les rues encombrées sirènes au vent, même si je ne peux plus fuir à travers petites rues et ruelles, ni escalader les buttes et les rochers, comme il m'est arrivé si souvent d'un galet à l'autre, à marée basse, au bord de la mer du Bas-Saint-Laurent ou de la Gaspésie, même si je ne grimpe plus ni ne descends les sommets à toute vitesse avec le corps-animal qui fut mien et que l'équilibre, la vive coordination, l'agilité se sont perdus à tout jamais, je suis avec eux, résistante de tout mon être, et mon cœur, mon esprit vifs sont devenus un immense carré rouge recouvrant ce corps-continent d'un horizon à l'autre, rouge-sang, rouge-vie battant au rythme des océans et de tous les continents.

J'ai vu les manifs à travers les rues de ma ville et je dansais dans mon cœur, pas de cette danse frénétique disco de ceux qui n'ont rien à penser et à dire, non, de cette danse qui pense telle celle de Nietzsche au bout de la pensée, aux limites du *logos* quand le poème se met en place, remplit la scène, remplit l'espace côté cour et côté jardin, j'ai vu marcher des filles et des garçons, car avec cette jeunesse en transe, la révolution n'était plus seulement l'affaire des gros porte-voix mâles, stentors qui gueulaient, vociféraient et juraient tout seuls au-dessus des foules ébahies, non, il y avait autant de filles que de garçons, et la voix de ces derniers n'était ni criarde ni imprécatoire, elle était douce, même, mais de la douceur des vrais forts, ce que nous demandions dans notre jeunesse féministe n'était donc pas vain, avait porté ses fruits à travers une génération qui avait semblé longtemps dormir, mais elle ne sommeillait pas, elle préparait ses enfants. Quand j'ai vu, par la fenêtre de la télévision, que les manifestants d'Égypte, religieux jusqu'au bout du fusil ou du sabre, violaient par milliers les femmes qui se joignaient à eux et que ces crimes de guerre, crimes contre l'humanité, n'étaient encore condamnés par personne, par aucune instance juridique internationale, je me suis dit que le féminisme, loin d'être mort ici, devrait tourner son regard et sa conscience vers tous ces lieux de la planète où les femmes sont tenues, ligotées et violées par des geôliers pervers, et me suis dit, en m'endormant hier, que les femmes là-bas devront travailler longtemps à se libérer de leurs fers, comme il avait fallu bien des lunes aux esclaves pour s'en sortir, souvenons-nous.

Mes revenantes apparurent une autre fois dans le sommeil des chaleurs caniculaires et des moiteurs quand se prépare l'orage. Je vis en premier, à la lisière du champ d'avoine, au nord-est, Flannery O'Connor qui s'en allait vers Susan Sontag, elle voulait une dédicace pour le livre *Illness as Metaphor*, ce que fit de bon cœur Susan Sontag qui parlait à voix basse, je lus sur ses lèvres comme on lit dans les rêves, « Je vais partir bientôt pour l'au-delà, ce cancer est le mien », c'est alors que mon regard se porta plus loin, là où il y avait autrefois la petite pointe où notre amie Orietta s'est noyée, à dix ans, et j'aperçus Rosa Luxemburg, main dans la main avec Sigrid Undset, je me suis souvenue d'avoir lu, à l'adolescence, *Kristin Lavransdatter (Christine fille de Laurent),* roman qui m'ouvrit les portes de la Scandinavie, puis du monde entier, comme, peu d'années plus tard, les romans de Dostoïevski et les poèmes de Marina Ivanovna Tsvetaïeva, celles du rideau de fer et des Russies se perdant jusqu'au lointain Orient. Je n'aurais jamais imaginé que Rosa Luxemburg et Sigrid Undset aient pu se connaître, encore moins se fréquenter sur le terrain de la p'tite pointe quand, en plus, je vis s'approcher d'elles, par paires, Doris Lessing et Dorothy Livesay, Suzanne Jacob et Marie-Claire Blais. Les quatre s'enfoncèrent dans ce parc commémoratif aménagé par ma municipalité d'enfance, elles devinrent de petits points noirs à l'horizon des branches, on aurait dit des notes noires du piano noir sur les blanches éclatantes et le blanc vitrail du ciel, pur azur ce jour-là.

Je revins près de la maison en fête où les hommes, humbles écrivains, buvaient un coup, se citaient mutuellement et se congratulaient entre eux. J'en vis sortir quelques-uns par la porte arrière, ils se firent discrets et s'en vinrent quasi timidement vers nous. Il y avait Saint-Denys Garneau qui rejoignit sa cousine, la grande Anne Hébert, sur une roche plate en bordure de rivière, et soudain la Matapédia était devenue la Matane, la rivière du Moulin, et Anne reposait ses pieds nus dans l'eau vive, elle avait lancé ses souliers dans le sous-bois, en bordure du sentier abrupt, elle regardait couler l'eau, semblait si loin de nous tous et toutes, elle pleurait. Dans la cour arrière de la maison d'enfance, les garçons doux qui s'étaient échappés de la fête des humbles, les mains dans les poches et le regard au loin, devisaient entre eux ; de là où je me trouvais, je n'entendais pas les mots, ils me virent et se dirigèrent vers moi, j'en reconnus une bonne dizaine, dont Yvon Rivard, Robert Lalonde, Paul Bélanger, Pierre-Yves Soucy et Paul Chanel Malenfant qui se cachait derrière les autres, il avait peur, il tremblait, je ne savais pas pourquoi. Nous avons mangé des sandwiches et bu du vin rosé et, par la passerelle, Georges Leroux est arrivé avec Claude Lévesque, j'ai dit par-devers moi : « Ça s'peut pas, Claude est mort », mais Georges m'a répondu : « Oui, ça s'peut, avec l'écriture, tout est possible, avec l'autobiographie, encore plus », et nous voilà tous penchés sur la rambarde de la passerelle regardant, amusés, Louis Hamelin et Jean-François Beauchemin qui filaient vers la Restigouche en canot, les cannes à pêche à leurs côtés ; avant de disparaître de notre vue au coude de l'église, ils levèrent en notre direction leurs vieux chapeaux de jeunes pêcheurs.

L'instant d'après, mais en ces nuits-là, ce sont d'éternels instants, les garçons et moi avons tous vu en même temps un groupe de filles assises en cercle dans l'herbe, elles semblaient soit jouer aux cartes, soit aux dés, ou encore se lire à tour de rôle des textes dont elles étaient fières. Je reconnus Denise Desautels, Diane Régimbald, Nicole Brossard, Louise Dupré, Hélène Dorion, Martine Audet, Louise Warren et d'autres, de dos, que je ne pouvais voir. S'en vint, sur le trottoir de la rue Sainte-Ursule, Nancy Huston qui disait : « Les filles, je veux être avec vous. » « Viens donc », dit l'une alors qu'une voix clamait, je ne sus pas laquelle : « Moi, je veux bien, mais ce qui t'attend, c'est l'ignorance et l'oubli. Le temps aura vite fait, comme pour nous, de t'effacer. Les humbles y verront. Tu sais, avec nous, ta gloire durera ce que dure la rose, l'espace d'un… », c'est là que nous entendîmes tous et toutes une épique dispute : Rosa Luxemburg engueulait comme du poisson pourri Sigrid Undset, la traitant de petite-bourgeoise qui avait écrit d'excellents romans, c'est bien beau, mais n'avait jamais pris fait et cause pour les femmes, encore moins pour le prolétariat, l'autre se défendait tant bien que mal, ça bardait, jusqu'à ce que ma grand-mère Rose, par la fenêtre de sa maison, donnant un coup de cuiller en bois sur une casserole, lance : « Les p'tites filles, arrêtez de vous chicaner ! Allez vous coucher, on veut se reposer ! »

Sur la passerelle, se dirigeant vers nous, il était accompagné de l'ami Daniel Turp et de ces autres valeureux, Normand Baillargeon, Michel Seymour et Laurier Lacroix. Avec eux, causant, je reconnus Thierry Hentsch et Gilles Dostaler et, courant derrière, Régis qui suppliait en allemand : « Je veux être avec vous, je veux être avec vous. » Tous ceux-là lui ouvrirent les bras et l'emmenèrent avec eux, même s'il revenait depuis si longtemps de l'outre-vie. Ces hommes de cœur, dignes fils de Don Quichotte, gagnèrent le cercle des femmes assises dans l'herbe, Monique LaRue et Madeleine Monette faisant maintenant partie de l'atelier, mes deux sœurs Raymonde et Françoise étaient là aussi aux côtés de notre petite sœur morte, Pauline, et lentement, comme en une procession, avancèrent mes deux fils, puis mes quatre frères, leurs oncles, puis mes oncles à moi et mes cousins et les grands-pères jusqu'à Jean-Baptiste qui, l'air débonnaire mais dubitatif sous son chapeau de paille, me posa cette question : « Es-tu pour l'indépendance du Québec ? », à laquelle je répondis : « Je suis pour l'indépendance du Québec, mais je ne suis pas nationaliste. » Il avait sous le bras *Le Monde diplomatique*, l'ouvrit et me glissa ces simples mots : « Tu m'expliqueras quand on aura le temps. » C'est juste à ce moment que je me retournai vers la maison. Je vis que la confrérie des humbles était partie, les lumières n'étaient plus allumées, c'était le matin, et parurent à la fenêtre de la cuisine ma mère Jeanne et mes deux grands-mères Ernestine et Rose — la maison semblait grouillante des tantes et des petits —, elles semblaient bienheureuses et le sourire de Jeanne, traversant son visage en demi-lune, illuminait la terre entière.

C'est alors que Jeanne me fit signe, me dit de regarder « à main gauche », loin du côté de l'église, trois jeunes garçons pêchant, heureux. Je reconnus mes trois petits frères, Jean-Marc, Bernard et Bertrand, qui ont toujours aimé la pêche à la truite et au saumon. Les trois derniers de la famille que nous avons adorés et que nous nommions, enfants : Dear Vonte, le Trésor et l'Amour. J'ai trouvé qu'ils complétaient bien le tableau et le dis à notre mère qui, dans son éternité, souriait.

Un jeune homme portant un baluchon comme les quêteux d'autrefois, qu'on aurait dit sorti de nulle part, s'en alla tout droit sous la fenêtre des trois femmes, leva vers elles sa belle tête bouclée et leur dit, ingénu : « J'ai faim et je cherche un sage. » La grand-mère Rose, ou peut-être les trois ensemble, mais d'une seule voix, dirent : « Tu peux entrer. Du manger, on en a des montagnes, on est toutes de bonnes cuisinières, mais pour le reste, tu vois, jeune homme, jeune ange, la maison, la cour et le jardin sont remplis de sages-femmes, depuis celle qui t'a mis au monde jusqu'à elles. Mais viens donc manger pour commencer. »

Remerciements

Ma reconnaissance à l'endroit des personnes ou des organismes suivants :

Le Conseil des arts du Canada pour l'octroi d'une bourse de création littéraire dans le cadre du programme de Subventions aux écrivains professionnels.

Les amis de l'Association pour la renaissance du Vieux-Palais d'Espalion, dont son président, M. Philippe Meyer, et ses collaboratrices Mmes Isabelle Cadars, Magalie Lacoste et Brigitte Senft, grâce à qui j'ai pu vivre un heureux séjour d'écriture de six mois, en 2009.

Les amis Jeanne-Marie Rugira et Serge Lapointe, du Réseau québécois pour la pratique des histoires de vie (RQPHV), pour leur clairvoyance.

Les écrivaines de La Coupole des femmes de Paris, Lise Gauvin et Madeleine Monette, Annie Richard et Georgiana Colville, pour leur ouverture à l'endroit de l'écriture autobiographique.

Je remercie vivement Claudette Beaudoin, Isabel Ménard, Jarryd Desmeules et Jocelyne Aubertin pour leur patience dans l'assistance technique.

Et pour leur lecture judicieuse, Jacques Allard, Monique Durand, Danielle Fournier et Simone Sauren.

Dans les coulisses de ce livre, des voix se sont fait entendre qui ont encouragé de diverses façons mon parcours d'écriture. Toute ma gratitude à l'endroit de celles et ceux qui furent les artisans d'études et de colloques, de mises en images ou en musique et de transposition théâtrale : Michèle Côté, Jacques Fournier et Irene Whittome, Stéphane Hirschi, Rachel Laurin, Marcel Pomerlo et ses interprètes : Françoise Faucher, Markita Boies, Catherine Dajczman et Jean Marchand.

Aussi, mes lectures lors des hommages publics aux poètes Denise Desautels, Anthony Phelps et Michel van Schendel ont pu, à leur façon et en sourdine, ouvrager certains passages du présent livre. Que ces poètes en soient remerciés.

Table des matières

CRÉDITS ET REMERCIEMENTS

Les Éditions du Boréal reconnaissent l'aide financière du gouvernement
du Canada par l'entremise du Fonds du livre du Canada (FLC)
pour leurs activités d'édition et remercient le Conseil des arts
du Canada pour son soutien financier.

Les Éditions du Boréal sont inscrites au Programme d'aide aux entreprises
du livre et de l'édition spécialisée de la SODEC et bénéficient du programme
de crédit d'impôt pour l'édition de livres du gouvernement du Québec.

L'auteur remercie le Conseil des arts du Canada ainsi que le Conseil des arts
et des lettres du Québec.

Couverture : Rita Letendre, *Always-Toujours*, 2011 (détail).

La Venue à l'écriture, récits, en collaboration avec Hélène Cixous et Annie Leclerc, Paris, Union générale d'éditions (U.G.E.), collection « 10/18 », 1977.

Lueur, roman, Montréal, VLB éditeur, 1979.

La Lettre infinie, récits, Montréal, VLB éditeur, 1984.

Les Samedis fantastiques, contes, Montréal, Paulines, 1986.

Les mots ont le temps de venir, lettres avec des dessins de l'auteure, en collaboration avec Annie Cohen, Trois-Rivières et Cesson (France), Écrits des Forges et La Table rase, 1989.

Toute écriture est amour. Autobiographie 2, textes critiques, Montréal, VLB éditeur, 1989.

Un monde grouillant, contes, Montréal, Paulines, 1989.

La Poésie québécoise actuelle, essai, avant-propos de Wladimir Krysinski, Longueuil, Le Préambule, collection « L'Univers des discours », 1990.

Le Sourire de la dame dans l'image, nouvelles, en collaboration avec Esther Rochon, LaSalle, HMH, collection « Plus », 1991.

Les Cathédrales sauvages, récits, Montréal, VLB éditeur, 1994.

Le Vent majeur, roman, Montréal, VLB éditeur, 1995 ; réédition, Montréal, Typo, 2008.

Jonas dans la vallée dans *Pièce de résistance en quatre services*, en collaboration avec Victor-Lévy Beaulieu, Denis Leblond et Sylvain Rivière, Notre-Dame-des-Neiges, Éditions Trois-Pistoles, 1997.

Le Deuil du soleil, récits, Montréal, VLB éditeur, 1998.

Les Femmes et la Guerre, essai, préface de Benoîte Groult, introduction de Monique Durand, Montréal, VLB éditeur, 2000 ; publié en France sous le titre *Anna, Jeanne, Samia…*, Paris, Fayard, 2001.

Mémoires d'enfance, récit, Notre-Dame-des-Neiges, Éditions Trois-Pistoles, collection « Écrire », 2001.

Amqui, lieu de rencontre, récit, avec des photos de Michel Dompierre, Amqui, Éditions de la Ville d'Amqui, 2002.

Je m'appelle Bosnia, roman, Montréal, VLB éditeur, 2005.

Donner ma langue au chant, essai, Montréal, Le Noroît, 2011.

Ce livre a été imprimé sur du papier 100 % postconsommation,
traité sans chlore, certifié ÉcoLogo
et fabriqué dans une usine fonctionnant au biogaz.

MISE EN PAGES ET TYPOGRAPHIE :
LES ÉDITIONS DU BORÉAL

ACHEVÉ D'IMPRIMER EN MARS 2013
SUR LES PRESSES DE MARQUIS IMPRIMEUR
À MONTMAGNY (QUÉBEC).